U0858453

谭国瑞（独狼）/著

时事出版社

目 录

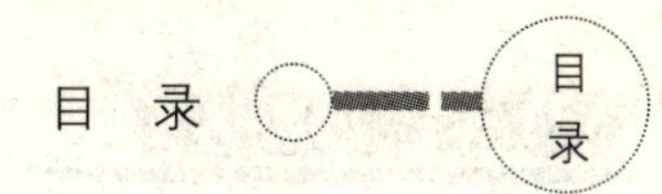

那个样子：“真没想到，这么金贵的东西，竟然就这么找到了！”

第十四章　龙潭虎穴 / 97

就在独狼与火枪拉上枪栓准备大开杀戒时，眼前突然出现的一幕触目惊心的场景让他们惊呆了。所谓的矮山，根本就是一个掩饰，这里竟然是一个地下火箭发射塔，而两人乘坐的升降梯刚好带着他们将这整个火箭看了个通透。

第十五章　古老部落 / 103

酋长在身上做了个奇怪的手势后将手放在军刀眉间：“给你力量，大自然的捍卫者，你也将是矩阵的守护者！”说着望向远山，将手中的权杖高举。这一通明显是耍神棍的把戏，把军刀搞得直发愣。但娜丽亚看在眼里却非常开心，认为复仇大有希望了。

第十六章　诡异蜡像 / 114

独狼看到屋内一个蜡像人物的脸，竟然如此熟悉！没错，那就是博罗诺夫上校的蜡像。可细看之下又觉得不对，那一定不是蜡像，就连他身上佩戴的东西都跟几天前一模一样。

因为有一个细节他绝对忘不了，博罗诺夫一个扣子的线松了。而这个蜡像上也有一个扣子在左右晃动着。

第十七章　解救上校 / 124

军刀把白纸折了几折放进口袋里，继续向里走去。突然，他感觉什么东西挡住了自己的腿，赶紧蹲下来用手电筒照了照，竟然是博罗诺夫上校，不禁惊讶极了：“难道刚才被拖下来的人就是他？”又仔细摸了摸他脖子处的血管，依然有脉搏，但已经相当微弱了。

第十八章　丛林伏击 / 129

军刀能感觉到那种杀气一直跟随在自己背后，于是跳过一棵树后仔细去感觉，他还在那里；跳过另一棵树去感觉，他依然在身后。

“这隐形杀手究竟是谁呢？”他暗暗想着。

此时显得有些冷。

随后，在那支冷冷的枪口后面，军刀看到了一个白皮肤、黑头发的女孩，幽然飘来的香水味道使他一下子清醒过来。“蒙娜!”他失声叫起来，声音中带着无法掩饰的激动。

军刀心里一动，刚要上前，却又觉得气氛似乎有些诡异，出于万事都要小心的心理，他暂时没有动作。为了进一步确认，他从身上拿出望远镜仔细地观察起来。

这一观察居然让他发现了一个惊天秘密，一时间被眼前的景象惊呆了。

就在所有人都认为核战争即将开始之际，一个突然的消息让一切都变得不可思议起来——曾华清居然轻而易举地将皋本软禁起来，自己随即成为新的全军统帅。

这一切来得太突然了，所有人一时间都没了主意。

透明的水母在水中慢慢游着，曾华清扔进一尾小鱼，就在碰到水母触须的一瞬间，小鱼抽搐着慢慢死去。

对于箱型水母的毒性之烈，杰斐尔并不怀疑，作为海洋杀手，它绝对不可小觑。

很明显那是一块风动石，只要打破了平衡很快就会掉落下来，而这也许就是他们的救星。于是，独狼让卓瑞亚放慢车速，自己则将准星降低三个，把枪膛里的一梭子子弹都打到了石头下部细碎的石块上。果然不出所料，石头立刻松动起来……

芳子摁下身旁的紧急按钮，一阵轰鸣声响起，独狼三人所在的位置

重要，如果不能完成，将会造成不可预计的损失。

第三十五章　炸毁基地 / 260

独狼随即摁下了手中的引爆装置，“轰”的一声传来，一团蘑菇云吐了出来，黑色的硝烟如巨龙一般升起来。小岛不一会儿便在烟雾中被火光照得雪亮。消息很快传到皋本那里，他气红了脸，不知该如何是好，高声咆哮着：“全体集合，返回基地！”

第三十六章　邪教教主 / 265

而这位神秘来客不是别人，正是国际上臭名昭著的邪教头目德尼罗。说起此人，国际刑警和海牙国际法庭都存满了他的罪证。他策划的教徒自焚事件和所谓的传教行动，早已成为国际社会安全的最大隐患之一。

第三十七章　争夺圆盘 / 269

J博士嘿嘿一笑：“棍不棍的，我不知道，只知道夺了她手中的圆盘，所有的问题就不成问题了。”听到这里，皋本开心地笑了：“哈哈，看来最后的胜利依然是我的！”

就在这时，一个黑影闪过实验室的门口……

第三十八章　最后战斗 / 277

“不许动。”就在这时，一支枪冷冷地顶住了军刀的背。

说话的人躲在军刀身后，令独狼无法看到他的面部，只觉得声音非常熟悉，有一种似曾相识的感觉。“你是？”皋本也停了下来，朝军刀身后看去。

“独狼。”那人慢慢地露出一个头来，“没想到吧？”

序言

狼行天下

——读者「56」评《独狼特遣队》

如果你走在大街上，一栋栋拔地而起的楼盘，一定会进入你的视野。它们竞相展示自己的风采，或雄伟，或壮观，或庄重，或豪华，或清幽，或淡雅……总之，设计者和开发商们都以自己的理解去构建他们的得意之作，打造属于自己的品牌，而那些颇具特色、独领风骚的建筑往往为人们所津津乐道。在小说创作领域，不也和这有相似之处吗？每个作者都按照自己的想法，经营着自己的作品。那些有才华和能力的作者，当然也使自己的作品打上属于自己的印记，形成属于自己的风格。军旅小说作者独狼，也在精心打造自己的品牌作品，创作“中国特种兵”系列小说。继《迷失的子弹》、《狼——特种兵之铁血征途》、《兵魂——特种兵孤身卧底走刀锋》、《龙刀——终极特种兵之利刃出鞘》之后，又推出《独狼特遣队》。独狼的作品以其昂扬向上的主题、悬念迭起的情节、出人意料的构思，吸引着读者的眼球。《独狼特遣队》在出版之前，能在网络与读者见面，也使我们有了先睹之快。

兴趣源于快乐，既然咱有了先睹之快意，也就有兴趣对《独狼特遣队》发表一己之言，表达一己之快，以图快乐共享吧。

铁血征途，心系祖国为和平

作者系军人出身，有着浓浓的军人情结，对昔日的战友和现役的军人有着深厚的感情，这从作者的系列作品中看得出来。正因为自己特殊的经历，他对军人、对军旅有了更多的了解，对中国军人的情怀、中国军人的理想、中国军人的作风有更深的认知，因此能够从更高的层次上去塑造当代中国军人。

人民的利益高于一切，祖国的利益高于一切，这是中国军人的崇高理念。无论是《狼——特种兵之铁血征途》中的段虎身上，还是《兵魂——特种兵孤身卧底走刀锋》中的成刚身上；无论是《独狼特遣队》中的队长独狼身上，还是狙击手军刀、多面手火枪身上，都体现着这种理念。这种理念体现在他们身上，绝不是作者的刻意拔高，而是中国军人理念的真实写照，更是中国军人文化的历史积淀。

从浴血奋战、英勇抗日的新四军、八路军，到抗美援朝、保家卫国的志愿军；从对越自卫反击战的战斗英雄，到守护安宁的武警官兵；从走出国门的维和战士，到军中之王的特种兵，这种理念和文化一脉相承。他们肩负着民族的希望，肩负着人民的重托，用生命和鲜血捍卫中国军人的荣誉，捍卫祖国的荣誉。正是有了这种理念，“独狼特遣队”才置生死于度外，踏上了铁血征途。

当然，“独狼特遣队”不是师出无名，而是受联合国的派遣，秘密潜入R国执行反恐任务的，因为盘踞B岛的皋本恐怖组织正在准备发动一场毁灭世界的恐怖战争。在各国的反恐行动相继失败后，“独狼特遣队”临危受命。这既是为祖国的荣誉而战，更是为世界和平而战。

难能可贵的是，作者能够从反恐合作、维护世界和平的角度入手，使作品有了积极的意义。中国的发展和崛起，并不对世界构成威胁；相反，中国更是维护世界和平的重要力量。《独狼特遣队》里充满了战火硝烟，但流露的是对和平的祈盼。

不是吗？听听独狼发自肺腑的感慨吧：“我从死人堆里爬出来，战争一次又一次地在我身上烫下烙印。我仿佛一个幽灵，行走在混乱癫狂的战场，枪炮的爆炸轰鸣、士兵的嘶哑吼叫，都无法盖过小鸟清脆的鸣叫、林间斑驳的光影。恐怖和杀戮非但不会让人们暂时遗忘那些永恒的主题，反而会更加深我们的疑惑。面对这美丽的雨林，我们无心欣赏，而是选择紧握手中的武器，把枪口对准一个又一个鲜活的灵魂，瞄准、击发、卧倒，然后在一片静默中祈求自己是那个活着回家的人。战争把每个人推向崩溃的边缘，每一刻我们都绷紧自己的神经。我常常从噩梦中惊醒，眼前血流成河，硝烟中无辜的生命泣不成声。”

“战争是什么？是邪恶之间的拼搏，是为了满足少数人的私欲。对战争，我向来表示痛恨；对政治，我向来表示反感。每个人的生命在历史长河中也许是微不足道的，算不了什么。但对每一个个体来说，生命是他存在的全部意义，又有谁有权利去剥夺它。”当老酋长表示了对战争的憎恶，对和平的向往后，独狼表示：“在这个世界，正义应该属于所有的生灵。存在即是道理。酋长，为了生存，我和我的战友们会竭尽全力，让这片土地回归宁静，这是我们所能做到的，也是我们必须做到的!”

狼行天下，中国特种兵在行动。他们不仅是战士，更是和平的使者。

战歌新曲，犹如骤雨打新荷

小说有了好的主题还远远不够，要想获得成功还要看作者如何去演绎，题材的选取、节奏的把握都是不可忽略的。小说《独狼特遣队》犹如战歌飞扬，富有激情、富有梦想，以其明快的节奏、现代的气息给人以清新的感觉。

首先，小说的描写对象是特种兵，他们身上的神秘光环给了作者和读者足够的想象空间，其在现代战争和未来战争中的作用，也足以引起读者的兴趣，足以实现作者的英雄梦想。

其次，小说没有追求恢宏的大场面，只是以一次反恐行动为主线，从组建独狼特遣队，潜入R国，到入驻芝麻小镇，展开行动，最后踏上B岛，摧毁基地，环环相扣，一气呵成，毫无拖泥带水的滞重感，明快的节奏满足了现代读者的阅读习惯。

第三，小说通过对皋本和小野两个魔头的描写，让人们对战争进行反思和警惕。不管是要做旧秩序霸主的皋本，还是要做新秩序领袖的曾华清（小野），他们都是用无数生命和鲜血书写狂人日记的野心家。

第四，小说对现代社会问题的涉及和关注，也令人刮目相看。“这个世界经历过两次世界大战，人类从20世纪开始就从未停止过在资源领域的争夺。资源这一个词语，在政治家脑海里是影响力，在资本家眼里则是金钱。没有人能够忽略资源在这个社会当中的作用，但却没有人真正懂得如何用它。看看吧，睁开眼去看看这个世界，人类除了屠杀、砍伐、污染以及没有节制地浪费资源外，都做了什么？什么都没有！大自然是公平的，上帝正在一点点地收回赋予人类的财富，草原在消失，大地在沙化，甚至曾经被誉为大地母亲的海洋也一点点地被水母浸蚀……”尽管这话是从恶魔小野嘴里说出来的，然而我们能回避这种现实吗？如果人类的贪婪和奢侈不能得到控制，我们就需要两个甚至三个地球，可是我们却只有一个地球！能够从军事小说中见到如此言论，不是很新鲜吗？

“骤雨过，珍珠乱撒，打遍新荷。”这是元好问的名句，用这种“骤雨打新荷”的意境，来比喻小说《独狼特遣队》的节奏和清新，我不知道是否贴切，只是感觉很契合而已。

扑朔迷离，螳螂更在黄雀后

作者无疑是讲故事的高手，充满奇思妙想，总有出人意料的地方。其小说悬念不断、扑朔迷离、引人入胜，《独狼特遣队》更是将这种风格发挥得淋漓尽致。

先来看看卓瑞亚和娜丽亚这一对冤家姊妹吧。

独狼特遣队潜入R国，来到芝麻小镇后，就和娜丽亚、卓瑞亚发生了“剪不断，理还乱”的联系。娜丽亚似乎爱上了军刀的冷、军刀的酷，也一次次地帮助特遣队。而卓瑞亚作为皋本的情人，一次次与娜丽亚为敌，似乎注定是特遣队的敌手。机智的独狼和冷峻的军刀虽然有所怀疑，但也基本上肯定娜丽亚是可以信任的朋友。可是，就在他们突袭皋本发射基地，解救人质的关键时刻，卓瑞亚和娜丽亚却来了个移形换位，娜丽亚成了真正的敌人，卓瑞亚成了真正的朋友。显然，独狼特遣队从一开始就掉进了皋本设计的陷阱。当这一幕出现时，军刀惊诧万分，相信读者即便不瞠目结舌，也不会无动于衷吧。

再来看看皋本和小野这一对魔头吧。

皋本窃取了大规模杀伤性武器 CRII，正在紧锣密鼓地准备发动恐怖战争。全世界的目光都集中到 B 岛，集中到皋本身上，独狼特遣队也钢刀出鞘。就在双方剑拔弩张，全世界都认为核战争一触即发之际，神秘人物出现了，他软禁了皋本，成了 B 岛的新主人。核危机似乎过去了，生化危机却接踵而至。神秘人物旨在利用 CRII 发动一场毁灭人类的生化战争。然而，出人意料的是，皋本在野狗的帮助下，重新夺回了失去的一切。恶魔归来，B 岛危机四伏，世界危在旦夕。独狼特遣队全力出击，摧毁雷达，炸毁基地，与皋本决战……可是，有谁想到，“皋本”也不过是别人手上的一颗棋子，他的背后还有一个隐藏更深的人……

有道是：螳螂捕蝉，黄雀在后。在小说《独狼特遣队》里，作者把这句成语发挥到了极致，那就是螳螂更在黄雀后。如果说“皋本”是一只捕蝉的螳螂，那他只不过是一只盗版的螳螂，正版的螳螂却是那个一直以不甚显眼面目出现的小人物……

刀锋所向，道是无情却有情

作者在给我们奉献了一个不错故事的同时，也没忘记对人物的刻画与描写。小说成功地塑造了中国特种兵的形象，善断的独狼、冷峻的军刀、幽默的火枪都能给人留下深刻的印象。此外，作者在表现他们自身能力和素质的同时，也注意到了他们情感世界的挖掘。他们不仅仅是战争的机器，更是有血有肉、富有感情的军人。

军刀与娜丽亚的感情纠葛，在军刀扣动扳机时体现；军刀对卓瑞亚的情谊，在对“蒙娜”的呼喊中流露；独狼对已故战友的情义在贴身携带的戒指上反映；独狼、军刀、火枪的战友情深从火枪“牺牲”时的泪眼中折射；而独狼对战友弟弟的复杂感情却在军刀给他的香烟中一览无余……

为了祖国的荣誉，为了世界的和平，为了肩负的任务，他们似乎是无情的，刀锋所向，有我无敌。而作为中国的军人，他们又是和平的爱好者，不失理性和情感。当日本间谍芳子作为一个女人被营救时，他们选择的是放生；当部落受到死亡威胁时，他们选择的是帮助；当军刀和卓瑞亚在小镇受到平民围攻时，军刀选择的是手下留情……

还是去看小说吧，精彩正在等着你呢。

狼啸四海，独步天下。这是对中国特种兵的深情寄语，同样是对作者的美好祝愿。

一天，在世界安全组织会议室里，一群人正在讨论着什么，气氛显得有些紧张。

“谁能告诉我，这都是些什么?”世界安全组织负责人安塔尔明显有些不悦，他将一摞文件按在桌子上，眼睛朝四周扫视一圈，“各位尊贵的先生，如果说这就是你们五大国集合一群精英，花费数月找来的关于当前这个恐怖组织的全部资料，那么我很遗憾，这的确令我有些失望。”

“总干事阁下，关于此事，我们并非全无办法!”在各色眼睛尴尬的注视下，参加这次国际安全会议的中国军方代表站了起来，一脸自信的表情顿时引得其他四国人员集体侧目。

“请讲!”安塔尔呷了一口红茶，示意这位身姿挺拔的中国军人继续说下去。

“《孙子兵法》有云：凡战者，以正合，以奇胜……”这位中国军方代表侃侃而谈，“兵不在多，而在于精……所以，我们需要的是一支精锐的部队，一群能够真正担当大任、以一抵千的特种战士！况且该国人口极为密集，采用军事进攻一定行不通。如此一来，势必要借助特种部队来赢得这场战争的最后胜利。”

“这个我们曾经尝试过。中国人，你是知道的，美国海豹部队、三角洲部队，甚至英国的皇家空军，都曾试图做到这一点，可最后还是无功而返。这些世界上顶级的特种部队都无法完成这个任务，我们还有别的选择吗？或者说，你是在这么庄重的场合跟大家开了一个并不怎么好笑的玩笑？”安塔尔流露出一丝不屑的表情。

“不是玩笑！我有一个你们在座的各位都不知道的候选名单，虽然这支队伍人员很少，但绝对是经过最严格程序筛选出来的精锐战士！”

说到这里，中国军方代表故意停了下来，整个会场一时间变得很安静，所有的目光都聚焦到他脸上。安塔尔急忙催促道：“快说，到底是什么？”

在众人的注视下，这位中国军人用中英文重复着同一个名字：“独狼特遣队！”

第一章 秘密调遣

中国B军事基地，一架军用运输机徐徐降落在机场，从H国执行秘密任务归来的A军少校谭飞龙拎着自己的包走了下来。

站在祖国坚实的土地上，他禁不住深深地吸了一口气，浑身的疲劳感顿时消失得无影无踪。

“完成这么棘手的一个任务，将军会给我什么嘉奖呢?”坐在军车上，谭飞龙心里琢磨着。

军车很快驶到部队，谭飞龙立即来到总部向将军汇报工作。“A军少校谭飞龙前来报道!”进门后，他立即给将军行了一个庄严的军礼。

“来来来，小谭，快坐!”将军热情地招呼他，还递给他一根烟：“尝尝我的内供烟，一般人我可都不给!”

将军随和的态度让谭飞龙心里一暖：“首长，您太客气了。”

“这不是客气，你这次的任务完成得非常好!”能让一向严谨的将军说出这样的话来，真是非常不容易。

“谢谢首长夸奖!”谭飞龙受宠若惊，连忙站起身来，又行了一个标准的军礼。

“坐下吧，不要那么拘谨。”说到这里，将军停顿了一下：“小谭，你从军也有十年了吧？”

“是的，首长，已经十年零一个月了！”

“嗯。这次的任务，你完成得非常好，组织决定授予你一等功。这是勋章，还有荣誉证书，你收好。”

“感谢组织……”谭飞龙双手接过勋章和证书，心里有些激动。

一等功的奖励啊，只有当过兵的人才知道想获得它是多么的不容易。

谭飞龙立过十几次三等功、三次二等功，但是还从来没获得过一等功！

此时，他正爱不释手地抚摸着勋章，眼角有一些晶莹。

一旁的将军看着这一幕，嘴角翕动了几次，迟迟没有开口，内心的情绪极其复杂。

“但是……”将军终于艰难地开口了，却又停住了，明显有一些为难，不知该怎么继续说下去。

“首长，有什么话您尽管说。军人的天职就是服从命令，这一点我很明白。”谭飞龙以为将军又有什么新任务，这会儿则因怕耽误了自己的休假而不好意思开口。

“好吧。”将军仿佛下了很大决心似的，双手使劲按了一下沙发扶手，“那我就不瞒你了。虽然你这次任务完成得很好，但却惹了一些麻烦。”

“麻烦？”谭飞龙心里分析着，“在这次任务中，自己确实犯了几个错误，但都是为了完成任务不得已而为之的，况且都在机动范围之内。这样的事情，在冲突激烈的战场上是经常发生的啊！”

“我知道，那些做法都是迫不得已的。”同为军人，将军对谭飞龙的做法是赞同的，却不得硬下心肠严肃地说，“但这次对方动用的是大使级的抗议。”

“大使级的抗议！”谭飞龙自然知道其中的分量。这种抗议的深度足以影响两国的外交关系，也足以影响政府高层的一些决策。

“可是……”他不知该如何开口，面对这突如其来的打击，这个一向严谨的军人显得有些无所适从。

“组织的另外一个决定就是，取消你的军籍。”将军终于徐徐吐出隐忍了半天的话。

“什么?”这个消息对谭飞龙来说，不啻于晴天霹雳，所造成的打击远比大使级的抗议要厉害得多。

一瞬间，他觉得世界崩塌了，怎么也想不明白，这次任务中自己只是犯了一些情非得以的错误，何以招来大使级的抗议?又为什么一定要取消自己的军籍呢?

不过他更知道，军令如山。命令从一位将军的口中说出，事情已经绝不可能更改。

于是，谭飞龙不再说什么，内心空空落落地走出将军的办公室。

他曾经梦想戎马一生，纵使裹尸疆场也算光荣，可命运却偏要跟他开玩笑，原本辉煌的军旅生涯难道就要这样戛然而止了吗?他不甘心！回想起过去一幕幕的辛酸与光荣，谭飞龙心里阵阵抽痛。

就这么离开军队，回家?回家自己能干什么?谭飞龙想不出来。

在整洁的宿舍里，他一根接一根地抽着烟。他原本没有抽烟的习惯，只是想在内心极度烦躁的时候，给自己找一点事情干。

整间屋子，已经是烟雾弥漫。

一声门响，进来的一个人连连咳嗽。在烟雾里仔细地辨认了一番，来人确认了正在抽烟的就是谭飞龙。

“谭飞龙同志，根据组织上的命令，请您务必在三天之内离队!”他是将军手下的一个干事，说着递上了部队转业的证明。

“不用了，我这就走。”说完，谭飞龙掐灭烟头，起身收拾好行装摔门而去。

那位干事摇了摇头，长叹了一口气，小心地将门锁好后离开了。

背着简单的行装，谭飞龙一步三回头。无人相送，也没有人可以告别，一切就像是一次简单的旅行。

除了将军，谁也不知道这个最优秀的战士已经黯然离开了自己朝夕相处的军营。

客车经过十二个小时的行驶，终于到达D市。谭飞龙刚下车，就被一个老人给截住了。

那是一位穿着十分考究的老人，面目儒雅和善，十分绅士，穿着一身笔挺的西装，拄着一根很古雅的拐杖，十足归国华侨的派头。

"请问老先生有什么事情吗?"谭飞龙有些惊讶地问道。

"大侄子！你不认识我了？我是你三叔啊!"老人满脸惊喜地看着他。

老人的话让谭飞龙丈二和尚摸不着头脑："自己的父亲就哥俩，怎么又出来一个三叔?"

"我是你三叔啊！刚从台湾回来，这么巧就遇见你了!"老人显得十分激动，一点都不像是在伪装，"你忘了？我给你们寄过照片，二哥也给我寄过你的照片。"

对方一下子就点出了他姓谭，更是让谭飞龙惊诧万分。一时间，他不禁自我怀疑起来："难道真有一个自己不知道的三叔流落到了台湾?"

"注意你的手心！军队里怎么培养你的，刚刚出来一天就全忘了?"就在他愣神之际，对方突然低低地说了一句话。

谭飞龙这才注意到自己手心里不知什么时候多了一张纸条，心中掠过一丝惊讶，迅速以一个不引人注意的姿势扫了一眼上面的内容："想再回军队，就好好配合。老虎把你交给我了，小子。"

谭飞龙一下子全明白了，因为老虎两个字是部队里对将军的绝密代号。

"哦，三叔啊！我这才认出您来！您可比照片上有派头多了，怎么还没回家啊，不是说三天前就到了吗?"谭飞龙也开始装模作样起来。

"遇见了几个老朋友，就耽误了几天！三叔这次可有重要的事情和你说，你过来。"说完，老人把谭飞龙拉到一个僻静处，换了一副语气说道："谭飞龙同志，我代表总部向你道歉。这次造访是受将军之托，来给你安排新任务。我的代号是大熊猫，隶属于国家安全局特科，负责这次任务的指挥联络还有后勤工作。你们这次要去的地方是……"

就这样，大熊猫将R国神秘组织的情况一一说给谭飞龙听……

"记住，这次的任务只能成功不许失败，我会作为指挥中心给你们最大的支持，从装备到行程再到部署安排。这次的任务非常重要，所以才出此下策，这一点也希望你能充分理解。我给你安排了两位战友，他们的代号分别是军刀和火枪，你的代号是独狼，届时你作为独狼特遣队队长在任务中担当领导者，明白了吗?"

"明白。"谭飞龙自信地回答。

现在对于谭飞龙来说，到底是什么任务已经不重要了。最重要的是，他没有被真正地开除军籍，还是一名共和国的军人！

“又是一次生与死的考验，你要做好充分准备。”老人拍了拍独狼的肩膀，语重心长地交代。

“感谢组织对我的信任，我一定圆满完成任务！”每次执行任务的时候，谭飞龙都是热血沸腾、充满激情的，今天也不例外。

而后，谭飞龙，不，现在应该叫独狼，按照老人的指示与提供的资料找到了同样被假开除的军刀和火枪。

军刀与火枪同样在经过了短暂的失落之后，又体验了一把重获新生的快乐。

三个人聚首的那一刻，独狼特遣队也正式宣告成立。

“军刀，真名李强，26 岁，B 军特种部队大队长，多次参加国际维和行动，自小习武，擅长狙击！”军刀一脸冷峻地敬礼，同时这样对独狼介绍自己。

“这是一个做事果敢的军人。”独狼点点头，对军刀的特点迅速作出了判断。

“火枪，真名刘二毛，25 岁，人称 C 军出了名的捣蛋鬼。虽没有从小练武，但身手也不让人！擅长使用一些小玩意儿，脑子活泛了一点。”相比冷峻的军刀，火枪显然活跃了很多。

“个头不高，身手敏捷，脑子好使，战场上要出奇制胜，还得多听他的意见。”独狼立刻对火枪也做了一个总结。

很快，独狼就熟悉了军刀与火枪的资料，独狼特遣队的行动即将拉开序幕。

接着，三人又通过大熊猫告知的方式去了 D 市的一座军营。

在那里，三个人坐上了大熊猫准备好的飞机，而后直接空降在 R 国的一个森林里。

第二章 森林接头

凌晨一点时分，独狼、军刀、火枪准时到达接头地点。

“军刀，占据有利地形，观察四周动向！火枪随我向前行进！行动!”事不宜迟，独狼果断地命令道。

“是!”身形瘦长的军刀跳在空中犹如一条黑色的纱巾，忽地飘到树上，透过高倍远红外望远镜观察着四周的动向。在树下等候的独狼和火枪则像猎豹一样匍匐着。三人接下来要做的就是迅速与接应人取得联系，得到足够的装备。

三分钟后，军刀用一根食指连续敲击着树干，发出的声音像极了一只啄木鸟在捉虫。独狼和火枪抬头看时，发现军刀的手正在慢慢地比划着，示意前方两点钟方向、200 米距离处发现有闪烁灯光出现，来意不明。

这不禁让独狼心存疑虑，因为事先约定的接头暗号并非灯光。

于是，独狼和火枪半蹲着慢步走向前方，小心地寻找着掩体，但又保证自己不会被完全遮挡视线。

接近目标时，火枪朝独狼使了个眼色，征求着是否要上前打探。

独狼摁住他的肩膀，摇了摇头。

就在这时，前面的来人竟然和三人要接头的人接上了头。看着眼前的一幕，三人猛地一惊，不知不觉中已意识到这里情况的复杂性，对这次任务要面对的麻烦顿时明白了七八分。

独狼贴着地面仔细聆听着，想听清楚对方到底在讲什么，但因为距离实在有些远，根本听不清。

然而，接下来的一幕更是出乎所有人的意料。

原来，就在两个人互换了手提箱之后，接头人“砰”的一声枪响，将来人当场击毙！

火枪不禁看了独狼一眼，竖起拇指佩服他独到的眼力。如果不是独狼的提醒，自己上前打探肯定也会遭遇对方的火力。结果暂且不说，一些麻烦总是不可避免的。

于是，独狼和火枪立即退回军刀伏击的树下，打手势把军刀也叫了下来。

“此地不宜久留！枪声一定会引来皋本的人。我们必须马上撤离。”独狼迅速对当下的形势做了一个判断。

说完，一行三人顺着来路再次潜入丛林深处，隐蔽起来。

也就在这时，森林里突然地动山摇，轰隆隆的声音从地下传来，仿佛不远的地方正有一群大象在全力狂奔。随即，眼前也越发明亮起来。

三个人站在地上，都觉得双腿有一些不够稳当。这不是腿的原因，一定是大地在颤抖！

“怎么回事？黑夜里怎么会这么亮？”火枪有些不耐烦地说着。

“也许是有外星人来访？我好怕啊！”军刀做了一个鬼脸。

“你们好好看！”独狼摆动着腕上的手表，一边看着一边说，“在西边，应该是火山爆发了。”

“什么？”听了独狼的话，火枪和军刀连忙一齐朝西边看过去。

果然，西边正有一股红色的火柱冲上天际，而且范围越来越大，硕大的蘑菇云被映照出一种黑红的颜色，在夜色中显得格外诡异。

此时，森林里的鸟儿不断地鸣叫着，野兽四散奔逃，突如其来的天灾让这些自然界的生灵惊惧不已。三个人仔细地观察周围的情况，同时琢磨着自己到底被送到了一个什么样的鬼地方。

“嗷!”远处又是一阵嚎叫。

“狼!”军刀辨着声音说道，语气中夹杂着一丝气愤。

“这是什么鬼地方？从部队把我们开除，然后搞到一起，又来到这个鬼地方，到底是想干啥。”火枪有些上火，急躁暴烈的脾气显露无疑。

“是啊，到底是干啥？”独狼纵使身经百战，此刻也猜不出大熊猫的意图来。

如此复杂的环境，加上还要面对完全未知的任务，“独狼特遣队”一行人顿时陷入了短暂的迷茫。

“告诉你们，什么都不要问，什么都不要说，既然你们穿上这身马甲，就注定永远穿着‘马甲’。也许没人会知道你们，甚至你们的功勋都只能是一个永远的秘密！但正因为有了你们，我们的军队才更加强大！这次的任务是艰巨的，和以往任何一次都有所不同，并且不是单纯地为军队为祖国争光，而是为了世界和平而战……”

突然，大熊猫的话在独狼耳边不断萦绕着。

“今晚怎么办?”急躁的火枪又低吼了一句。

“森林宿营啊，这可是我们的常用科目。”独狼说道。

“宿营?”火枪有些不解，“什么都没有，怎么宿营?”

“天当被，地当床。”军刀冷冷地说了一句。

“说得好听，不冻死才怪。”火枪继续发着牢骚。

“那你就钻到火山里去吧，绝对暖和。我们这是在执行任务，不是在野餐钓鱼。”军刀依旧不冷不热的。

“你!”对于军刀的揶揄，火枪有些不高兴了。

“好了，好了，赶紧检查检查自己的装备吧。”独狼连忙打圆场。

火山还在继续喷发，照得四周如同白昼，森林里的野兽还在疯狂嘶吼着来回乱蹿。

独狼、军刀、火枪三个人此时已经爬到树顶，因为他们知道要是在树下早晚得成为野兽的腹中之物。在火山喷发这种剧烈的刺激下，所有动物都会异常暴躁且更具有攻击性。尤其是几条乱蹿的蛇类不时出没，让他们觉得在地上绝对不是一个明智之举。

异常的情况来得快，去得也是很快。大约过了一个小时，四周恢复了平静，鸟兽也渐渐散去。独狼看看西边的火山好像也不喷发了，于是招呼军刀和火枪下树。

三个人从大树上一溜就滑了下来。

可还没等独狼的脚落地，就感觉一阵风声扑面而来，随之一个壮硕的身影迅速到了近前，照着他的鼻子就是一拳。独狼赶紧把身子猛地向后一仰，随即一个后翻轻轻落地。但来人不依不饶地又是一个飞踹，他闪身躲过，借着这个工夫也发了一记重拳过去。

来人一下子攥住独狼的拳头，但他出拳的力度太大，对方只得用了一番巧劲进行化解。随后来人迅速收脚，后退几步。独狼却站定了，不慌不忙地看着他。

此时军刀和火枪也围了上来，双双摆出一副要下死手的架势。

“好了，停手吧，是自己人。”独狼赶紧制止两人。

那种捉摸不透、飘飘摇摇的手法独狼知道，那是国家安全局某部门人员的看家本领。在过去交流武艺的时候，他已经深有体会。

听了这话，军刀和火枪立即把身形停住，跟独狼一起细细地打量着眼前这个人。

此人长得高大魁梧，脸上有几个瘢大的疙瘩，两道立眉透着杀气，让人有种不寒而栗的感觉。一双眼睛里透出一种冷而硬的光芒，同时充满着警惕和杀机。

“你的身手很好！”来人对独狼点了点头。

“你也不错。”

“谢谢。”

“我们等你很久了。”

“我也是。潜藏者欢迎独狼特遣队的到来，我带来了你们的武器，同时提醒大家，前面不远的小镇人多事杂，凡事多多小心。”

潜藏者说完，把身后的背包从肩上卸下，顺手甩给独狼：“三支枪外加一些小玩意儿，自己看看。”

独狼接过背包，解开包带，拿出其中的一支递给军刀。

“这是什么枪，怎么以前从来都没有见过？”一拿在手上，军刀就感觉出不对劲。

“这是一把罕有的好枪!”入手之后，这是独狼的第一感觉。但十分奇怪的是，在世界名枪的谱系里似乎找不到与之相关的类型。

军刀与火枪的感觉也是如此。同为特种军人，对世界上各种型号的武器都是耳熟能详，唯独这三把枪，三人都是一无所知。

“这些枪是我们国家最新研制的，是实验室里面最完美的三件样品，你们可算是有这个福分。这三支微冲，体积和重量都非常适合携带，质地良好，口径是9毫米；它的瞄准镜在枪的中央，可以前后左右四个方向移动，便于观察；枪管后面有一个助力弹簧，强劲的爆发力足以使子弹的推进和射击速度增加一倍；每支枪已经在枪管外直接铸造上了消声器，便于行动中的隐蔽使用，消音效果绝对是意想不到的好；在枪的最前面，也就是枪头上面，有一个小圆管。不要小看，其实它是一个小型发光装置，威力绝对超能，不但可以照亮，还可以在夜间进行远红外射击引导，而且在照明模式下可以发出一束光突然照到敌人的脸上，1分钟内会导致对方眩晕，有利于行动展开。”说着，潜藏者也从背包里拿起一支枪：“千万别以为你们执行过多次任务，见过无数枪械，告诉你们，这个枪绝对是当今世界数一数二的，你们看。”

说着，潜藏者突然把枪抛到2米多高的空中，枪随即划出一道抛物弧线，“咣当”一声落到火枪的面前，砸起一片草屑。

火枪顺手将枪拎起来，打开保险，验枪、上膛、扣动扳机，一切正常无恙。

军刀接过去，对着远方一瞄准，却发现作为狙击枪使用甚至不需要重新校准。

这不禁让独狼三人觉得十分惊奇，一般的微冲哪里经得起如此折腾，更不用说丝毫不影响性能了。

“看见没，这枪十分耐受，绝对适合最艰苦的战场环境。”潜藏者说着，把枪接过去来回翻了一下：“没有任何缺损和裂痕，不用重新校准一样保证精度。但它最主要的一个优点就是，有效射程达到500米以上，如果你够自信，在1500米的距离依然可以杀伤敌人。实验室的数据是1000米距离，10%的狙击手可以一枪命中目标。”

这最后一句话，让军刀眼前一亮，因为他正是狙击手中的翘楚。

“而且在红外瞄准镜上作了较大改进，可以自动调整亮光、雾气以及其他不良干扰。可以说，这是一把完美的微冲，足以应付所有的战场情势！很幸运，你们是第一批实战使用的战士，满意吗?”

“我们非常满意。”火枪大大咧咧地说，“不过，就一人一支枪，没弄点手雷啥的?”

“哈哈哈!”潜藏者看着火枪微微笑起来，“没有手雷你能完成任务吗?”

“能，当然能!”火枪一愣，随即回答道。

“那就好。我这里的装备就这么多，你们全都拿走。当然你们以任意形式收获的枪械可以随便使用，只要你们的能力足够大，火箭炮、坦克车也不是什么问题。”

火枪听了不禁哈哈大笑起来：“这算啥，不就这点破事。火箭弹，哥们玩的次数太多了!”

“装备我们已经接收完毕，下一步的任务是什么?”独狼率先从装备带来的兴奋中回过神来，问道。

“进入小镇，打探消息，尽快找到敌方秘密基地，然后一举将之摧毁。”潜伏者几句话就将任务交代清楚了。

“明白。”

话音刚落，就见潜伏者从兜里掏出一把钥匙扔给独狼，然后迅速离开了丛林。

“珍重，战友!”

独狼看着他的背影轻呼一句，随后转身把钥匙扔给火枪。火枪顿时高兴地跳起来：“亲娘咧！钛合金的，这种车大熊猫怎么舍得？这种好车可不是轻易能够见到的啊，哈哈！让你们看看我高超的驾驶技术!”

按照大熊猫的安排，潜藏者送来了当地的衣物、世界上最先进的单兵作战武器。除此之外，还有一辆让火枪兴奋不已的汽车。

随后，独狼三人穿过丛林来到大路上，车子就静静地停在那里。火枪一路小跑奔了过去，一跃跳进车里，猛地扭动了钥匙。

就在火枪兴奋之时，独狼却在四处观察着环境：“军刀，如果你是狙击手，会在多长时间内发现这个位置?”

军刀自然明白独狼的意思：“队长，我们必须尽快离开这里。”

“快!”独狼猛地震醒兀自兴奋的火枪,“别美了!开车!”

“好嘞!”火枪迅速地打了下方向盘,汽车在两秒之后便以二百公里的时速蹿了出去。

就在车子蹿出去的那一瞬间,“轰”的一声,车辆刚刚停放的位置被来历不明的火箭弹炸了一个大坑。

“队长,你是怎么知道的?”火枪一边开着车,一边有些惊讶地问道。

“这里刚刚发生枪击事件,随后就出现一辆车发动起来,如果你是这里的驻军你会怎么想?”独狼淡淡地说道。

军刀听了连连点头,火枪似乎也有一些明白了。

“独狼,汇报你现在的情况。”这时远程音频终端突然传出大熊猫没有任何情绪的声音。

“装备刚刚接收完毕,我们正在努力摆脱对方的监视。”独狼拉过话筒回复。

“明白。你们的集合地点属于一个敏感地带,不明来历的机车遭受攻击很正常。前方有一个小镇,到那里你们要换上新身份。这一站要多加小心,你们要做好充分的思想准备。由于独特的地理位置和历史原因,该小镇一直都是各国黑道汇集之处,详细的情况我就不多说了,这需要你们自己去探查。你们的任务就是通过各种渠道,探寻出目标所在地。你们的证件都放在车子的储备箱里,要在最短的时间里熟悉新身份。记住,我们要智取,不但要知道目标的位置,更要渗入敌营,一举攻破!”说完,大熊猫关闭了远程音频。

第三章 酒吧闹事

之后，独狼三人换了姓名，凭着丰富的经验顺利混入小镇。

三人很小心地选了一家不算大的旅馆，以免引起过多人的注意。潮热的天气让三个人湿透了衣服，可还是不敢脱掉，以免露出什么破绽。

办理手续时，店老板叽里呱啦地说着什么，然后做了一个向下的手势，让独狼他们一时间搞不明白是什么意思。

“王八犊子，你敢骂老子！”火枪见他的手势不像是什么好意思，撸了袖子就要动手。

独狼苦笑着，连忙拉住火枪带着两人上了二楼，却听见店老板跟伙计用韩语嘟囔着：“这么热的天气，就不知道把厚衣服换了！傻帽中国人！”

来到房间里，独狼透过窗外看着雾蒙蒙的天气，突然觉得让人有些琢磨不透。刚刚丛林之中还是冷冷的，这会快要下雨了，天却依然酷热难当。温差之大，真让人有些难以忍耐。

就在独狼沉思之际，火枪早已脱得光溜溜地钻进了浴室。

“嗷!”突然，一声长长的狼叫声，从丛林里传出来。

就在这时，火枪也从浴室跑了出来，哆哆嗦嗦地钻进被窝：“这他妈这么凉的水能洗吗？冻死我了！没有电热水器，也要装一个太阳能嘛!”

独狼被逗得直笑，突然听见门外传来“哐当”一声，赶紧做了个噤声的手势，慢慢走到门口，猛地推开门。却见店老板恭敬地站在门前，笑容有些诡异：“三位难道只开一间房吗?”

独狼点点头，没有答话，店老板却从上到下打量着他，接着用十分蹩脚的普通话问道：“中国人吧？我看像大陆的。你是北方人?”

独狼面部严肃的没有一丝表情，他可不想让店老板有所察觉。如果这个家伙是来探听虚实的，那可不好应付。

可这个尖嘴猴腮的店老板却不依不饶：“我有亲戚在中国，你们来我的小店，自然要多照顾。看你们穿得挺寒酸的，是偷渡来的吧？这座岛上，倒船做蛇头生意的人很多，大陆人走肉票的都一把一把地数。大陆人的生活啊，那可真是一塌糊涂。”

就在店老板喋喋不休之际，独狼抱着膀子的两只手就一直没放下来，肩头的肌肉结实遒劲，一直绷着的脸让他不禁有些发怵：“喂，老兄，是中国人你就吭一声，谁还不是为了混口饭吃嘛!”

独狼转身叫过军刀，拿来一些当地的钞票，递到店老板手里：“大家都是出来混的，我们不想多事，你也别想探我们的底。干完这一票回家盖上几间大瓦房，一人搞个小媳妇，这辈子就算圆满了!”

店老板一听这话，再看看钞票，脸上乐开了花，两眼直放光：“哈哈，好说好说，以后有事说一声，一定帮忙，一定帮忙，哈哈哈。”

独狼送走店老板，这才松了口气。这个小镇里的情况，果然如同大熊猫所说的那样，真是够复杂的。

晚饭时，独狼把军刀和火枪留在房间里，自己一个人走上街头去买吃的。小镇不大，不过三两条街，从东到西走过两公里多就再没有其他东西了。

但独狼已经知道，就在这个小小的镇子上却有着不下十个国家的黑道人员在活动。那些个张狂跋扈的表现和各自的母语，就是这种情况的明证。

独狼边走边搜集着镇上对自己有利的信息，想找一个突破口融入这个混乱的圈子里。在街角独狼发现了一处酒吧，酒吧就意味着消息的来源，他打定主意，今晚的任务就是此地了。

独狼带回些吃的，回到房间交给军刀和火枪，然后又一个人站到窗前，观察着街上行人的举动。

“吃完东西都睡一会，晚上我们有行动。”良久他背对着两人，像是自言自语一般。

“什么行动，队长?”火枪一边啃着鸡腿一边问道。

“少废话，赶紧睡觉！不该问的别问，不该想的别想!”独狼对于火枪的多嘴，及时地给予了敲打。

火枪见独狼发脾气了，只好悻悻地继续吃东西。

军刀则吃得慢条斯理，对于独狼的行动已经猜到了七八分。

晚上十点，独狼叫醒了火枪和军刀:“准备行动，我们现在去夜店。”

“去夜店?”火枪的眼睛里开始冒光，明显想到了那些白胳膊、白大腿。

“嗯，我们需要掌握更多的信息，夜店是最好的去处。”独狼继续说，“军刀你和火枪下楼缠住店老板，看能不能让他带你们去酒吧。我一个人去别的地方查看。如果店老板问起我，你们就说我晚上喝多了。”

说着，独狼指了指桌上的啤酒瓶:“把瓶里的酒倒光，然后带着瓶子下去。”

军刀和火枪连连点头:“明白了!”

接着，独狼又拿出新证件交给他们两个:“一定要记清楚，军刀的名字是秦桓，火枪的名字是杜加里。”

军刀与火枪两人缠住店老板的任务基本是火枪在做，军刀则一脸冷峻地站在吧台前，看着火枪眉飞色舞地陪着店老板东拉西扯。

两人一会儿对走过门口的各国美女指指点点、品评一番，一会儿又探讨哪里的酒好、什么买卖好赚钱。

军刀此时对火枪真是有点佩服，都是常年待在军营里的人，也不知他从什么地方知道那么多江湖传闻的。

说话间，两人才知道店老板叫刘朝阳。

“一家子啊!”火枪还真认起了亲，“哥们，我也姓刘，绝对的一家人，老板亲戚家是哪里的啊?”

“福建的。”

火枪一拍桌子：“真的，绝对的一家人！我也有亲戚是福建的。”

军刀用鄙视的眼神暗地里瞪着火枪，意思是说，你小子真会打蛇随棍！就这么牵强的理由，你都能联系得上。

不管军刀怎么鄙视他，火枪还真是靠着“老乡”的关系搞定了店老板。接下来两个人在刘朝阳的指引下，一路勾肩搭背地去了酒吧。

到了酒吧门口，刘朝阳指着酒吧的招牌说道：“这个小镇虽然小，可五毒俱全。看到这招牌了吗？”

只见招牌上歪七扭八地写着几个让人看不懂的字母，军刀、火枪二人只能摇了摇头。

“酒吧名字叫作卓瑞亚的裙子。”刘朝阳临时充当了一回免费的翻译。

“卓瑞亚是什么人啊？”火枪很好奇地开口问道，“用自己的裙子当作酒吧名字，这娘们够豪放的啊！”

“卓瑞亚就是皋本的情人。皋本这人可了不得，是当地一个大型恐怖武装组织的首领呢！只是大家都听说过他，但没有人见过。这酒吧虽然由卓瑞亚来管理，其实就是皋本的一个消息收集和散布的渠道。”

“可为什么要叫她的裙子呢？虽然很诱人，难道就不怕那个什么叫‘睾丸’的家伙醋意大发？”

“这你就有所不知了，卓瑞亚倾城的容颜，正是皋本向别人炫耀的资本。不管有多少人拜倒在她的石榴裙下，却没有一个人能够近她的身。而且，据说皋本本人都碰不到她。”刘朝阳八卦得就像个记者，对于自己掌握这些高层的内幕颇有些洋洋自得。

“听你的意思，皋本也算是一方枭雄了，怎么可能受这样的窝囊气。你不会是信口胡说，忽悠咱们小哥俩的吧？”火枪继续打探。

“皋本可是一个大人物，咱们可没那个身份去亲自求证。这个岛上的势力，不说全部，至少也有八成都是他的！这种人物啊，不是咱们能猜想的啊。至于这个大人物的私生活，我也就是从一些酒客的传言里探听到的。你要是不信，就当故事听听。好了，地方我领到了，得回店里了。”

说完，刘朝阳转身离开，军刀与火枪对视一眼后，勾搭着肩膀一起进了酒吧。

火枪一进门就直直地盯着 T 型台上那些金发碧眼、光溜溜的女人，不由自主地甩开军刀朝台下走。军刀赶紧上前一步拦住他："回来，回来，你不要命了！杜加里，回来！"

为了迅速融入角色，军刀喊起了火枪的假名字。

"怎么了，秦桓？为什么拦着我？"火枪不解。

他也很快反应过来，也用军刀的假名回应道。

军刀一把把他拉到身边凑到耳根子说："这台下明显是一群法国佬的地盘，贸然过去就是挑人家场子。这点规矩都不懂？别忘了，我们来这里不是为了惹事的。"

"法国佬的地盘？我怎么没看出来？"火枪对此一脸懵懂。

外国人的脸在火枪眼里，只有肤色和性别的不同，并没有什么国别之分。

"你看那边，他们身上的服装款式，还有身边女人的化妆打扮，甚至隐隐飘过来的香水味，都表明了他们的身份。我们亚洲人贸然上他们的地盘，还真不知会出什么事情！"军刀很严肃地对火枪说道，同时伸手指了下那一帮法国人的腰间，看那轮廓肯定不是钱包而是枪支。

"那边不也有亚洲人？"火枪却指了指那边几个西装革履的亚洲面孔，几个人正在与法国人相谈甚欢。

"我们初来乍到，不能拿自己跟这里的势力圈子相比！"在军刀的提醒下，火枪迅速明白了自己的身份，不再固执。

在慢节奏的摇滚乐中，两个人坐在吧台旁边，叫了两杯伏特加，一边慢慢地啜饮，一边四面环视着寻找可以打探消息的渠道。

不知不觉间，两人已经喝了八杯伏特加，但依然对于如何在这样复杂的环境里打探到有用的消息毫无办法。倒是有不少妖冶女子，看上了军刀的帅气与冷峻，几番前来骚扰。但那种蹩脚的货色显然不入军刀的眼，他直接就拒绝了。

"cigarette!"突然，一个娇滴滴的声音在军刀身后响起。

娇滴滴的声音里，没有那种风尘的气息，只有一种青春的感觉。

军刀与火枪一起回头，却见一个十分漂亮的异国女郎站在身后，波浪一样的金发，健康红润的肤色里透出一种野性，惹火的身材性感十足。

女人与吧台侍者用流利的英语交谈着，眼神却时不时地朝军刀看去。军刀躲过她的眼神，假装看向别处。

在执行任务的时候，军刀永远将任务放在第一位。

“行啊，哥们儿！那妞看上你了。”火枪举起酒杯朝那个姑娘露出一个促狭的笑，又扮了一个鬼脸，样子十分滑稽。

“记住，我们来这里不是看漂亮小姐的。管好你的眼，你的每一个举动都可能惹麻烦。”

“得了吧，你也动心了吧，要不然怎么不敢看人家啊。”火枪对军刀的说教不以为然。

不想两分钟后，那个女子结束了与侍者的攀谈，点上一支细长的女士香烟，端着酒杯靠了过来。女人几乎将嘴唇贴到军刀脸上，轻轻地吐了口烟圈，空气里顿时弥漫着一股好闻的香草味道：“dance?”

女人的神情里透着一股野性，一种别样的妩媚。她极尽妩媚地笑着，勾引之心昭然若揭。军刀依然保持着冷冷的态度，从桌上举起酒杯，半杯烈火一样的伏特加一饮而尽。

他并不打算理会这个女子，因为对方的底细让他摸不清、猜不透。

“你不敢?”女子口中一句骤然而出的汉语，让军刀与火枪都出现一个短暂的愣神。

回过神来之后，军刀的回应简单直接，抱起她的小蛮腰款款步入舞池，留下火枪一个人守着三只酒杯。人说独守空房难熬，其实有时独守空杯更难熬。

火枪一时无聊，开始自斟自饮，而他的光头以及肤色，已明显地暴露出他不是当地人。

没有了军刀在一边看着，火枪开始对T型台上一个红发女郎连连吹出一串轻佻的口哨。这样的举动被当地人看在了眼里，几个人几个眼神交流后就围了上来。

“秦桓!”火枪眼看情势不利，连忙叫喊着还在跳舞的军刀。

远处的军刀听到呼喊，一把推开怀里的女孩，“嗖”的一声蹿了过来，拳脚所到之处，五六个壮汉应声倒地。火枪也在一旁拳脚上阵，酒吧里顿时乱了套。

“都给我住手!”这时，一个女人的声音犹如将军号令般响起，全场顿时鸦雀无声。

说话的不是别人，正是刚才和军刀跳舞的女孩。一反刚才的青春可人，她以一种居高临下的姿态出现，对着众大汉呵斥道："都给我退下去!"

说完，女孩来到军刀面前："我叫娜丽亚，看你的拳脚很硬朗，想必床上功夫也十分了得。"随后，她绕着军刀看了两圈，又道："我们的舞曲还没有跳完，要不要再继续下去?"

军刀眼神依旧冷酷，脖梗却有些发硬，声音仍镇定自若："没舞曲又怎能开场?"

"DJ，MUSIC!"娜丽亚朝后面喊道，音乐立刻响起来。

她主动伸出了手，军刀却道："怎么能让淑女伸手呢?"

说完，他从口袋中掏出一枚各地军火市场上常见的烟雾弹砸向人群。

一阵烟雾过后，酒吧里一片狼藉，军刀和火枪早已不见人影，独留下娜丽亚"哧哧"地发出笑声："这个男人，我喜欢!"

第四章 意外发现

军刀和火枪冲出酒吧后，迅速地穿越大街小巷回到旅馆。

此时，在另一边的丛林中，独狼正在跟踪一辆奇怪的悍马越野车。

悍马车上共有四个人，装备都很精良，能看得出绝对是军队中的人。车子缓缓行驶着，然后停在小镇上的一家粮食批发部。

军车能跟已经普通到不能再普通的粮食批发部有什么关联呢？独狼想不通，心头的疑惑更加浓重。

想到这，他小心地绕过前门，偷偷探头向内看去，突然发现原来这个所谓的粮食批发部其实就是秘密的军火交易地点。

这里买卖的粮食，居然只能喂给枪炮！

“这都是些什么人？还有悍马车，还有军火交易？”独狼不禁纳闷起来。

就在他有些悻悻之时，四个人已经从屋里走出来。而就在那一瞬间，一个士兵怀揣的一把枪露出了一个枪把，那是一个布满黑色小点的枪把，在灯光下面没有任何反光。

如此设计是为了使用者在持枪时能增大摩擦力，也可以减少手枪后座力对射击本身的影响。熟悉各国枪械的独狼非常肯定，这支枪只有F国的特种部队才会配备。这样的身份出现在这样的地方就更让人怀疑了。

独狼从兜里掏出一个锡纸包着的小长条，打开来里面是一块口香糖一样的东西，上面有一个小小的电子芯片。

将它碾成团之后，独狼吐了几口唾沫让它更粘也更像一块嚼过的口香糖。然后，他一扬手把它扔到悍马车上，刚刚好贴到备用轮胎上。这块“口香糖”其实是一个跟踪器，几公里之内对方的行踪都将在独狼的监视之下。随后，他打开手表的后盖，液晶显示器上，一个红点正嘟嘟地发出声音。

于是，独狼顺着信号跟了过去，朝对方不断靠近。

越野车的行踪总是飘飘摇摇的，似乎会在每一个地方停下，独狼却没有发现对方有丝毫对外联络的痕迹。

26个小时后，悍马车终于停在距离小镇两公里处的一个仓库门口，独狼也来到了仓库的对面。对方有可能是特种兵，他必须慎之又慎，因为一旦被发现，一发子弹就会过来让他命丧黄泉。为了安全起见，独狼将身子埋在草丛里，在掩体下无声地关注着对面的动静。

这时候，出来一个士兵上了悍马车，但车子没有开动，他只是从车上拿了什么东西，又回到了仓库。紧接着，又有一辆悍马车开了过来。这次却有所不同，为首的人大腹便便、一头白发说明年事已高，但身体健壮，一定是当兵出身。头领下车后正了正衣领，在手下的簇拥下大步走向仓库。几分钟之后，“砰”地传来一声枪响。

紧接着，头领带着几个人迅速从仓库走出来，又一次登上悍马车，一溜烟的工夫就消失在丛林之中。

此时，仓库内变得异常安静，独狼意识到不对：“要不要进去探个究竟呢?”

思忖片刻，他不再犹豫，趁着夜幕的掩护偷偷溜到仓库后窗，看看四周无人，就把眼睛凑到窗棂跟前，注视着屋子里的一切。

屋子里的情况十分古怪，没有任何物资，收拾得反而是一副教堂的样子。里面有一个苍老的神父正带着几个嬷嬷在做弥撒，口中还念念有词。

“怎么没看见白天那几个人？他们究竟去了哪里？”独狼觉得有些奇怪。

他心里这样想着，当眼神再次回到屋子时，开始特别注意观察起周围的情况来。一群人正站在一个精致的十字架下面对着一个大大的棺木，身边有一排烛光。

这种诡异的宗教形式，是独狼闻所未闻的。

布置也很诡异，只见考究的地板上铺着鲜红的地毯，地毯的尽头就是仓库的正门，两侧各有一尊雕像。独狼看不清那雕像是什么，但隐约觉得有些古怪。除了神父和嬷嬷们，他再没看到其他人。

刚刚进来的那几个特种军人，还有那个首领少了的几个手下根本都不见人影。

由于始终对这里存有很大的疑惑，独狼准备进去一探究竟。

仓库是很老旧的建筑，裸露的砖头早被这里多变的气候风化得严重。独狼抓了一把石子放在口袋里，然后摸着外墙，发现砖缝确实很深，于是扒住墙缝，脚一蹬，“噌噌噌”就像壁虎一样爬上了房顶。

在房顶上，独狼很快就找到了通风用的风口，于是双脚劈开，撑着两侧，等待着里面的人离去。

神父的弥撒结束后，人们陆陆续续走了出去，仓库里变得鸦雀无声。独狼丢了一块石子下去探查虚实。石子砸在地面上，激起一丝清脆的声响，犹如平静的水面荡起一个水波，在空荡无声的环境中格外引人注意，却没有引起任何动静。他为了谨慎起见，又丢了一块，依旧没有动静，这才彻底放下心来，缓缓地移动身形，悄悄地落到地上。

教堂和外面的大小呈完全比例，可以排除有隔层的可能，但左右前后都没有发现任何可以进出的门，那么刚才的神父和嬷嬷们，还有白天那几个大兵，都去了哪里？独狼顿时觉得周围泛起一股寒意，诡异得很。他就像猫一样轻轻地挪着步子，尽量不发出丝毫声音。

屋子的一面墙上黏贴的玻璃五彩斑斓，组成一幅画像——是圣母玛丽亚。只是有一点，她怀里抱着孩子的那一块玻璃竟然是黑色的，就像是一个黑黑的洞，没有任何反光。

独狼盯着那个洞认真地看了看，突然觉得不妙，慌忙一闪身躲到长凳子后面。紧接着的一刹那，只听见“哐”的一声，身旁的长凳被打得稀烂。

独狼心里猛然一惊："遇到狙击手了，难道这是一个设好的圈套？"

于是，他趁狙击手第二发子弹还没有发出的间隙，一个纵身跳到烛台旁边。就在他的手摁到烛台下一块地板的时候，却发现一个金属质地的按钮很突兀地出现在眼前。

独狼毫不犹豫地摁下，突然一阵轰隆作响，教堂正中的棺木打开，竟然出现了一条密道！

一时间，独狼终于明白了那些人的去向，却听见窗外的人愤愤地大叫着："FUCK！"

显然，狙击手对于独狼突然发现这个密道，表现得有些震惊。子弹一发又一发地射来，却没瞄准，只是朝独狼可能躲着的地方射击。

狙击枪的子弹很快就打完了，独狼小心地抬头发现对方正在换弹匣。趁着这个空当，他猛地翻身进了棺木里面。

等狙击手装好子弹准备再度开枪射击时，独狼早已经钻了进去。

狙击手禁不住又骂了几句，随即掏出一个对讲机嘀咕了几句。

这是一段很长很窄的甬道，高度只有一米五左右，独狼不得不弯着腰前进。

就在他走向深处之际，石棺再一次关闭，里面顿时漆黑一片。他拿出手电筒照着前方的路，弯着腰一步步慢慢地走着。

独狼以为身后的人会追来，但只听见石棺响了一声之后就没了动静，诡异的气氛顿时变得更加浓重起来。为了保险起见，他站在离石棺大约十米的地方静静地观察，确认没有人追来之后才继续往前走。

"叮！"行走间，独狼脚下似乎踢到了什么东西。

他赶紧用手电筒照过去，发现一个黑色的块状物上沾了许多泥巴碎片。他剥开上面的泥巴仔细观察起来，发现竟是他看到的那个士兵所用的枪托碎片！

确实是！上面的那种漆面处理技术，还有那种手工刻画的磨纹是绝对错不了的。

"难道这人已经死了？这到底是怎么回事？这里又是什么地方？这帮人想干啥？"独狼脑海里冒出一连串的问号。

密道深不可测，到底通向哪里，独狼不得而知。此外，那湿湿的空气里还带着血腥的味道，让人有一种窒息的感觉。

独狼听不到任何声音，只能听到自己的脚步声和呼吸声。

不知过了多久，他走得有些累了，却还是没有看到尽头。由于密道很矮，他要低头前行，时间长了，脖子酸得受不了，腰也有一些发酸。

他只好暂时停下来，好好地活动了一下脖子和腰，这才继续前行。这个举动十分有必要。独狼知道，也许自己在前面就将面对激烈的战斗，如果没有充足的准备，身体配合不上反应，那将会极度危险的。

在这个空隙里，独狼还吃了一口压缩饼干，补充了一下体能，直到觉得自己能够应付所有突发状况了，才开始前行。

随后，他抬起手腕看了看时间，突然发现已经失灵的雷达又有了信号反应，赶紧打开手表后盖，发现自己在悍马车上留下的跟踪器就在前方不远处！他不由得兴奋起来，一边小心地戒备四周，一边加快了步伐。

随即，他看着雷达上的小红点一闪一闪的，信号越来越强，目标越来越近……不由得加快了步伐。

“没路了？”不留意间，独狼已走到密道的尽头，竟然是个死胡同！可是，小红点却依然急速地跳动着，让他心中又多了一丝疑惑：“这究竟是怎么回事？”

于是，独狼打开手电筒，四处查看地形，周围除了一面厚实的土层，再没有其他的东西。就在这时，他发现密道的墙壁上有一处不易被察觉的凹坑，伸手摸了摸，试图找出出口的机关，可凹坑里除了土什么都没有。他耐心地继续寻找着，又是十几分钟过去了，却没有任何发现。

独狼摸着那堵墙，有些懊恼，禁不住狠狠地砸了三下。这一砸却使他灵光乍现，想到一个绝佳的主意，因为这墙的背后听起来好像是空的。独狼赶紧靠到墙与密道之间的缝隙去看，发现两者之间的接触并不是那么坚固，有着明显的缝隙，而且尘土也没有落在二者接触的地方，他立刻明白了这也是一面活动的机关门。

想到这，独狼从胸前掏出一只钢笔，从外表看它只是一只钢笔，实际上它的用途除了写字之外还有很多。金属探测，正是它的功能之一。

他小心地打开钢笔后盖，贴到墙壁上一点点地听着声音。“咯噔”一声，钢笔有了反应，独狼记好位置，凑过去慢慢地剥开那片用塑料伪装的墙皮，一个红色摁钮顿时露了出来。

见状，独狼满意地笑了。

随着轰隆隆的声音，墙壁徐徐打开，眼前的一幕顿时让他吃惊不已。

满眼的尸体，满屋的恶臭气味……

独狼赶紧拉起衣服捂住鼻子，这里的味道实在是让人觉得恶心。

“这是什么地方，为什么会有这些?”他的疑惑越来越多。

与此同时，他看到那辆被自己做了记号的悍马车正死一般卧在正中央。

他捂着鼻子走到车子旁边，看到两个士兵的尸体被横放在车子顶上，眼睛圆睁，里面显出不甘心和极度的愤怒。

死尸上放着一张手写的字条，独狼轻轻地拿起来，只见上面用英文写着：“跟皋本将军作对的下场!”

这瞬间的经历让独狼有些不知所措，却也让他感觉到事态的严重性——

在这里发生的军人被杀事件，外界竟然一无所知，皋本的势力远比自己想象中的要大得多。

突然，耳边一阵凉风吹过，独狼警觉地向后摆出一掌，“啪”的一声打掉那人手中的枪。

“好身手，阁下是做什么的?”对方用流利的英语问道。

独狼放下防守架势，一脸警觉地打量着对方，在看清那个高大外国人一身军装后问道：“阁下的装备不是自己的吧?”

对方看了看自己，然后很随便地说道：“我觉得挺合身的，何以见得?”

“海豹部队有类似的服装，阁下的服装虽然有些像，不过枪袋的位置应该是在大腿外侧，而不是膝盖上方。”独狼解释道。

“眼力不错，是内行。我是F国秃鹰战队队长博罗诺夫上校。”对方伸出手示意与独狼握手。

独狼还是没有放松戒备，并没有对对方的示好作出反应。在执行特种任务期间，除了队友之外谁都不可以相信，这是独狼的教官教给他的一句话，他一直都记得。尤其是这个博罗诺夫上校的出现是那么的突然和没有征兆，怎么能让独狼不保留三分戒心呢?

“如果我们是敌人，我不会让一个中国士兵靠近我身边三米之内！知道这是什么地方吗？这里是皋本处死叛徒的地方，当然还有反对者以及刺客。皋本这人生性多疑，坚信宁可错杀千人，不可放过一个这句古话。杀了的人都会成为他的骄傲和勋章，定期点数。皋本还是天主教信徒，所以每次杀的人都会送到这里，再胁迫神父和嬷嬷们为他们超度。”

对于这个博罗诺夫上校，独狼还不知道真假，只好点了点头。

“对了，你是什么部队的?”

“我?”独狼说着，也开始考虑，虽然他无法相信一个陌生人，但总得给人一个过得去的理由，于是只能含糊地回答：“我也是在执行任务，无意中闯入了这里。”

“是吗?那也算我们有缘，我带你出去。”博罗诺夫上校说。

于是，两人一前一后地向外走去，一时之间虽然还有隔阂，但总的来说还算融洽。

一路上，博罗诺夫上校一直在谈关于皋本的话题。

从他的话里话外，独狼得到了一些信息，觉得对自己的任务还算有用处。

皋本信奉天主教，虽然丧心病狂但却常常来这里做弥撒，这也是教堂一直存在的理由。他对所有人都不相信，最近得到了CRII的遥控装置，就每天抱在怀里，连睡觉都抓着不放。

这些资料都是独狼闻所未闻的，更是任务需要的东西，所有他都一一记在心里。虽然还有很多的疑问，也只能出去后找大熊猫验证了。

到出口时，博罗诺夫没有停下，独狼却十分警觉地一把拉住他：“等等!前面有问题!”

博罗诺夫不为所动：“这不可能，前面是一片空旷的草地，如果有问题，早该看出来的。”

独狼依然目光坚定地看着远方，用不容置疑得近乎于命令的口气吼道：“退后!”

看着独狼奇特的眼神，博罗诺夫只好慢慢地朝死尸停放地退去。

几分钟过后，一切都静得出奇，博罗诺夫有些等不及了：“如果有问题，早就开枪了，为什么到现在都没有动静呢?”

“嘘!是狙击手。我刚进来之前，碰到过。”独狼低声命令，“蹲下。”

接着，他摘下手表，朝洞口伸去。

“这是什么?”博罗诺夫惊奇地问道。

他还从来没见过能对付狙击手的手表，独狼的举动在他眼里显得十分怪异。

“红外热量探测仪，专门用来对付狙击手的。”独狼小声地说，“前方一点钟方向。”

“狙击手都有防红外线泄露的服装……”博罗诺夫有点犹豫地提醒道。

独狼却自信地回答：“道高一尺，魔高一丈，我这个东西比较敏感。”

两分钟后，两人慢慢地向洞口靠近。博罗诺夫按照独狼的指示，靠在洞口处，仔细地向草丛看去，却看不清晰，于是回头与独狼互换了一个眼神，示意地点了点头，接着突然向洞口左侧跳去。枪声就在博罗诺夫出现的下一刻立即响起，犹如早已守候着的狮子，很是疯狂。

枪口的火焰还没散去，对方的位置已完全暴露在独狼眼前。他操起身上的微冲，准确地瞄向敌人眉间，扣下扳机，“砰”的一声传来，草丛中随即一阵晃动。

接着，独狼迅速从洞内出来，去寻找博罗诺夫。只见他死死地躺在那里，一动也不动。独狼心里不禁“咯噔”一下，疑问道：“难道我判断失误?”这样冒险的行动虽然事出无奈，但如果真让一个异国军人为此牺牲，他心里还是会非常愧疚的。

因此，他伸手去拉博罗诺夫，想确认他是不是还有生息，博罗诺夫却突然站了起来，显得特别兴奋：“good gay！你太棒了！”说着就要握独狼的手，却被他敏感地躲开了。

“狡猾的家伙，你还是不信任我！”博罗诺夫半开玩笑地说。

“你也没信任过我！”独狼突然冷冷地盯着对方的手，一把闪亮的军刀已经做好了攻击的准备。

第五章 诡异人骨

独狼对博罗诺夫确实没有完全信任，而军刀和火枪对刘朝阳更是有所怀疑。

因为他们回来后刘朝阳就安排了一个秘密的房间让他们躲起来，还给他们准备了很多食物，虽然是以火枪老乡之名，但军刀总感觉他过于殷勤了。是的，所谓老乡的理由，在任何人眼里都不过是借口，没人会为八竿子打不着的老乡关系献殷勤的。对于这层比纸还单薄的“亲戚关系”，军刀绝不认为会比一张大额纸币更有价值。

但独狼自从出去之后，就一直没有出现，军刀和火枪也就无法行动。

过了几天，军刀突然收到刘朝阳店里伙计送来的一张纸条，上面写着：想刘朝阳不死，速来北山的从林。

“我们是不是应该去一趟，人家对咱不错。”火枪摸着秃头说道。

“等等，让我想想。”军刀对于这张纸条的诡异来历充满了怀疑。

他又仔细看了一下纸条，而后低下头沉思着：

“这个刘朝阳肯定不简单！这次他也算是帮了忙，可此去吉凶难料啊。”

军刀的疑虑当然很有必要，他原本也是不打算去的，但是思考着火枪的话，又觉着很有道理，况且要想知道这次任务里神秘组织的消息，说不定刘朝阳正是他们急需的一个突破口。嗯，这也算是一个很好的机会，如果能够救回刘朝阳，也就能在这里获得更多方便，所以他决定冒一次险，去看个究竟。

随后，两个人准备好武器，驾车来到了北山的丛林。

事情并没有军刀想象的那么复杂，丛林里果然绑着刘朝阳，旁边则是娜丽亚和她的手下。

“我们又见面了，没什么可说的，要想救他，你们两个留下。怎么样?”娜丽亚笑着说。

军刀笑而不答，下车径直走向娜丽亚。

其实军刀的想法是，出其不意地擒住娜丽亚，而后救走刘朝阳。可令他万万没有想到的是，娜丽亚并不像他想象的那么好对付。就在军刀身形快速移动之时，娜丽亚的手枪早就瞄准了他：“别动，小心脑袋开花，纵然我喜欢你，但也不是什么事都做。”

“你比那天晚上要漂亮多了，宝贝!”军刀灵机一动，故意挑逗着娜丽亚。

“少套近乎。来人，绑了他们。”娜丽亚丝毫也不客气。

“是!”说着，她手下的人就拿着绳子围过来，要对两人来个五花大绑。

“慢着，你们得先把他放了。”军刀用手指了指刘朝阳。

“好。”娜丽亚干脆地答应了。

随即，她的手就那么轻轻一挥，捆绑刘朝阳的绳子就被一把刀子从上到下割开。

“你们为……”

“少废话，这里没有你这种货色说话的份!”还没等刘朝阳说完，娜丽亚就命人将军刀和火枪押走。

刘朝阳顿时就像一只惊恐的野兔，连一个感激的眼神都没留下，就自顾自地一溜儿烟跑了个没影。对于军刀与火枪的救命之恩，他竟然一点都不顾念，可见之前的殷勤确有蹊跷。

“窝囊废，没用的东西。”对着刘朝阳的背影，火枪狠狠地啐了一口骂道。

“看来他就是一个店老板，小人物而已。”军刀心里想道，全数推翻了之前的判断。

刘朝阳走后，娜丽亚并没有真的把军刀和火枪绑起来，而是安排了地方让他们休息。

能在“卓瑞亚的裙子”这家酒馆里发号施令，怎么也得在皋本集团里有不低的地位，军刀这样想着。所以，尽管他疑惑重重，但还是想在这里探听到更多的消息。

这样的举动也许很危险，但这个任务本身就不轻松，况且他们经历的生死已不少了，这些东西对于军刀和火枪来说就像是吃饭喝水，没有任何惧怕可言。

经历了娜丽亚的几番调戏之后，军刀被安排到了她的营帐里。火枪则被独自安置在附近一个帐篷里。从这一点也可以看出来，娜丽亚并没有很深的恶意，要不然，无论如何也不会不对火枪进行任何监视的。

深夜，天狼星高高地挂在西面的天上，所有人都睡着了。

“啊!”突然传来一声惨叫，在寂静的夜空里就像夜枭的叫声一样刺耳!

火枪被惊醒，腾地蹿起来。帐外已经是一团大乱，所有人都惊恐地看着周围。娜丽亚乱着头发从帐中走出，一边把睡衣往身上披，一边问道：“怎么了?出什么事情了?”

这时，一个手下匆匆忙忙地跑过去向她报告：“刚才来了一个人，无影无踪地杀人，之后就神秘地消失了。”

“谁?”娜丽亚皱着眉头问。

“亚斯的头被扔到了那边的山腰上，我去小便的时候发现的。”手下慌张地说着。

火枪跟上来想问个究竟，娜丽亚却忙着沉思，根本不看他。他只好自己跑向围观的人群中。

随后，他拨开人群，蹲到尸体旁仔细地检查着。死者黑色皮肤、身体健壮，但是没了头颅，脖颈处有一个碗口大小的疤，还在往外渗着血水。

伤痕看上去很滑，应该是非常尖锐的刀具或者电锯所留。火枪仔细地查看着，突然发现死者的手里抓了一棵草，在幽暗的火光之下有一丝颜色。他借了手电筒照去，发现这红色并非是血，而像是某种涂料，而且涂的时间很长，已有些褪色。

“有发现吗?”娜丽亚的问话打断了火枪的凝神思考。

他站起身，拍了拍手上的灰尘：“想知道?”随即长长地伸了一个懒腰，促狭道：“不告诉你！睡觉去!”

正当火枪准备离开之际，娜丽亚突然站到他面前：“中国人，你一定发现了什么！其实，这次请你们来，是想请你们帮我。这一阵子，部落里总是出现被野人伤到的情况，即使我们加强戒备还是有人会死。这件事情关系到整个团队的生存，而你现在已经是团队的一员了。”

“为什么是我们呢?”火枪觉得有意思，搞了那么大阵势，竟然只是为了找自己帮忙。

娜丽亚很坦白地说：“我相信中国人的智慧，我们都没有什么办法，我想中国人也许会有办法。”

火枪眯着眼，想趁机挑逗她，也为了知道更多的信息：“那你给什么好处呢？我可是无利不起早的人啊!”

娜丽亚从脖子上拽下项链：“这是我们部落的象征，也是权力的象征。如果你帮了我，我可以把它给你!”

火枪得寸进尺，很轻佻地问道：“那如果我要你呢?”

娜丽亚瞥了他一眼，对他的一颗光头明显非常不满意，但还是说了声：“好!”

说完，她开始解自己的衣服，很快就解开了上衣，露出了绸缎的蕾丝胸衣。

只是开了一个玩笑，没想到娜丽亚竟然如此当真，火枪一下子就傻了眼：“好啦，不开玩笑了。这个杀手很笨拙但力气倒是不小。应该是野人之类的吧？我想你们也不用太把这事放在心上。明天看我的吧!”

说完话，火枪又一次伸了懒腰，走向帐篷。

第二天一早，他点起一堆火，在帐外烤肉吃。

军刀这时也出来了：“睡得还好吗?”

火枪往一边让了让，继续翻着烤肉，让火候更加均匀：“比不上你啊！抱着小妞睡得美吧?”

军刀一脸的无奈，就知道火枪肯定是想偏了：“说正事啊，娜丽亚跟我说了很多。我发现她其实并不像刘朝阳所说的那样。”

火枪嘴里撕着肉，一下子停住了：“哥们，你不会动了真情吧？不过话又说回来了，她怎么会说汉语？”

“她说跟卓瑞亚去过大陆，所以会说汉语并不奇怪。只是刘朝阳这人来历不明，我总感觉他似乎……”军刀心绪复杂，不知该怎么说。

“这肉很香，尝尝。”火枪似乎一点儿也没听他的话，递过来一只烤得流油的猪腿。

军刀推开他的手，没好气地说：“你个没心没肺的，我跟你说话呢！”

火枪咧着嘴直笑：“你今天的话特别多，是不是那小妞一晚上就把你搞得神经错乱了？”

军刀不理他：“晚上你打算怎么办？那个事情娜丽亚说得够邪乎的，就怕这样的事情你我也控制不了。”

火枪抬了抬眉毛，对于这个事显然已经成竹在胸，拍着胸脯说道：“放心，这事包在我身上。”

是夜，火枪从车里拿出几十个圆圆的东西，绕着营地放了一圈。而当众人不解地问他时，他却笑而不答。

虽然大家不知道他要做什么，但火枪的自信很快就传染了所有人。尤其是娜丽亚，一个劲拍着他的肩膀夸他能干。

尽管她并不知道火枪到底能干在哪里，但看着那些古怪的东西还是有了一些踏实的感觉。

当天狼星再一次高高挂起的时候，惨案又一次发生了。

又一个兄弟死在帐外，尸体就在火枪放置的红外探测仪旁。

娜丽亚气急了，揪住火枪的衣襟质问：“究竟是怎么回事？你神神叨叨地忙了一个下午，到底干了些什么？”

火枪一掌拍下她的手：“不要用这种语气跟我说话。”

娜丽亚却不理会，秀目圆睁，一副上当受骗后咬牙切齿的模样。

众人的目光纷纷也像毒蛇一样，直逼得火枪一步步往后退，一下子撞到军刀身上。娜丽亚的手枪则直接顶到了火枪的胸膛上，手指微动着打开了保险。

“我给他作担保。”军刀的眼神依然冷峻，直直地看向娜丽亚。

这种冷在娜丽亚身上立刻变成一种信任，瞬间就让她有了转变：“好吧，再相信你们一次。如果再出问题，我没法向弟兄们交代。后果，你们自己清楚。”

说完，她天放了一下空枪，然后将手中的枪扔给一个手下，悻悻地回了帐篷。

火枪盯着手里的红外探测器一阵纳闷：“为什么红外探测器没有反应，为什么那人能够躲过如此高科技的东西，可红外探测器的安装都是相互呼应的，而且隐蔽得非常好，即使事先探查清楚，因为身上总是有热量，依然会被发现的。难道对方拥有特殊的隐形装备？”一个大胆的猜想在他脑海里显现。

帐篷里，军刀问娜丽亚：“关于营帐里死人的事情，你能详细地跟我说说吗？”

“那是一个很早很早以前的诅咒，故事很无稽，但可怕的诅咒却一直应验着。你看看上面，那是我们必备的东西。”

军刀顺着娜丽亚的手指往上看去，却看到了一块白森森的骨头。

“那是什么？”军刀问道，“看着像是什么动物的骨头。”

“是人骨，人身上的肩胛骨。”娜丽亚淡淡地说道。

“谁的？”军刀问。

“死人的，那些跟我们作对的人。”

“你们怎么能干出这么凶残的事情，看来有些传言还是有道理的。”军刀直言不讳地把自己的顾虑说了出来。

这种话激怒了娜丽亚，她狠狠地将手中的茶水泼到军刀脸上：“别用这种口气跟我说话，我不是一般的讨厌，而是非常生气！”

军刀抹了一把脸上的水，突然笑起来，而这笑里却很有内容。

面对着军刀这样的笑容，娜丽亚再也无法生气。

“我想知道那个诅咒有多么无稽，讲讲。”军刀对娜丽亚的举动无动于衷，对那个诅咒却保持着充分的兴趣。

“传说很久很久以前，雷神斯塔基被天王派下凡间掌管这座小岛，人们在他的庇护下安居乐业、物产丰饶。岛上的益农族首领是所有部族中最年长，也是最有威望的人。首领每日与雷神斯塔基交谈着，向他进贡食物和肉。每个人都相信，小岛的生活会越来越像天堂。”

“这很好啊，远古时候的神话都是那么的朴素。”军刀说道

娜丽亚对于军刀贸然打断自己的话有一些不满，白了他一眼然后继续说道：“可是天有不测风云，一天，首领的儿子卡西在海边抓住了一条金色的大鱼，欣喜若狂地跑回家。他把好消息告诉全村的人，同时把鱼肉切成均等的份数分给部族所有的朋友，并怀着最大的敬意将鱼头留给了斯塔基。卡西在父亲的陪同下来到神殿之下，就在他献出鱼头的时候，雷神斯塔基狂吼着吃掉了卡西，只留下一片残缺不全的肩胛骨。斯塔基乘着乌云走了，巫师占卜得出的结果却是金色大鱼就是斯塔基的儿子。从那以后，部落里就常出现离奇的死亡。直到有一天，雅典娜化身平民来到部落，用卡西的骨头做成权杖，放在部落最高的地方，部落从此才得以安宁。”

“故事已经讲完了？确实是很无稽的故事，不过现在的事情跟那个有什么关系呢？”对于这种事情，军刀一直当作神话来看，从来就没有当真过。

“那个权杖已经丢失了！诅咒一定再度降临了，一定是这样的。”娜丽亚谈到这些，内心充满了恐惧，而且这种恐惧在俏脸上表露无疑。

“那我问你，这些都是谁告诉你的？”军刀问道。

“部落里的老人们说的，他们不会骗人的！”

听了这话，军刀不再理会娜丽亚，独自走出帐篷去找火枪。

火枪正咬着牙签趴在尸体上，这边看看那边瞅瞅，知道的以为是在检查尸体，不知道的还以为他在吃死人肉。

“我就不信寻不见你了！”火枪一边忙活着，嘴里还不停地咋呼着。

身后突然有人踢他，顿时把他吓了一大跳。

“哥们，想吓死人吗！我这可是在搞死人，可不想被死人搞！”火枪咋咋呼呼地喊道，牙签顿时落在了地上。

“我来看看你这里有什么发现没有？”军刀关切地问。

火枪又从兜里掏出一根牙签：“我就带了一包牙签，都用完了去哪儿买啊！”

军刀“啪”的一声拍了拍他的光头：“说不说，哪来那么多废话！”

火枪低声回应道：“差不多了，这次我们到这里可是大有收获啊！”

“你是说找到关于任务的线索了？”军刀同样低声地问道。

“这次事件肯定是人为的，对方的背景暴露出来了！”

“是什么人？皋本？”军刀疑惑地问道，“我觉得，这个所谓的诅咒背后一

定隐藏着不可告人的秘密。只要有了足够的证据，娜丽亚绝对是我们完成任务的一大助力!”

“还真看上那个妞了？咱们可是有任务在身的人，个人的感情一定要控制好。有女人缘是好，但别因此丧了命!”火枪警告道。

“我知道分寸，我与娜丽亚的关系没有你想的那么不堪。”军刀又抬手拍了拍火枪的秃脑袋，“另外，你可以……”

军刀还没有说完，忽然感觉远处有人往这里瞅了几眼，心头掠过一丝不安。这时，火枪手上又拿了一根牙签，并故意大声喊道：“有完没完，我最烦别人对我干两件事：一是动我牙签；二是拍我脑袋。你现在是我最讨厌的人了。赶紧滚，别想在我这得到一点消息。”

军刀一听这话，也就不再说什么了，扭头回了营帐。

就在军刀离开之际，火枪眼前一亮，用牙签从死人的伤口处挑出一个军刀的齿片：“呵！让我好一通找!”

随后，他小心地将这块极小的刀片放进口袋里，十分自信地走进娜丽亚的帐篷：“我知道是哪位大神干的好事了!”

“废话！我们都知道。”娜丽亚对于火枪得出这样的结论十分恼火，毕竟关于传说她比任何人了解得都深。

“可你未必知道这位大神用的是军刀!”火枪又一脸促狭地说道。

火枪语出惊人，所有人都被吓了一大跳。

“这是我在死者尸体上找到的匕首碎片。”说着他从口袋里仔细翻找出那一片碎片，“依我个人的经验来看，这是一把蝎子求生刀，能够做出如此伤痕的也就只有它了。这种蝎子求生刀刀长 37 厘米，刃长 22 厘米，刀身有两道平衡血槽，刀背带有威力巨大的双排交错锯齿，不但能锯树木、木板，而且极大地增加了刀的杀伤力。也由于威力巨大，蝎子刀成为许多国家特种部队的挚爱。而昨晚和今晚两个人，都是这把刀的刀下之鬼。啧啧，军方的人，你们怎么惹上的，那可都是难缠的角色!”

火枪认真时的样子也有些不着调，毕竟一个个头矮矮还光着头的家伙，再怎么正经地跟你说话，你也会以为他是在开玩笑。

但是现在这种情况下，绝对不是开玩笑的时候。

军刀听了半天也想了半天，看看娜丽亚，再看看火枪：“你发烧了？证据呢?”

火枪眼睛一翻:“说正事呢,你以为我跟你开玩笑啊!证据是吧?我手上就是了。这种金属处理技术,可不是什么人都能玩得出来的。”

军刀扭过头不去看他:“就没把你当过正事看!”

火枪真想一脚踹他的屁股,可回头一想打架肯定打不过他,不如就此算了,于是转头想跟娜丽亚说,可她根本不听:“你那都是不可能的,这是远古就有的诅咒。”

想要娜丽亚放弃自己的信仰,靠几句话实在是有些困难。

火枪一时间也不知该如何是好:“他们不信我,那我该怎么办呢?”

第六章 特殊交易

与此同时，皋本的军队正在四处招兵买马，大量的军火商在利益的驱动下纷纷不远千里来到这个岛国。

而招待这些军火商的人，自然不会是一向不出现在人前的皋本。

木村，这个带着浓郁J国风格的名字，成为那些军火商时刻念叨的财神爷。

但与这个人打交道却并不是那么容易的，木村的精明与强悍让无数军火商铩羽而归。更有一些军火商不仅被强行扣下了货物，本身更是被扣作人质，需要更多的军火才能赎回。至于有没有人付赎金，支付了赎金之后木村有没有履行诺言就不得而知了。

一天，这个皋本最信赖的手下刚好接待了一位前来推销军火的商人。而他带来的东西，让皋本再次向征服世界的目标踏出了一大步。

戒备森严的别墅里有一个阔大的浴场，木村穿着短裤躺在折椅上尽情地享受着地中海灿烂的阳光。

侍卫从身后悄悄说了句什么，木村挥了挥手，一个瘦小的亚洲人靠了过来，点头哈腰地向他问好："木村先生，中午好！这是我的名片！"

瘦小的亚洲人递过一张名片，木村抬头看了那人一眼，接过名片。矮个亚洲人嘿嘿一笑，半躬着腰，却不忘推了推鼻梁上的眼镜。

"又是这种货色。"木村站起来扯掉身上的毛巾，一个纵身把浑身的肥肉砸进水里，两人多高的水花溅起来，弄湿了小矮个的西服。

"将军！我想我的东西一定会令您满意的，这次我们为了这个东西可是损失了好几条人命……"小矮个很坚定地说着，却被粗暴地打断了。

因为木村从水中央游了过来，趴在池边对他说："你站到那边去。"

小矮个一时没明白什么意思，可还是乖乖地顺着他手指的方向走了过去。

木村背过身偷偷地笑了，转过脸时又变得很严肃："我们来赌一局怎么样?"

"什么?"小矮个还是没搞明白状况。

"如果我这一枪打死你，那我们的生意就不做了。如果你侥幸没死的话，我一定买你的东西，而且价格肯定是最好的。"

小矮个一听这话，顿时吓破了胆："将、将军，别……"

还没等他说完后面的话，木村的枪就"砰"的一声响了。

小矮个被突如其来的枪声吓得尿了裤子，两腿直打颤。

木村看着他湿漉漉的裤裆，笑得肚皮乱颤："哈哈，就这胆，还敢玩军火？你还是安心做一个办公室文员吧，那里比较适合你。"转而又十分严肃地说道："还有，这个岛上只有一个将军！不要见人就喊将军，那样会丢性命的。在这个岛上，你们这些外来人的命最不值钱！不过看你是第一次，我就不再追究了。"

小矮个苦着脸走到木村身边："木村先生，您真的、真的看看我们的货吧？一定包您满意！"

木村想想，也不在乎多那么一次，就把小矮个安排在客厅。

依小矮个那种胆量，被开枪吓唬一次之后还能坚持验货，还真说不定有什么真东西。

不一会儿，一身睡衣的木村光着脚踏着木屐走进客厅："你叫什么，刚才的名片我没看。"

小矮个连忙站起来又掏了一张名片双手捧过去："曾华清，×国人。木村先生，不瞒您说，我们这次带来的装备都是烫手的货。我们都知道在地理位置上R国与我们国家有很多相似之处，这样的相近环境也成为我来这里的原因。"

"这几句说辞，不能成为我们将军掏钱的理由。你的说辞，跟你的身高一样低下。如果没有带有足够分量的东西，你还是赶紧回家去吧。"木村的语气很坚决。

可曾华清却不气馁："木村先生别着急，听我把话说完。B岛势力日渐壮大，也成为国际安全组织的眼中钉，这是众人皆知的事情。无论是海豹、三角洲甚至是皇家空军，都来骚扰过。可有一个对手，您还没有碰到过。"这时他突然变得很镇定，坐下来轻轻地擦着自己的裤子。

这下倒急坏了木村："谁？还有谁能攻破我们坚实的堡垒。再说，将军现在手上拥有大力杀伤武器，你以为是谁说动就能动的吗？"

"不出手则已，一出手定然如雷霆，木村先生一定知道是谁！"曾华清笃定地说道。

木村的气焰虽然嚣张却掩饰不住心中的一丝胆怯，转了转眼珠后说道："你说的是……中国人？"

曾华清见木村这种反应，心里顿时有了底气，双手猛地一击，然后轻轻地点了点头："就是他们。"

木村一听中国，心里就像着了火一样难受。不久前，F国叛乱时皋本原本进行得非常顺利，一度马上就要成功了。

但是谁也没有想到，最后却败在一个人手下。

只有一个人，但却让皋本的全部计划全盘落空。无奈之下，他只有退而求其次地选择来到这个小小的岛上图谋再起。

木村不知道他是谁，只是听人传说在关键的时候他说了一句："记着，我是中国人。

作为皋本的首席幕僚，木村输得心亏，输得不明不白，也输掉了自信。自打那之后，一提到中国，一见到中国人，木村内心都会有着重重的阴影。

"跟我说这些干什么！"木村火了，一把揪起瘦小的曾华清，"你这可恶的小个子，我讨厌你！"

此时，曾华清似乎摸透了木村的脾气，不慌不忙地拿掉他的手："木村先生，对于上一次的失败一定充满了仇恨吧？对于破坏了您完美计划的人，难道您不想赢他们一次？"

木村心里明白曾华清说的他们是谁，却搞不明白他为什么会这么清楚："你到底是什么人？"

"看在钱的面上，我会是你最好的朋友！"

听了这话，木村哈哈大笑起来，肥大的手拍在曾华清的肩膀上，让后者几乎站立不住："好一个看在钱的面上！好一个最好的朋友！我们看看货吧，朋友。"

曾华清赶紧把随身带着的密码箱打开，里面除了一些文件再无其他："木村先生，这些是我们搜集的中国特种兵资料，是针对他们的全方位研究，我敢给你打包票，有了这些资料，再结合我们的装备，想打败中国军队，简直易如反掌。"

曾华清的话让木村眼前一亮，可一转念又觉得不好："不行，这样不合规矩。我没见到实物，你连样品都没有，让我怎么相信你？"

听了这话，曾华清关上密码箱，站起身来："如果是这样的话，那只好再见了。我想，中国军队对于了解自身的致命弱点，一定会非常有兴趣。作为一个大国的军队，也肯定更舍得花大价钱！"

说完，他假意往外走，却被木村挡了回来："别，我们再谈谈。"

木村当然不会让曾华清就这样走掉，更何况对方的说辞已让他觉得胆寒。现在的中国特种部队已经那么厉害，如果弥补了那些缺点……

木村不敢想象，那样他会连睡觉都时刻准备着逃跑。

"哦？还有谈下去的必要吗？"曾华清占了上风，立刻端起了架子。

木村拍了拍手，立刻有侍卫走进来。"传令下去，今天为远道而来的曾先生设宴！"他吩咐道。

"曾先生——"随即，他又摆出一副讨好的脸孔，主动给曾华清引路，"这边请！"

这一晚，木村与曾华清共进晚餐，席间两个人围绕中国军事的发展现状和即将迎来的问题讨论了很多。

木村这才发现，曾华清对中国军事的了解程度远在自己之上。

“为什么想要把东西卖给我呢?”吃饱喝足之后，木村终于开口问道。

曾华清端起一杯清水轻轻一笑：“木村先生，这世界上除了贵方，还有谁拥有 CRII 呢?”

他的话震住了木村，这个秘密除了少数几个人知道外，没有人知道，他怎么会……

想到这一层，木村大惊失色：CRII 的消息难道已经被散播到那种小国了吗?

“阁下究竟是谁?”木村再一次想确认他的身份。

可来人一句话也不说，摇了摇头，故作神秘。

第七章 揭开谜团

在娜丽亚的营地外面，一颗光溜溜的脑袋晃了一整天。

帐篷外的火枪想到了很多事情，可是固执的娜丽亚根本不理他。他也就一直找不到机会，去将自己的推测告诉她。

天又黑了，火枪下决心一定要把真相找出来。这件事情后面隐藏的秘密太大，如果不把它揭出来他实在不甘心。

天狼星挂在夜空中，营帐周围的草像画一般纹丝不动，只有火枪一个人藏在车子里，此时一对蝼蛄相互追逐着从他眼前跑过。

“重色轻友！奸夫淫妇！全是色棍！尤其是营帐里那一对！”火枪愤怒地想着。

这下可冤枉人了，实在是冤枉——火枪不知道现在军刀已经不在营帐里，娜丽亚也不在。

娜丽亚一个人正在帐外沉思，她是喜欢军刀的，军刀却总是对她不冷不热的。孤男寡女住在一个帐篷里面已经两个晚上，军刀一直以礼相待。这让娜丽亚觉得自己没有看走眼的同时，又有一些失落。

这个谜一样的男人，没有任何举动却一下子就抓住了她的心。娜丽亚情不自禁地想要诱惑他，但对方一直保持着合理的距离，让她有了深深的挫败感。

就在她一个人坐在营帐外望着星空发呆时，一张五彩斑斓的面孔狰狞地扑了过来！娜丽亚在惊恐之下，想要掏枪，却发现裤腿上的枪被自己放在了营帐里。望着狰狞的面孔，她一时间手足无措。由于过度紧张，她竟然连一声尖叫都没有。

袭击者发出低低的声音，活像一头食人的野兽，缓慢而富有压迫力地靠近娜丽亚，掏出一把匕首，对着她的喉咙“唰”地插了下去！

娜丽亚觉得自己已经没有任何生还的希望了，终于控制不住地大声尖叫起来。

就在这时，“砰”的一声枪响，袭击者的手臂应声被打中，匕首也落在地上。

火枪迅速从车子里跑过来，趁机扶起娜丽亚。袭击者中了一枪，却一点没有退后的意思，依旧凶狠地朝他们扑了过来。火枪稳稳地击出两枪，双双打中他的膝盖。袭击者这才倒下来，跪在地上动弹不得。

“谢谢你！”娜丽亚惊恐地看着火枪。

“不客气，你该谢你那个相好。他出手比我快，也比我准，我的枪可打不断手骨。”

说着，火枪把娜丽亚扶起来，走近涂着面孔的袭击者。这时，营帐里所有人听到枪声也跑了出来，看到眼前的一幕，个个惊呼不已。火枪把那人翻过来，一点点抹去脸上的颜色。突然，涂着面孔的人猛地跃起，想跑却浑身没有一点力气。碎裂的膝盖骨，已让他的双腿根本支撑不住体重。

“你是什么人?”娜丽亚质问道，刚刚的偷袭让她在恐惧之余更是极为恼怒。

“哈哈。”袭击者呲着牙笑了，还残留着油彩的脸显得十分怪异。

娜丽亚刚想上去逼问，火枪立刻拉开了她，紧接着传来“砰”的一声枪响，顿时血花四溅，只见袭击者趴在地上，背上一个巨大的血窟窿，狰狞而恐怖。

火枪一看伤口巨大，就知道一定是狙击手干的，只有狙击枪才能造成这种巨大的伤口。

于是，他一纵跳进草丛中，大喊着："狙击手！大家隐蔽！"

娜丽亚在一愣之际，也赶紧躲到草丛里面："你们到底是什么人？看你们的身手，一定不是普通人！不会是带着什么目的接近我们的吧？"

"这个你该去问你的相好，你们昨天晚上可是一起过的夜。再说了，不是你先追的他吗？"火枪笑了笑，对娜丽亚的话不做正面回应，而扯到其他事上。扯开话题远比纯粹的避而不答高明。

"你知道他跑到哪里去了？他神神秘秘地出去了，现在也不知躲在哪个角落。"娜丽亚对军刀的突然失踪很不满，尽管他曾开枪救了她。女人对男人的要求永远没有止境。

另一边，军刀早已背上自己的狙击枪，等待着猎物的出现。

不过自己的一声枪响之后，对方也是一枪，这让军刀的心底不禁"咯噔"一下。

他凭着对声音的感觉，迅速从草丛一边靠了过去，抬头之时发现不远处竟有一棵大树，这应该是发现目标的最好地点。于是，他加速急行，几个跳步便像黑丝带一般飘了上去。军刀明白，对手一定也是万里挑一的狙击手出身，想制服他，就要像打老虎一样，必须把它的牙拔掉。

军刀从树上向下望去，只看到火枪的光脑袋在草丛里小心地移动着，不禁一声冷笑："这家伙，光着脑袋也不做一点掩饰，要是对方在高处，他绝对是第一个攻击的目标。"

于是，军刀顺着那颗光亮的脑袋在附近寻找着对手——按照刚刚的弹道，他已锁定了射击的区域。在仿若凝固的环境中，他聚精会神，猎豹一般的眼神闪着沉稳的精光，搜索着潜伏的目标。可就在他找到目标的一霎那，那幽灵般的影子忽地一闪，当即鬼魅般消失无踪。军刀一个激灵，从树上直接自由落体坠了下来。

作为一个狙击手，他很明白，如果对手在自己刚刚的锁定过程中有所察觉，下一步必定会对自己做出反击。

所以，军刀落地之后侧身转到大树后面，只露出枪口，静静地对准面前的一片草地。一颗子弹"叮"的一声打在前面的树上。军刀拉紧扳机，瞄准影子极可能出现的方位守候着。突然，一片片沙沙的声音从草丛方向传来，越来越响。他快速但悄无声息地将整个身子趴在地上，死尸般一动也不动。渐渐地……声音靠近了……越来越近！

忽地，亮点闪现，一个红色的光点在军刀附近不断闪晃，这大大地出乎了他的意料。对方一定是在用红外瞄准！军刀心里一急，手中的扳机已经惯性地摁了下去。紧接着，他身子一晃，子弹"噌"地飞了出去。这一声枪响之后，军刀一个鱼跃扑下去，正好砸在火枪身上。

"干嘛呢？找你半天……"火枪又欲不分场合地起哄，军刀赶紧捂住他的嘴，压低声音说："有狙击手！刚刚被锁定的肯定是你，你的脑袋跟明灯似的，不做一点掩护就出来！"

"对手怎么样？"火枪很关切地问道，遇上了狙击手可是相当难缠的事情，比老太太的裹脚布还难缠。

"还行，就是枪法不够准，经验也不足。但躲在暗处打黑枪，对付十来个普通士兵还是足够的。"军刀一边精准地分析着对手，一边更加仔细地隐蔽起来——狙击手的敏锐感觉让他明白对方的注意力一直在自己附近。于是，他悄声说："下面你不要动，狙击手的斗争，你参与不进来！注意隐蔽！"

于是，军刀刚刚开了那一枪，虽然没有打中，但绝对已经让对方换了隐蔽地点。现在威胁的感觉再度袭来，军刀明白与狙击手的对决才真正开始。

于是，军刀再一次趴倒在草丛里，回头给火枪指了指方向，示意他朝另一个方向伏身移动。

就在火枪动身之际，狙击枪又响了。这一次子弹距离火枪光头上面一尺飞过，强大的气流让他的头皮都红了。火枪赶紧蹲下身来一阵揉搓，嘴唇唧唧歪歪地扭捏着，一定不是啥好话。

就在对方出手之后，军刀立刻发射了一发子弹，不求打中，但求不给对方任何连续射击的机会。

看着这架势，军刀心里不禁想到：这人一定用了高端的红外瞄准镜，还配备高能量杀伤子弹。在这个军火集结地，看来任何高精尖武器都是有可能出现的。

想到这，军刀冷冷一笑："有趣的很，看我跟你玩！"

他深知红外线的弱点就在于热量，如果没有了热量，一切都无从谈起。

于是他开始使劲翻土，终于在地上摸到一种黏黏的感觉，是泥巴！军刀会心一笑，一点点把那泥巴往身上涂。几分钟后，他又试着挪动身体，一动之后对方没有反应，再动对方还是没有反应。军刀有了信心，慢慢地向草丛边缘靠近。

大树就在他面前，在黑黝黝的夜色下，树上有一块巨大的白斑，很新鲜，像是被某个人剥了皮一样，被崩碎的树皮满地都是。军刀很清楚，这是对手刚才打他那一枪留下的痕迹。中枪的高度在两米左右，看来枪法真的不那么准，而且不能算是老手。因为射击要起身的人，最好的高度应该是对方的胸膛，那样的话弹道一定要低得多。

这时，军刀掏出墨镜戴上。

火枪立刻知道了他要做什么："给我一副！"

军刀却张开手掌，一巴掌捂在火枪的光头上，将他的整个脑袋紧紧地按在地上："别说话！"

说完，他掏出一颗闪光雷，突然向空中扔了上去。

"啪"的一声，整个一片草丛被照得雪亮。此时对手正在全神贯注地寻找着目标，被忽然而至的强光晃了眼睛，在猝不及防下暴露了目标。

军刀并没有开枪，而是迅速向对方靠拢，将枪口死死地对着他的脑门。

这时，火枪也从草丛里爬了出来，乐呵呵地道："行啊，哥们儿，这么损的招你也想得出来？"说着，将对方的狙击枪捡起来仔细看了一遍："啧啧！最好的美国货，配上最强劲的子弹，够可以的啊。"

军刀依然保持着自己的冷漠，搜了对方的身确认没有什么别的武器后，厉声喝道："跟我走！"

随后，军刀将这个俘虏押到娜丽亚面前，一脚把他踹倒在地："你自己问他吧！"

娜丽亚刚要开口，那人竟然哆嗦起来，自己主动交代："是，是刘朝阳，我，我，我是他手下！"

这话一下子惊着了军刀，他下意识地质问："你说什么？"对！他怎么没想到会是刘朝阳捣的鬼呢。

"早知道那家伙不是善茬，没想到这么不是东西！"一旁的火枪也忿忿地骂道。

一番审问之下，军刀终于将事情的来龙去脉弄了个清楚——营帐出现的杀人事件根本不是什么远古诅咒，其实就是刘朝阳捣的鬼，他的目的就是要制造恐怖气氛。

“他为什么要这样对我？”娜丽亚轻轻地摇着头，表情沉着而冷静，语气淡然。

来人诚惶诚恐，不住地摇头：“我只管做事。刘朝阳告诉我，如果事情不成，就让我暗中杀了那个装鬼的人。”

“这个人是你的同伴？”娜丽亚又问。

他点点头：“是的。”

娜丽亚轻吁一口气：“这样的事你也做得出来，我真为你不值。”然后随意地挥挥手：“拉到后山砍了！”

“刘朝阳！”随即，娜丽亚娇美的脸上一片恨意，神情越发冷漠。常言道，女人无常，宁得罪小人，莫得罪女人，刘朝阳犯下的绝不是一个小错。

一旁的军刀禁不住询问：“你得罪过他？”

娜丽亚摇了摇头。

军刀思索了一下，来回走了两步，手中玩弄着那把蝎子刀，分析道：“事情可能没有那么简单，我总觉得这人有问题。要阴谋要得如此深沉的人，一定所图巨大。”

娜丽亚像是突然被军刀的话点醒了，醒悟般喊道：“刘朝阳，我记起来了！好像有一次提过要我去偷CRII，但被我拒绝了。那是皋本的东西，我还不想送命，所以没答应他。”

“什么?!”军刀一个激灵，眼前顿时一亮，就像是发现宝藏一般。但他瞬间又让自己恢复了冷漠，故作无知地问道：“CRII是什么东西？之后呢？”

娜丽亚毫无防备地说：“一种大规模杀伤性武器。之后我告诉卓瑞亚了，我最好的朋友。即使现在她……”她的话刚要说到重点，忽然间觉得不对劲，转口道：“我为什么要告诉你这些！”接着，撅着嘴就想往帐外面跑，却不料被军刀一把抓了回来。

娜丽亚顺势倒在他怀里，娇滴滴地问：“你——你要干嘛？”

因为这是军刀第一次主动抱她，娜丽亚的脸一下子就红了。虽然在自己的手下面前，她还是露出了小女孩娇羞的模样。

军刀的手腾在空中，旋即又放下了，刚好放在娜丽亚雪白的脊背上。娜丽亚舒服地嗯了一声，继而紧紧地钻入军刀怀里，继续发着娇滴滴的声音："说吧，你想知道什么，我什么都告诉你。"

其实，军刀在部队里一直是一个比较冷酷的人，别说和女孩发生什么，一般连正眼都不看，哪怕是美女环绕身旁，他也是正襟危坐。但因为个人形象着实出众的原因，在执行任务的时候，他总少不了被一些女孩子纠缠。为了完成任务，他不得不与对方周旋，从而练就一身逢场作戏的本领。只是，他每次都告诫自己，不要作出任何干扰任务的事情。这是一种欲与拒之间的挣扎，所以不到万不得已，他都不愿意使出这项"本领"。

"告诉我，你以前是做什么的?"见军刀迟迟不开口，娜丽亚仰着脸看着他，柔柔地先开口问道。

"我以前是做保安的，但实在没什么前途，就出来了。"军刀信口答道。

"那在做保安之前呢?"娜丽亚又问。

"当了几年兵，在深山里挖了几年地道。"

"难怪你身手那么好。那个秃子，是你教出来的吗？他的身手比你差多了。"

"算是吧，他搞稀奇古怪的东西在行。"

听到这，娜丽亚从脚上解下脚链，戴在军刀的脚腕上："这是我送给你的礼物，是第一件，也是最后一件。我希望你能保管好。"

"这是什么意思?"军刀仔细地端详了一番脚链，心里突然泛起一种奇特的感觉。嗯，暂且不说娜丽亚为何会突然送他脚链，光是看那一串用骨头刻出的奇怪符号，就仿佛有什么不一般的预兆。

娜丽亚在他怀里蹭着，只笑不答。突然，她像想起什么似地叫道："糟了！刘朝阳那里还有卓瑞亚的一件东西呢，而且是非常非常重要的东西！刘朝阳就是皋本手下的一条狗，这下可糟糕了!"

"什么事?"军刀赶紧问道，"怎么又扯上刘朝阳了？那落下的东西到底是什么？你这么着急!"

"哦，没什么。"娜丽亚的眼神忽然变得恍惚起来，敷衍道，"真没什么，睡吧。"

"真没什么？还是你不想告诉我?"军刀故作不悦。

“嗯。”娜丽亚心虚地点了点头。可当她再次投入军刀的怀抱时，却被他推了出去。她委屈地直撅嘴：“这事真的不能告诉你。”

军刀假装特别不高兴，一个人站了起来，作出要忿忿离去的样子。

“好了好了，告诉你。但你不能跟任何人说！”娜丽亚拗不过他，妥协了。她把军刀拉到身边，悄悄地附到他耳边说：“是 CRII 的控制器。我们交给皋本的只是密码芯片，控制器还在我们手里，没有控制器是不可能读出密码的。只是上次我玩的时候把包忘在了刘朝阳的宾馆里，但我保证他一定不知道！”

军刀恍然大悟，且心中暗喜——如果真是这样的话，抓住皋本就没有后顾之忧了。

“那个小镇是什么地方？怎么那么多大人物？”军刀见娜丽亚已屈服于自己，继续问道。

“那里叫芝麻小镇，B 岛的大部分势力都在那里。虽然这里不是岛上最大的聚居点，但却是最乱的地方。”娜丽亚像个依偎在英雄怀里的小女人一样，又往军刀怀里蹭了几分，“这些事情我都告诉你了，你可别起坏心思。有一些事情，不是我们这种身份的人能够参与的。”

“这点我明白，做过保安的人，一定比一般男人成熟。”军刀难得露出一个笑容，摸了摸娜丽亚的脸，安抚着她。嗯，女人是需要哄的，哪怕双方心里都知道底细，这种表面功夫也是必不可少的。对此，军刀心里很明白。

深夜，火枪一个人倒在被窝里做着美梦。

这时，军刀走进帐篷，火枪一个激灵坐了起来。见来人是军刀，挑着眉毛说：“大半夜的，你不呆在美人窝里，来我这干嘛呢？”

军刀也不和火枪斗气，凑到他的身前，悄声把刚才从娜丽亚那里得到的消息说了一遍，然后说道：“你去把那个包偷回来。”

火枪一听，有些不乐意了：“队长不在，你别使唤我！”

“我不是使唤你，这是为了任务，如果你不去，别怪我告诉队长。”军刀郑重其事地说道，“而且这里情况复杂，你自己也应付不了。如果事情有变，出手的机会没了，后果你也清楚。”

“这样啊，好吧，那我马上行动，不过记得回国后请我吃一顿。”

“没问题。”

第八章 虎口逃生

军刀从娜丽亚口中得知了重大秘密，而独狼和博罗诺夫已经彼此消除敌意，独狼也从他口中知道了很多事情。

两人从洞口出来后，博罗诺夫告诉独狼："皋本这人行为诡秘，因为怕被别人陷害，身边总有保镖。这些保镖都是他花重金从全世界搜罗来的，个个身手矫健，杀人不见血。而在这些保镖之中，又以三位高手为最厉害。马克，德国人，精通柔道和跆拳道，近距离攻击指数非常高，但此人贪图女色，曾因骚扰驻地妇女而被军队开除军籍。索伦，澳大利亚人，善于丛林和水下作战，为人奸诈狡猾，曾就读于西点军校，其军事才能在皋本扩展势力时起到了决定性作用。这种人能被皋本招致麾下完全是因为索伦的一家老小都被他软禁在了一处秘密的地方。而最厉害的要算外号叫野狗的一个中国人，此人的来历我们至今未能查清，只知道他惯用各类武器，曾经参加过多次军事行动，至于他为什么会来，谁也不知道。"

独狼听到这里，突然对他说的那个中国人的特点有那么一点点印象，可一时间又无法想起到底是谁，只隐隐约约地感觉到，这个中国人一定会是自己的一大对手，还可能成为任务中一个很大的阻碍。

博罗诺夫继续说："他们三人总是跟皋本形影不离，不管你什么时候下手，都是自寻死路，想要杀掉皋本，就必须先解决这三个人。还有卓瑞亚这个女人，也就是皋本的情人，她经常出席各类慈善聚会，而且收养了许多可怜的孩子。与泛滥的母爱形成鲜明对比的是，这个女人非常残忍，常常自己动手杀死叛徒和卧底。有一次，皋本的手下被查出是叛徒，卓瑞亚竟将他吊在树上，让狼狗一点点吃了个精光。这个女人精明毒辣得很，一定要多加注意。"

独狼认真地听着博罗诺夫的话，思索着下一步行动的目标。不知不觉中，他们已经走出很远。突然，独狼站住身形，眼中释放出一丝精光。

"怎么了?"博罗诺夫警觉地问道。

独狼定住身子，死盯着博罗诺夫反问道："为什么要告诉我这些?"

两人相识并不深，独狼想不出博罗诺夫有什么理由告诉他如此多的资料。

"因为我们是一个战线上的人，虽然急着报仇，但不代表我们就是傻子。有你这样一个强大的军人，我们更能完成任务。"博罗诺夫十分坦诚地解释道，看不出半点虚假的成分。

独狼虽然半信半疑，但在没有明显危险的情况下，有博罗诺夫这么个知道众多资料的朋友，总比多一个敌人要好。最起码有博罗诺夫跟他合作，他可以省去许多工夫，只要博罗诺夫所说非虚。

"我们回去!"想到这，独狼坚定地看着他，转身跑向教堂的方向，博罗诺夫紧随其后追问着：

"为什么回去?"

独狼轻笑，颇具深意地问："今天是星期几?"

"星期天啊。"博罗诺夫刚说完，立即恍然大悟，"哦，我知道了。"

接着，他会意地笑了笑，不得不佩服独狼冷静而缜密的头脑，跟在他身后说："你是说，皋本会来这里做礼拜吗?"

独狼轻轻地点了点头："也许会，也许不会。我也不是很确定，毕竟我们造成的破坏足够大，一定惊动了皋本。但直觉告诉我，这趟回去一定会有所收获。"

十分钟之后，独狼和博罗诺夫再次钻进草丛里潜伏起来，等待着不明猎物的出现。

天渐渐被染成黑灰色，四周更是静得可怕，两人几乎能听见自己的心跳声。在这种时刻、这种环境之下，随时随地都会有危险发生，独狼小声地提醒博罗诺夫："一定要注意安全，切莫被动物咬伤。"

博罗诺夫感激地点了点头。

就在这个时候，路边远远地响起了车轮的声音。独狼赶紧拍了拍博罗诺夫："来了！"

博罗诺夫却没有反应。

独狼赶紧转过脸去，顿时惊住了。只见博罗诺夫脸色发青，紧皱着眉头，手中正紧紧地抓着一条色彩斑斓的毒蛇。

独狼突然意识到他被毒蛇咬了，可在这个节骨眼上，究竟是丢下同伴而贻误战机，还是放弃作战给战友疗伤呢？他一时间觉得无法抉择。

"上校！上校！能听到我说话吗？"独狼急促地问着。

博罗索夫的喘气声越来越大，整个脸扭曲变形，极艰难地说道："没用了，伤在腋下。任务的事情只能拜托了。"说完，他将自己的身份证明递给独狼，而后慢慢地闭上了眼睛。

这一次，独狼是真的确定对方的身份了。博罗诺夫竟能忍受着如此巨大的疼痛，不发出丝毫声音，充分显示了一个优秀军人的素质。

由于对面的车子距离他们太近，只要稍有响动，一定会被敌人发现。独狼很无奈，为了不被发现，他只能眼睁睁地看着上校的气息一点点变微变弱。

这时，所有人从车上下来，只留下一个司机。

独狼看准时机，突然起身掏出匕首，"嗖"地扔了出去！司机悄然倒下，连发出一丝声响的机会都没有。独狼趁此机会，赶紧背起上校，迅速朝丛林深处跑去。因为他知道，司机身上有对讲机，如果对方发现自己的同伴死了，一定会四处寻找，要是不出意外，留给他的反应时间可能只有三分钟左右。

独狼背着上校一路狂奔，朝丛林深处跑去。一路上都是高高的草叶，边缘还长满尖刺，在急速的运动中，他被这些可恶的草叶划得浑身是伤。可是，他顾不得这么多，追兵即将到来，为了逃离险境，为了上校的性命，他没有其他的选择，即使再疼，也只能拼命往前跑。

三分钟很快过去，果然不出独狼所料，身后响起枪声，远远地还能听见叽叽喳喳的人声，至少有五六个人正追上来。独狼停下身子站在那里，一边作暂时性的歇息，一边巡视着四周，突然有了想法。他把上校先放下来，然后找来几根树枝，用上校身上的匕首把树枝削尖，迅速搭建好了一个陷阱。独狼知道这也许杀不了敌人，但至少可以挡住敌人一段时间。接着，他满怀信心地再次背起上校，朝布陷阱的另一个方向跑起来，期望陷阱能给敌人造成迷惑，争取更多的时间逃离。

不一会儿，就听见“噌”的一声，机关被踩到了，可并没有听到有人挣扎着喊叫的声音传来。独狼不免心中疑惑：“难道陷阱被人破了？”

他这样想着时，追杀的人早已飞奔而来，声音越逼越近。独狼不敢多想，加快了脚步，几近疯狂地奔跑起来。

他心头有着不祥的预感，来人并非善类，脑海里突然闪出博罗诺夫刚才所说的三个人：“难道追杀而来的敌人中，就有他们三个吗？”想到这，他不禁打了一个冷颤。

独狼的猜测没有错，身后跟来的三个人正是皋本的三员虎将。就在独狼飞刀杀死司机的三分钟后，索伦便发现了问题。几个人研究着对方出手的手法，迅速判断出了独狼的实力。

野狗拔出司机脖子上插着的军刀，放进嘴里一点点地舔着那上面的血：“先生们，我向你们保证这一次的游戏会比以往都好玩！”

索伦和马克会意而笑：“老规矩，谁先抓到谁拿赏金！”

说完，他们顺着飞刀射出的方向果断地做出行动——沿着独狼踩过的痕迹毫不迟疑地追了上去。

三人之中，野狗的速度最快，就在他即将追上独狼之时，索伦突然大声叫住了他：“停！野狗。”

“干什么？”野狗没好气地问。他误以为索伦怕他夺头功，很不悦，并没有乖乖地听话而停下来。

见状，索伦赶紧冲上前，一把拉住他：“小心！”

索伦瞄了一遍四周的环境，俯身捡起一块石头扔了出去。石头砸到陷阱上，紧接着就听见“嗖嗖”两声，树枝做成的暗器立马从一边飞射过来。野狗惊出一身冷汗。不过，他并没有对索伦做出任何感激的举动，而是立刻上前检查了一番陷阱。

“这种手法，好熟悉！”野狗暗自嘀咕着。

“嗯，敌人很不简单，有相当的实战经验，要小心。”索伦上前一步说。

“哼哼，这样才好玩，追！”野狗显得愈加兴奋起来。

三人仔细勘察了一遍环境，没有作多余的停留，又朝独狼追了上去。

在另一边，独狼同样不敢有所松懈，背着博罗诺夫向树林深处继续飞奔。如果是徒步行军，即使是崎岖的山路，独狼也不会被任何人追上，可现在他身上背着一个慢慢变僵的人，脚下的步子正一点点地变沉重。这样总不是办法，如此下去，后面的追兵早晚会赶上来，而他又因疲于奔命虚耗掉体力，那时岂不成了待宰的羔羊。独狼可不愿意这样愚蠢的事发生。为了改变不利的局面，脱离危险，他决定冒冒险。

追兵一步步紧逼，眼看已不足一百米的距离，可从林深处开枪绝对不是明智的选择，对方也没有轻易使用，而是野兽般地紧跟其后。当独狼穿过一片落叶林时，突然停下脚步，放下昏迷中的博罗诺夫，然后用落叶将他一点点盖起来。

放下博罗诺夫，独狼顿感一身轻松，决定跟来人先纠缠一下，再伺机逃跑，把敌人引离博罗诺夫藏身的地方。他抬头看见顶上的大树，心生一计，掏出钢笔“嗖”的一声弹出一根钢丝锁住了树枝，接着顺着钢丝将自己拉上去，就在树上静静地等待追兵的到来。

追兵转眼即至。独狼纹丝不动地潜伏着，等到急促的脚步声快速靠近，这才循声小心翼翼地露出眼睛，侦查已到来的敌人。

首先追上来的是一个金发碧眼的欧洲人，如牛一般强壮高大的身体。独狼缜密地分析着，断定这人行动敏捷，绝非大多数人想象的傻大个子。于是，他稍一盘算，当即在心中拟出作战计划。接着，他双腿夹住树枝，慢慢地将自己的身体放下，一点点接近地上那个高大的身躯，企图攻其不备、杀其不意。偷袭绝对是野外作战的上上之选，特别是在没有绝对取胜的把握之时。

这时，独狼脸上的汗正不由得一点点向下滴。这是很危险的信号，他必须立即出手，闪电般出手，一定不能让汗珠先落下，否则优劣态势便会转眼逆转。于是，独狼出手了，犹如离弦之箭一般，速度超快，招式凌厉干脆。恰好在汗水滴下的那千分之一秒时，匕首无情地抹了下去。而恰恰在这危急关头，对手突然间抬头，恶狠狠地盯着他，仿若死神看着陷阱中的猎物一般。只见对手的嘴角挂着一丝阴笑，像是早有防备一般，忽地伸出手来，欲扣住独狼的手腕。

独狼先是一惊，随即迅速做出应变，将身体向上一曲，把自己又拉了回去。地上的壮汉丝毫不敢怠慢，使出一招奇特的蝎子摆尾，面朝地将身躯狠狠地弹向空中，直取独狼面门。他脸上的阴笑从未消失，仿佛一切尽在掌握中。

独狼急忙松开扣在树枝上的双腿，险险地躲过他的一脚，稳稳地落到地上。

“马克?”独狼忽然出声。他这突如其来的问候很特别，也着实让对手觉得很意外。是的，在这种情势不利的情况下，独狼灵机瞬动，欲同时采用心理战术攻击对方。

“你认识我?”很明显，马克被独狼的熟识惊到了，警觉地问，“你是谁?我不杀无名之人。”

独狼摇摇头，一脸的轻松：“我从不把名字告诉将死之人。”

这话一出，立即激怒了对手。马克恼怒着挥拳冲上去，几个回合就想将独狼撂倒。独狼岂是会轻易被撂倒的角色，只见他很轻松地左右移动，就将马克的招式一一化解。

马克更加懊恼，他平时过于自傲，轻敌却不自知，不自觉中阵脚已乱了几分。

这时，独狼心里十分清楚，必须尽早结束战斗，否则等到其他追兵赶到，博罗诺夫的性命就难保了。想到这里，独狼身体向后一退，找准马克露出的破绽，利索地抽出钢笔，随即“嗖”的一声把笔尖推了出去，直取马克要害。只见马克应声倒地，战斗在不经意间已经结束，四周又恢复了平静。

马克就这样简简单单地死在了独狼的钢笔之下，只怕他到了九泉之下都无法甘心。

而后，独狼将博罗诺夫从树叶里抬了出来，重新背上，打算继续向前奔跑。嗯，他原先的计划已不能再用，要是再将博罗诺夫留在现场，只能让他白白送命。可就在这时，独狼腰间突然一阵剧痛，不由得又蹲回地上。他向后摸去，腰上竟然插进了一根半尺长的银针。他立刻意识到敌人已经到来，抬头看时，身后一个身形瘦长的人正站在不远之处。

独狼咬紧牙关，背上博罗诺夫，不顾一切地再一次向前跑去。身后黑影也跟了上来，鬼魅般如影随形。因为树的遮挡，索伦手中的银针总是无法射出，只能全力地追赶独狼。就这样，时间一点点地流逝，独狼的时间越来越少，危机也越逼越近。

由于体力消耗过多，独狼奔跑的速度渐渐地慢下来，忽又听见前面传来哗哗的水声，这时他清楚地意识到自己的窘境，正是前无去路、后有追兵，一时间也毫无办法。而这时，他身后的影子已变成两个！他已无取胜的把握，也无心恋战。况且博罗诺夫的身躯在跑动中不停地颤动，将他身上的银针一点点推进身体，刺痛从腰间传来，独狼几乎咬破了自己的嘴唇。

突然，野狗在身后叫嚷着："教官!"

独狼愣了一下，竟在原地呆立了半秒——那声音竟然如此熟悉，到底是谁?

就在独狼走神的刹那，又一支银针"嗖"地飞过来。独狼躲闪不及，应声倒在悬崖边。野狗和索伦得意地邪笑着，一步步向独狼靠近，犹如准备折磨笼中老鹰的恶魔。

就在两个人慢慢靠近之时，独狼突然站起来，抱着博罗诺夫纵身一跃，跳下山崖……

第九章 出卖同伴

独狼在朦胧中觉得浑身疼痛，同时感受到一只手正在抚摸着自己的身躯。那手很暖、很软，让人觉得安心。

“我这是在哪里?”他吃力地睁开眼睛问道，努力地想离床站起身，可惜没能办到，只能勉强地支着身体坐起。嗯，他可不愿意躺在陌生的床上并表现出脆弱，那些都是危险的行为。

“你终于醒了!”一个操着当地土著语言的女声传来，然后冲门口喊道，“父亲，他醒了。”

一位老人从屋外走进来，手上端着盛满草药的瓷碗，脸上绽放着笑容：“中国人，你总算醒了!”

“你怎么知道我是中国人?”独狼好奇而警觉地问。

“因为你的肤色，中国人是永远改不了肤色的。黄种人，你们在我们心里永远都是好人。”老人深深地鞠躬，面容安详而和蔼，找不出一丝恶意。

“黄色人种，可不只是中国人啊！你就怎么肯定我是中国人?”独狼反问道。

“哦，还有你身上的那种气质，我们一生难忘啊。”老人乐呵呵地说着，眼神里不时地闪现出对过往的回忆。

独狼用疑惑的眼神盯着老人，老人“哈哈”笑了两声，一五一十地将事情告诉了他。

原来，这一家父女两口曾在战乱中被中国军队所救，因此对中国人有着深厚的情结，一直在心里感恩戴德。但战争仍未结束，父女俩离开中国军队以后就决定隐居此地。几天前，父女两人在河边打鱼时发现了漂在水上的独狼和博罗诺夫，于是把他们救上来，带回了驻地。

“对了！我的同伴呢?”独狼突然想起博罗诺夫，猛地动了一下身子，腰上的疼痛依然剧烈。

老人赶紧扶住独狼，示意他别乱动，同时一边给他检查伤口，一边说：“你的同伴，就是我们的兄弟，那位军官用了我的草药，蛇毒已经排出，再上几次药就完全无碍了，请你放心。也许是上帝给了我们报答的机会，让我们再一次遇到了中国人。感谢上帝。”

“看我打到了什么!”就在这时，博罗诺夫兴高采烈地从屋外跑进来，一身土著服装，手里还提着一只野兔，活脱脱一个当地土著人，完全联想不到他是一个身经百战的上校。

独狼不顾腰间的疼痛，哈哈大笑起来：“老兄，一切安好啊?伤怎么样了?不是还要上几次药吗?怎么就出去打猎了。”

博罗诺夫丢下手中的猎物，一把扑过来紧紧地抱住独狼：“我的兄弟！真的太感谢你了，是你救了我的命！我该怎么报答你才好啊!”

独狼咳嗽了一声，拍了拍博罗诺夫的肩膀，示意他赶紧松开——博罗诺夫的拥抱让他觉得难受，脸色瞬间就苍白起来。他开玩笑地说：“老兄，悠着点，你的伤是好了，我还带着伤呢！呵……”顿了一下，他接着说：“大家都是军人，冷酷的战场上能有你这样的好兄弟，我当然会珍惜。”

“嗯。”博罗诺夫松开独狼，看着他感动地点了一下头，接着又不顾他的死活紧紧地抱了上去。

晚间，大家一起靠在篝火旁烤着兔子肉，女孩尤拉又给独狼炖了一锅草药汤端过去：“喝汤吧，这个能够让你好得更快一些。”

接着，尤拉就坐在独狼身旁，温情脉脉地看着他。

“谢谢。”独狼接过汤，埋头小喝了一口，他不太习惯被一个女孩子如此盯着瞧，竟有些害羞起来，禁不住问道："你在看什么？"

而尤拉似乎一点儿也不忌讳，天真可爱地直言道："我们族人总说，如果女人爱上某个男人，就不要掩饰自己的喜欢，要勇敢地告诉他。"

独狼笑了，喝了一口汤，很苦，但里面加了一点糖。

"你笑什么？"尤拉有些不好意思了。

"没什么，对了，你的母亲呢？"独狼放下药碗，忽然问道。

听了这话，尤拉的眼睛不自觉地有些湿润，声音细微地说："她在天堂，希望母亲一切都安好。"

"对不起，问到你的伤心事了。"独狼觉得很抱歉。

"没关系，有些事情别人不问，还是一样的伤心。"

"对母亲一定还有很深的记忆吧？"独狼说，"你一定是个很孝顺的姑娘。"

"是啊，很深。母亲是我生命里最宝贵的回忆。"

说完，尤拉就抑制不住伤心，大声地哭起来。

老人和博罗诺夫闻声赶来，一时间竟搞不清是怎么回事。

"独狼，你……"博罗诺夫挑着眉说，寓意颇深。

独狼赶忙解释："没事，没事。只是触景生情而已，尤拉想起了妈妈。"

老人笑了笑，拉着博罗诺夫走开了："小伙子，替我好好照顾尤拉。你们好好聊，我们就不打扰了！"

时间一天天过去，独狼的身体渐渐好转。在这山青水秀的地方，休养生息或是平静地生活一辈子将是一件很美的事情。但这一切都不属于独狼，新的征程即将开始……

独狼虽然受了伤，但这并不影响他的判断力。他猜测得没错，皋本确实到了那个伪装成仓库的教堂。在教堂里面，他双手合拢，闭上双眼，嘴中似乎念念有词，十分虔诚的样子。

索伦走到告解室的窗口边，恭敬地小声说："将军，刺客已经跳下悬崖。"

皋本阴沉的声音传出来："你是说你跟野狗、马克三个人都没有杀了他们？"

"是的，将军。"索伦惭愧地应道。他心里也很憋气、很不甘，可这是事实，他不得不承认自己的失败。

“他们几个人?”皋本拍了拍腿，明显有些烦躁不安。

“两个，不过好像其中一个受了伤。”索伦胆战心惊地答道。

“损失呢?这么厉害的角色，你们有什么损失?”

“死了两个人。”索伦越发的胆战心惊起来。

索伦刚说完，皋本的拳头就砸烂了小窗子的木板，拳头上硕大的钻石顶到了索伦的下巴，压出一个深深的血坑。他随即怒气冲冲地骂道：“你们这帮废物！要你们有什么用！说，死的是哪两个?”

“是马克还有司机。”野狗在一旁回答。

皋本得知这个消息，语气由怒气冲冲转为掩饰不住的大惊失色：“什么?马克死了?这怎么可能！混蛋、饭桶、废物!”他突然顿了顿，又问：“对了，他们是不是中国人?”

野狗小心翼翼地答道：“其中一个是，另一个不是。”

皋本百思不得其解，不禁疑惑地道：“如果是军方，中国不可能派一个外国人来；但如果不是中国军方的话，那么又怎么会有中国人参与进来呢?”

他不再多想，突然感觉到极大的危机，于是马不停蹄地赶回基地。

皋本走后，野狗一个人蹲在房间里看电视，索伦推门进来：“今天那人你怎么看?”

野狗瞪了他一眼，一边看电视一边说：“很强，你和我加起来差不多。都是过去的事情，我不想提。在战场上见了，我一定找机会杀了他。他这次是幸运，下次杀了他，也是一样!”

“我是说，如果这样的人来上三五个，我们该怎么办?”索伦很疑虑地问道。

“三五个?世界上哪里有那么多高手，这样的人在中国只有军方有。”野狗淡淡地说道。

“中国军方这样的人才能有多少?我知道你也是从中国军队里出来的，应该最清楚了。”索伦对这个话题紧追不舍。

“如果在一个任务里面，这种人最多两个!”野狗想了想说道。

听了这话，索伦出门看了看，又进屋把门关上，拉着野狗进了卫生间，并把水管打开，以掩盖谈话的声音。“兄弟，我想跟你商量一件事，是绝对秘密的事情。告诉你是相信你的人品，也是希望你真心地帮我。”索伦确认四周无人之后低声说道，“我想投靠中国军方。”

野狗不禁一颤，明显被吓了一跳：“开什么玩笑，这怎么行！老家伙还不杀了你全家啊！”

“就是怕他杀了我全家，所以我才要投靠中国军方。目前看来，最有可能把我家人从皋本手中夺回来的就只有中国军方了。今天，他的表现你我都看到了，只要有这样的人在，还有他身后那个国家，要想赢得这场战争绝不是难事。我现在考虑的只是我妻儿的安危，我们都是有家的人，何苦跟着那个叛国者陪葬。我知道你跟那人有交情，帮我，好吗？”索伦分析着眼前的局势，哀求道。

野狗像什么都没听见一般，没有答话，表情淡然。他把嘴里的烟又吸了一口，接着掐掉，准备推门出去，却被一下跪倒在地的索伦堵了回去：“兄弟，我知道在你们家乡这是最重的礼节！我求你，求你救救我妻儿吧？”

野狗赶紧扶起索伦：“这是干什么，我可受不起！”

索伦继续哀求道：“我们两个人如果叛变一个，另外一个绝对不会再被信赖。所以我们是一条船上的人，你不帮我，那我只有自杀了。”

野狗非常无奈，左右为难：“这件事太大，容我好好考虑考虑。”

索伦一听，仿佛看到一缕曙光，立刻起身，如同已得到野狗肯定的答复一般，把心中的想法一五一十地抖了出来：“只要我们一起干，皋本的势力能带走三成，这个事情绝对可行！”

野狗没有吱声，静静地走出房门，留下索伦独自呆在屋里。

晚上，索伦被叫进了皋本的办公室里，可等着他的却是翘着二郎腿的木村：“索伦，我问你一句话，将军对你怎么样？”

木村问的话让索伦有些不安，但只要不是面对皋本，他还是能够做到面不改色地虚应。

于是，他故作镇定地大声说道：“将军对我非常好！”

“没别的意思，我只是……”说着，木村从抽屉里掏出一沓钞票扔在桌上，“把该得的给你。”

索伦假装开心，点头哈腰地去拾起桌上的钱。可就在此时，木村却突然举起刀子狠狠地插在索伦伸出的手上。索伦“啊”的一声叫起来，却不敢反抗。他知道，木村的功夫其实并不在自己之下，只要还有一丝余地，他都不愿意作垂死挣扎的傻事。

木村没有将那刀子拔出，而是一点点地转动着，刀尖在索伦的手背上把肉翻成了花。木村的声音变得阴沉而可怕："索伦，拿人钱财为人消灾，这道理你该明白。为什么还要胳膊肘往外拐呢?"

木村的话让索伦意识到野狗背叛了自己，可惜为时已晚，他想反抗却没了能力——手早已被死死地锁在桌子上。

"谣言，我真的没有想背叛将军！该死的木村，你这是借机铲除异己，我要向将军控告!"索伦打死不承认，怀着侥幸的心理狡辩着，试图逃过一难。他低着身子，试图减轻刀伤带来的痛苦。

这时木村却玩得兴奋了："没有背叛？我敢出手伤你，就代表你做的事情瞒不过将军的眼睛!"

说着，木村按住了索伦，臃肿的身体走到他身后。

索伦忍着剧痛想要回答，嘴巴还没张开，身体就被人使劲踹了一脚，不自觉地朝前冲去。可钉死的手掌还摁在桌子上，锋利的刀刃从手鼓之间蹿过来，直直地将小臂劈成两半。索伦凄惨地哀叫着，在办公室的地面打起了滚。

这时，野狗走了进来，瞧也不瞧索伦，径直来到木村身边："木村，留条性命给他吧。他这条烂命还对将军有用。"

听到野狗的声音传来，索伦颤抖着双唇，眼神怨毒地看着他，狼一样地想要啃掉那张讨厌的脸："呸！你这个混蛋!"

"有用？这么一个废物，对将军还有什么用？也许上帝更希望他们一家团聚在天堂，不是吗?"木村一把将刀攥在手里，上上下下地掂量着，欲置索伦于死地。

野狗拦住就要动手的木村："索伦知道的其实还很多。"

然后，他蹲下来，笑着对索伦说道："我说的对不对?"

索伦蓄了一口浓浓的痰，狠狠地吐到他脸上："呸！卑鄙的犹大。"

"你觉得有用就留着吧，关在狗窝旁，给我看好了。"木村扔下刀子，走到桌旁抓起一根雪茄放到嘴里抽起来，"野狗，好好干，我一直很欣赏你！哈哈哈……"

说完，他捡起那把沾满索伦鲜血的钱扔到野狗胸膛上。

野狗看了看，愣愣地站了两秒钟，还是捡起了那把血钱。

夜间，野狗一个人躺在白色单人床上，看着灰色的天花板发愣。他想起了很多，可似乎忘记的总是比想起的多，于是他的记忆慢慢变少了，人也变得越发冷血。一只壁虎悠闲地趴在玻璃窗上，旁若无人地视察着屋内的一切。野狗掏出飞镖，“嗖”的一声，玻璃没有破，壁虎却像泥巴一样软在了窗台下。

第十章 营地屠杀

皋本因为索伦的背叛而懊恼不已，但还有一人正在打他 CRII 这一终极武器的主意——J 国军事基地的小村上二将军。

小村上二一年前派了女间谍芳子来到这里，她装扮成被卖进酒吧的妓女，开始自己的潜伏任务。可是，一年过去了，没有任何的接头，也没有任何接触皋本的机会。芳子一次次地失望，一次次地想要放弃任务回到 J 国。可就在这时，一个黄皮肤的客人点了她的单。

"关上门!"来人径直走进屋里坐下，用命令的口气说道。

芳子一下子愣住了，有些不知所措地说："对不起，先生……"

"快关上!"来人发火了，打断她的话，严令道。

芳子忽然间觉察到什么，赶忙关上门，坐到他身边："先生要过夜?"

这是事先安排好的接头语。

"过夜五十行吗? 不行的话，我给你加十块，到四十九。”来人答得很对。

芳子站起来，先是敬了一个久违的礼，然后说：“愿意为帝国效力。我现在的名字叫杜莎，时间紧急，请您快告诉我下一步的任务。”

来人拿出一张明信片：“我用的是中国国籍，名字叫刘朝阳。以后每周日将卓瑞亚在酒吧的行踪汇报给我。”

“那我们如何联系。”芳子又问。

“你不需要联系我，我自然会来找你。记得，在我来之前准备好。”

刘朝阳说完话就要离开，却被芳子拦了下来：“等一下，难道这就是我卖身一年下来，帝国给我的交代吗?”

“芳子，能为帝国效劳，那是你的荣幸！不要在我面前抱怨，那是弱者的挣扎，明白吗?”刘朝阳突然变得凶狠起来，吓到了她。

芳子不敢再多问，点了点头，给刘朝阳让路。

最近一段时间，芳子还在不断地接客，这种生活从一开始的不情愿到现在的顺其自然，就像一把刀，原本是用来切肉的，被用来切了很久的菜，刀子自然就钝了很多。刘朝阳会不时地来芳子那里，起先只是任务，传递一些鸡零狗碎的无聊信息，而后他却也成了芳子的顾客，不过有一点不同——他从来不在芳子身上花一分钱。

就在芳子对任务一次次失去信心的时候，刘朝阳突然跑来交给她一个包裹，并嘱咐道：“好好保管着，不准出意外，也不许打开它!”

芳子是一个很懂规矩的人，自然明白刘朝阳的话。从包裹送进来的那一天起，她就把它放在自己的床底下，从未打开过。可事情并没有像她想象的那样平静，就在军刀和火枪入住小镇的两天后，两个神秘男人蹿入芳子的房间四处乱搜，她发现时为时已晚。

芳子的反抗不仅于事无补，还被来人暴打一顿后轮奸。在这个混乱不堪的小岛上，这样的事情十分普遍，她也没有地方去寻求帮助。

芳子觉得委屈，好在她还有刘朝阳。至于丢失的那一个包裹，她倒不怎么在意。自打包袱送来，从来也没人要过，想来也不是什么好东西。

当芳子把事情告诉刘朝阳时，刘朝阳却狠狠地打了她一顿：“如此重要的东西，你怎么能丢了呢！真给帝国军人丢脸，你的失职足够送你上军事法庭。”

芳子立刻愤怒地大叫起来："你不能这样！我一年里受了多少苦，你们有谁知道。我要回国！"

"你有什么资格回国！在这一年里，你干成了什么事情？"刘朝阳恶狠狠地说。

"我陪男人睡觉！我陪你睡觉！你们把我送到这里来，什么事情也没有给我安排。我只是脱衣服，然后睡觉！我受够了，这种日子我不想再过下去了。"芳子的吼声更大。

听了这话，刘朝阳叹了一口气，说道："尽快回国吧，后续的事情我会安排。"

这件事情，看似也就这么算了。

这一次，刘朝阳倒也信守承诺，四处打探能够回J国的途径。

可就在刘朝阳准备送芳子回国时，芳子却突然消失了，他顿时气极败坏。

两个抢走重要包裹的神秘男子是谁呢？刘朝阳不得而知。

军刀和火枪一样毫不知情，这个时候他们正在去找刘朝阳的路上。

军刀通过娜丽亚知道那个遥控器在刘朝阳那里后，就赶紧叫上火枪一路杀回旅馆。

只要拿到那个遥控器，任务也就完成了一半。对于能够知道这个消息，军刀和火枪都觉得非常幸运。

两人偷偷溜到旅馆后面，透过窗户，正好看到刘朝阳将一件东西放在吧台里面，样子很猥琐。

"他在干什么？"火枪问道。对于刘朝阳这个人，火枪还是很了解的。如果不是什么重要的东西，他根本不会那么重视。

军刀赶紧捂住他的嘴，认真地看着里面："别说话。"

火枪点点头，两人一起看着刘朝阳的动向，等待时机去取出遥控器。

这时，旅馆的门突然被踹开，进来两个穿军装模样的人，端着枪站在慌张的刘朝阳面前。

眼见如此，军刀歪嘴一笑，顺手摸了摸火枪的光头："这回该我们看好戏了！"

火枪掰开他的手："别老抢俺对白，啥好词都让你说了，我说啥！"

军刀恶狠狠地瞥了他一眼，火枪熄火了，因为他知道继续絮叨下去军刀的拳头就会在自己脸上开一家酱铺。

在旅馆里，这些军人虽然都没有肩章，但却十足神气。端枪的人恶狠狠地将刘朝阳揪起来，嘴里叽里咕噜地说着什么。

刘朝阳一个劲地摇头，肚子上立刻挨了几脚狠的。

两个人在将刘朝阳收拾得差不多之后，拖着他就要往外走。

刘朝阳还想反抗，马上挨了两枪托，立刻就老实了。

军刀掏出迷你窃听器，用口香糖粘住。趁着屋子里没有人注意之际，瞅准一个时机轻轻地扔向窗内，刚好甩进刘朝阳的口袋里。接着，他将耳麦塞进耳朵仔细听着里面的对话，对方说的竟是流利的英语。

“控制器在哪里?”大胡子踩在刘朝阳胸口上问。

刘朝阳承受不住对方高大的身躯，顿时喘不过气来：“我不知道、不知道什么控制器。”

旁边高鼻梁的人蹲下身子，从兜里掏出一张照片在刘朝阳的面前晃了晃：“这个人你认识吗?”

照片上明明就是芳子，可刘朝阳还是假装不知道，使劲地摇头。高鼻梁失去了耐性，一拳打在他脸上：“嘴硬！快说，她在哪里?”

刘朝阳的鼻子顿时血流如注，目光却突然变得凶神恶煞，狠狠地瞪着高鼻梁：“想知道，除非我死!”

军刀听明白了，他们想要的东西一定也是CRII控制器，可他们是怎么知道的，而他们又是什么人呢？军刀无法确定，所以在这之前他不敢轻举妄动。

火枪在一边有些不耐烦了，就要动手抢耳机：“给我一只！你一个人听，我算干什么的?”

“别动！你听得懂英语吗?”军刀嫌烦，但火枪不依不饶地仍要动手摘耳机。

为了凝神听里面的动静，军刀顺手推了火枪一把，不想肩膀一抬竟撞到了窗户上，“哐”的一声巨响传来，屋内的人都被窗户的动静惊着了。两个壮汉立刻丢下刘朝阳，端着枪慢慢走了过来。

军刀怒目瞪着火枪，怪他坏事，无论是敌是友，在这个时候暴露总不是好事。就在军刀思考如何逃离之时，旅馆门前突然响起一阵“噼里啪啦”的枪声。

在这个火药桶一般的小镇上，枪响绝对会成为任何冲突的导火索。

如果有人打枪，周围的势力定会以极快的速度聚集，然后消灭一切可疑的人。

两个持枪的壮汉一听到枪响，顿时傻了眼，互相对视一眼后一起离开了旅馆。军刀不知道这解围之人是谁，但猜测一定是自己人，因为如果是别人，不会有那么巧合。

军刀和火枪站起身子，正要往车子的方向撤去，身后突然站出两个人来……

军刀顺着声音转身看去，真是既开心又意外："队长!"

来人正是独狼，他拍了拍军刀的肩膀点点头，然后问道："火枪呢?"

火枪正猫着腰，端着一杆枪断后。听到独狼的声音，这才注意到他。

"真的是队长!"火枪的大嗓门刚出，又被军刀转身捂了起来："不要命了，叫队长还那么大声?"

火枪这才意识到自己的鲁莽，忙连连点头。

独狼介绍了同行的博罗诺夫后，四人一起上了车子，奔向娜丽亚的营地。

一路上，火枪的嘴嘟囔个不停，一直数落着军刀，当然也不断地送出赞扬。在他眼里，军刀真的是太出色了。而军刀在表扬面前依然淡然，没有一丝兴奋。

"队长，我们下一步该怎么办?"军刀直奔主题。

独狼看着车窗外的丛林："根据你们刚才的情报，CRII 控制器是目前各大势力追逐的目标，那么我们必须争取尽快把它搞到手。可有一个问题，既然卓瑞亚是皋本的情人，那么她有什么理由把假的给皋本呢?"

对于卓瑞亚这个捉摸不定的女人，独狼并不能完全信任。在这个复杂的岛国上，小心谨慎是任务成功的首要条件。

独狼的话一下子提醒了军刀："队长，你认为娜丽亚有问题?"

"你觉得没有问题吗?"独狼从身上掏出烟递给军刀，"照你的说法，娜丽亚和卓瑞亚是最好的朋友，那么她们就有可能串通一气，给你设下一个陷阱，等你们跳进去。"

"她姥姥的，那不就是说，哥几个一直在被耍着玩吗?"火枪插嘴，对于这种可能性不寒而栗。

“听我说，娜丽亚现在是敌是友尚且无法判定。但你们必须继续呆在那里，毕竟能够接近娜丽亚也是我们的一个进展。而我和博罗诺夫上校将在暗中做好你们的掩护。记住，我们的目标是夺取 CRII 控制器。只许成功，不许失败!”独狼眼神坚定地朝在座的所有人扫视了一遍，收到回应后立刻发出命令：“计划进入特殊战备状态，记住潜伏期你们的身份依然不变，早日夺取 CRII!”

博罗诺夫一直在独狼身边听着分析，这时也谈了自己的想法：“R 国是拥有古老文化的国度。他们的信仰是天神，我们是在进行一场人民的战争，斗争需要人民的力量。娜丽亚我调查过，她算是一个激进的民族人士，我们应该尽量去团结她。”

“上校，我们是军人，不讲政治。现阶段，在陌生的土地上我们没办法发动群众。再者说，这不是我们所能做到的。也许你说得不错，但我们现在只能从战略的角度来分析问题。娜丽亚固然是个民族主义者，但她也有可能被别人利用，我们不能排除这种可能。”

独狼的想法还是一贯的坚决，这让博罗诺夫有些无奈。

随后，独狼透过后观镜看着博罗诺夫：“上校，刚才宾馆里的两个士兵到底是哪方面的?”

“我也摸不透，至少不该是我们的人。独狼，我想告诉你，我们之间不存在任何矛盾。我也不会让手下单独行动，比起 CRII 来，我们国家层面上更重视与中国的关系，你明白我的意思吗?”

上校的话表明他似乎误会了独狼。看来，博罗诺夫生怕独狼以为自己要抢到 CRII，所以急急忙忙地解释着自己真实的想法。

而独狼也意识到自己想法的错误，显然自己对于任务的执着已在无意中伤害了博罗诺夫的自尊心。

“独狼，我想我该下车了。”博罗诺夫沉吟了一会说道。

火枪把车子停下来，回过头去惊讶地看着他。

“真的要走？去哪里?”独狼也看着他。

对于博罗诺夫突然要走，独狼知道是什么原因，但却找不到办法弥补这突如其来的裂痕。

“我们虽然目的相同，但却有着不同的想法。我们该分开了，我要回到我的部队去。”说着，博罗诺夫下了车，敬了一个军礼，“再见!”

独狼还了军礼：“上校，保重!”

看着上校离去的背影，独狼慢慢地摇了摇头，有些无奈。对于博罗诺夫的离去，他真的很抱歉。

“打开联络终端，我要跟上级联络。”甩甩头，甩掉那一丝失落，独狼对火枪说道。

不一会儿，大熊猫的声音再次出现在车里：“独狼，你还好吗?”

独狼“嗯”了一声，将近期的工作向大熊猫做了简短汇报，然后问道：“上级有什么新的指示?”

“据国际安全组织的情报，已有一名军火商人偷偷进入该地区，并与皋本取得联系。他们掌握了许多有关你们的资料，这对你们很不利。你们要尽量小心。”大熊猫的声音里透着一种慎重和担忧，独狼可以听得出来。

“一个军火商人怎么会……”独狼有些不解。对于自己这种级别的特种军人，还会发生资料泄漏这种事情，这让他感到有些意外。

“不要问那么多了。独狼，千万小心。我们的军事卫星一直在时刻注视着你和你的队员。军刀和火枪的行为我都看到了，对于军刀我没什么可挑剔的，但火枪我要口头警告你，不要再犯错误！明白吗?”说完就关闭了通话音频。

火枪红着脸“嗯”了一声，使劲摸着自己的光头，转而看向独狼：“队长，我们回营地?”

独狼摆摆手，建议道：“你们开车回去，为了隐蔽起见，我在营地的旁边守着，有情况及时向我汇报。”

夜里，独狼一个人趴在草丛里。

四下无人，他偷偷从怀里掏出一个小红包放在掌心，一层层打开之后，里面竟然躺着一枚精致的戒指。很多人都曾问过他为什么要藏着这枚戒指，也曾私下里猜测这是为哪个姑娘准备的定情信物。因为那枚戒指不大，而且造型纤秀小巧，一看就知道是为女孩子准备的。

但他们不管怎么猜都错了，这并非他要送给某个女人的戒指，而是死去战友的遗物。

许多年前，在一次战斗中，这枚戒指的主人与独狼并肩作战。硝烟中，独狼奋力冲向前方，不曾想却被飞来的炮弹碎片击中肩部，一时间动弹不得，是这位战友冒死冲上去将他救了回来。

那个人的戒指却在急切中掉进独狼的衣服口袋里，被一起送进了战地医院。后来，那个人牺牲在了战场上。

从此独狼多了一个爹、一个娘。而这一枚戒指，他始终带在身边，尤其是执行任务的时候常常拿出来看看。

“突突突……”突然，一阵马达的轰鸣声从前方冲过来，打断了独狼的思绪。

独狼“噌”地站起来，面前竟然是一辆重型坦克：“不好！皋本一定是要铲除娜丽亚的部落！”

想到这里，他转身向营地跑去，一边跑一边紧急呼叫：“注意！注意！有坦克！军刀、火枪回答我！”

军刀和火枪迅速给出回应：“收到，收到。”

“立即疏散人群，通知娜丽亚立即离开！重复一遍立即离开！”

军刀和火枪听到命令，将营地里的人全部叫醒。军刀则冲到娜丽亚的营帐里，迅速叫醒了她：“快走！”

“为什么要走？发生什么事情了？”刚从睡梦中被惊醒的娜丽亚不明白，有些错愕地问道。

“我也不明白！但是必须要快，否则见不到明天的太阳！”军刀使劲地拽着娜丽亚。

“好！我相信你，部落里的人都一起走吗？”娜丽亚问道。

“都一起走，光头去叫其他人了！”军刀催促着，“再不走坦克过来就走不了了！”

第十一章 生死决斗

坦克“轰隆隆”地开了过来，眼看就要冲进营地。

独狼心中一急，先朝坦克开了枪。坦克上的机枪手迅速发现了他，发起了反击。一时间，机枪喷出的子弹雨点一般打过来。独狼依靠草丛隐蔽着自己，不断地闪避。

子弹凶猛而密集，一片又一片的草丛被子弹铲掉。独狼根本没有机会出手牵制对方的行动，毫无还手之力。

几分钟后，对方突然明白独狼只想拖延时间，也就不再恋战，一口气向前推进。

这边的娜丽亚则不急不徐地打扮着：“我还没有穿戴整齐，你先等等，一会就好。”

军刀急得直跳脚，“轰”的一声巨响传来，他赶紧按着娜丽亚倒在地上，却见一发炮弹不偏不倚地砸到营帐中，带起的灰尘让两人好一阵咳嗽。

“这下知道为什么了吧，赶紧跑!”指指地上那大大的弹坑，军刀吼道。

突如其来的炮弹让娜丽亚意识到了危险，她衣服也顾不得整理，抓着军刀的胳膊就往外跑。明显是受了惊吓，娜丽亚跑得飞快，军刀连续被拽了几个踉跄。

两人跑到营帐外面，外面却更加混乱。

人们在坦克的威胁下四处奔逃，却毫无用处。在工业机器制造的钢铁巨兽面前，有限的反抗显得那么无力。

娜丽亚呼喊着人们振作，试图组织起有效的反抗，但一点用也没有。坦克向营地里开进来，不管三七二十一地到处乱扫乱射、见人就杀。不时射出的炮弹更是造成极大的混乱，越来越多的人开始崩溃。

人们用步枪铁棍之类的进行反抗，除了打掉几块漆皮之外，再也没有任何战果。

一时间，营地变成一片火海、一个地狱，惨叫声此起彼伏。娜丽亚看着亲人们被杀害，泪流满面之后却是咬牙切齿的坚强。她捡起一挺机枪，喷射出愤怒的子弹向坦克冲去。

即使明知无用，娜丽亚还是选择了战斗。亲人们的鲜血已经让她红了眼，也失去了所有的理智。

突然，身边的军刀一下子将娜丽亚扑倒在地。娜丽亚挣扎着还想起身，抓着机枪还想发泄自己的愤懑。

说时迟那时快，一梭子子弹向娜丽亚刚刚站着的地方扫过来，并一直扫射着。

军刀赶紧拉着她就是一阵翻滚，这一番动作让她从怒火中清醒了许多。接着，军刀迅速拉起她，用力地推了一把："快！朝后山跑，那里会有人接应你的！"

军刀没有说是谁，娜丽亚问也不问就往后山跑去，一脸的泪水。

这时，见局势已经无法控制的火枪狠狠地吐掉嘴里的牙签："连坦克都用，没人性！看我的！"

说着，火枪跑向车子，开动马达："哥们的圣诞火鸡要开烤啦！"

他把车子备用油罐打开，顺了一条管子下来，给备用油罐加了一个气压之后开着车直接冲到坦克面前。

这个胆大妄为的举动，立刻招惹来一片片的子弹攻击。

因为整个车身都是防弹设计，坦克的机枪对车体一点作用都没有，靠得太近又不能动用炮弹。

敌人束手无策，火枪看着对方那副窘相哈哈大笑。

而火枪的表演才刚刚开始。他开着车子绕着坦克一圈圈地转，还不忘将汽油喷到坦克上。等油都放光，火枪又开着车走远了。

眼看那个可恶的光头开着车跑了，机枪手立刻打出一片子弹，并高喊着："开炮！干死那个光头佬！"

但是他忘记坦克上已经被喷满了汽油，机枪喷射的火舌毫无悬念地将其引燃，只听见"轰"的一声，坦克里顿时传来一阵阵的狼嚎声。

战斗结束，火枪和军刀终于松了一口气。可看着一片狼藉，谁都笑不出来，胜利有时候并不意味着兴高采烈。

虽然对方只是一辆坦克车，一共才五六个人，但对营地造成的伤害却是相当巨大的。在短短的几分钟时间里，营地里被打死的人就有好几十个，帐篷也大多被烧毁。

当独狼带着娜丽亚回来时，这个女孩子一下子扑到军刀怀里呜呜大哭起来："都怪我，要不是我，营地也不会被袭击。我对不起大家，娜丽亚对不起大家！"

营地里一片狼藉，独狼看在眼里，痛在心里。战争如此的残酷，却从未停止过。营地里刚刚过去的硝烟仍未散去，这让独狼有一种异样的感觉，似乎还会有事情发生。

一个亮点突然从他眼前闪过，轻轻刺痛了他的眼睛，独狼立即意识到那是一只狙击枪的瞄准镜。

"不好！"他纵身跳起，将手中的枪扔向娜丽亚的侧面，挡住了光点射向她的方向。

"砰"的一声传来，独狼的枪在空中被打成了两半。子弹被挡住了，但强大的威势却无法完全消除。狙击枪子弹碰到枪之后带起的强大气压，还是让娜丽亚瞬间就昏了过去。

"照顾好娜丽亚！火枪，跟我走！"独狼迅速对军刀命令道。

"是，老大！但对方是狙击手……"军刀开口想阻止，狙击手的难缠他最清楚不过。

"你在这里才有价值。这个狙击手虽然棘手，但我和火枪足够应付得来！"

独狼看了看娜丽亚，又看了看军刀。

军刀明白独狼的意思，点了点头，迅速带着娜丽亚转移。

“火枪，把你的光头隐蔽好！对方是狙击手，我没有另外一把枪替你挡子弹！”独狼又回头看向火枪，火枪摸着脑袋不好意思地笑了。

两人像猎豹一样在草丛里潜行，慢慢地接近目标区域。

无论如何，也不能让那个狙击手追上军刀，娜丽亚更是任务的关键人物，容不得有半点闪失。

火枪头上顶着一大堆草，因为是光头，草用得格外多，很像顶着一个鸡窝。

“狙击手最讨厌了！那天晚上，我差点就栽在一个混蛋手上，幸亏军刀是更好的狙击手。”火枪说道。

“我敢说这个狙击手比军刀差不到哪里去，如果当时我直接扑在娜丽亚身上的话，一定是一枪打俩。”独狼盯着火枪说道。

“有这么邪乎？”火枪不以为然。军刀的本事他很清楚，这么容易又找到一个这样的狙击手也太巧合了吧！

所以，火枪对独狼的判断有些不相信。

“在战场上，如果你经过几十次的生死挣扎，也会对自己的直觉深信不疑！”独狼淡淡地回应道。

“厉害，队长！你这种从战场上打出来的人，全世界也没有多少了。我不指望能从几十次的生死挣扎里得到这种天赋，我更相信自己的智慧！”火枪做了一个鬼脸，“能用脑子解决的事情，我坚决不去冒险！”

“大熊猫的警告，看来你还是置若罔闻。我再一次严正地警告你，现在是执行任务期间，任何多余的动作都是极端危险的举动！不要因为自己的缺陷，给任务带来太多的变数。”

“大家都是兄弟，何必呢。再说，我每次动作也丝毫不慢啊。”火枪对于一天里接受两次口头警告十分不满。

“这是战场，任何多余的动作都是危险的。每一个细节上都要十分注意，才能够活下来。有很多次，我能活下来不是因为能力强，而是足够谨慎！”独狼见火枪还是不在乎，继续训斥道。

“明白！我不会拖累兄弟们的！”火枪拍着胸脯保证。

“记得都是兄弟就好。如果你改掉那套爱耍弄的臭毛病，你就是最好的军人。”

“得了吧，打一棍子再给个甜枣？我这辈子图的就是一个轻松，做人嘛，何必那么累？”火枪对于独狼的说辞一样当作耳旁风，就等着他接下来的训斥。

“注意隐蔽！”独狼突然提醒道。

火枪一下子就趴在地上，一动也不动，小心翼翼地问道：“怎么了。队长？”

“对方没有动过，我想他的目标换成我们两个了。”独狼回道。

“什么？”火枪十分惊讶，“我们由猎人变成猎物了？”

“小心戒备，只要他不去找军刀的麻烦，我们就算成功了。”这次的任务主要就是掩护军刀带着娜丽亚撤退，所以僵持下去对己方有利。

二人就这样小心地趴着一动也不动，而另一边，野狗也趴在地上通过瞄准镜仔细地寻找两个目标的位置。

“果然是精锐，才刚刚有意瞄准，就他妈的全不见了！”野狗骂骂咧咧，对于没能成功得手而忿忿不已，“这次一无所获，回去真没办法交代。要是皋本那混蛋怀疑什么，我可就惨了。”

野狗想想最近一段时间索伦的遭遇，有些不寒而栗。

独狼与火枪不敢动，野狗不甘心。局势就这么僵持起来，谁也拿谁没办法。但火枪在看到一个坑洞之后，瞬间有了主意。他慢慢起身，趁着一阵风吹过之际，赶紧走到坑洞旁边，大手伸进去强忍着疼痛拖出一只豪猪。而后，他用绳子绑住豪猪的嘴，让它发不出声音来，接着朝那个狙击手的方向赶了过去。

豪猪挨了火枪的一脚猛踹，迅速蹿了出去。

野狗看到草丛里一阵猛烈的移动，立刻按照对方的速度做了一下位置预判，随后就开了枪。这一枪落空了，当然打不着明显小于人体的豪猪，但野狗自己的位置却完全暴露在独狼的眼前。独狼瞅准这个机会狠狠地按下了扳机，子弹越过上百米的距离，一下子打在野狗上方十几公分的地方，野狗头上的帽子碎成了片。

他惊出一身冷汗，吓得不断地喘息，迅速转移了隐蔽位置。

“打中了，队长?”火枪问道。

“没有，偏了一点。”独狼回答。

这个时候，却有一个意外发生了。那头豪猪被枪声吓得屁滚尿流，不顾一切地又冲向自己的巢穴。只见它怒张着一身豪刺，直冲火枪的脸撞去。火枪在大惊之下慌忙闪避，就是这一个闪避，再度暴露了他与独狼的位置。

野狗瞅准这个机会，射出了已经准备好的子弹，但一声爆响，枪管竟然扭成了麻花。“这破货，还要那么高的价格!”野狗愤愤地将废掉的狙击枪扔在地上，掉头就跑。

“哈哈！那混蛋狙击手的枪炸膛了!”都是使用枪械的行家里手，自然知道炸膛是什么样的声音。

失去枪的狙击手，绝对不比拔了牙的老虎更有威势。

“上!”独狼立即喊道。

而后，两人迅速行动，在丛林里追逐着疲于奔命的野狗。

虽然是逃蹿，但是仗着对附近丛林的熟悉，野狗跑得十分轻松。反倒是作为追击者的独狼与火枪，追得却十分辛苦。

通过各种蛛丝马迹，独狼与火枪紧紧地跟着对方的脚步，打算尽快解决后患。

突然，前面的野狗消失了，也没有了在丛林里快速跑动的那种脚步声音。独狼赶紧卧倒，火枪稍微慢了半拍，一支歹毒的飞镖就朝他的脑袋飞了过来。火枪躲闪不及，眼看就要被射中，独狼只得飞起身来将火枪一脚踹开。

“好身手！不过，先把枪给我放下!”就在这时，野狗举着手枪从树后走了出来，神色间有说不出来的得意。

见独狼没有放下枪械的意思，他对着天空放了一枪，示意真的装着子弹。

“你也是中国人，为什么甘心做皋本的走狗?”独狼对着枪口一脸的冷漠。

“官有官道，贼有独木桥。拿人钱财，你就是我的敌人!”野狗丑陋的脸孔让独狼觉得十分讨厌。

“如果你再执迷不悟，就别怪我不讲同胞之情!”独狼义正言辞地喝道。

“死到临头还要做大英雄。”野狗靴子上的刀刃寒光夺目，火枪被他踩在脚下一动也不敢动。

“如果你有把握快过我的反应，那你大可试试！你手上的迷你手枪只有五发子弹，这点你唬不住我！你只有四次出手机会！”在野狗赤裸裸的威胁面前，独狼毫不畏惧。

“你说得不错，我就知道瞒不过你这样的行家。虽然只有四发子弹，你也是九死一生！别动，再动先打死你！”野狗踩着火枪的脑袋，鸡窝一样的草帽让野狗踩上去绝对不怕打滑。

在野狗脚下的火枪，为独狼的处境担心不已，同时又努力地思索着解决当前危局的办法。气氛一下子就变得凝重起来，三个人的脸上都满是汗珠。

独狼担心火枪还在对方的脚下，自己根本无法施展开来。如果强行攻击，倒也有把握拿下野狗，只是火枪的安全就无法顾及。

野狗虽然猖狂，但也不敢贸然出手。交手两次，他已经对独狼充满了忌惮。虽然有四次机会置独狼于死地，但想想那敏捷的身手、超人一般的反应速度，野狗的心底一样没有太大把握。

在三人都压抑到极点的时候，野狗扣着扳机的手指越来越紧，独狼则随时做好了闪避回击的准备。

突然，火枪动了。光光的脑袋从草窝里歪了出来，让野狗一下子站立不稳。

火枪这一个小小的动作，让野狗吃了一个小小的苦头。

吃惊之下，野狗连连叩响扳机连发了四枪，子弹即失去了准头。独狼则在野狗叩响扳机的一刹那腾身而起，踏在一边的大树上，再借助反作用力落在距离野狗两米开外的地方。

火枪趁机站起身来摆开架势，也恶狠狠地看着野狗。

局面一下子又发生了变化，野狗一个人得对付独狼加上火枪。

野狗作为皋本手下的悍将，拳脚的功夫也是不错的，但还是与独狼差得很远。面对着独狼与火枪的联手，他一时之间根本无法应付。

“你们两个军人对付我一个平民，这不公平吧！”野狗在一连串的闪避后开口说道。

“那怎样才算公平？我们在被你用狙击枪指着的时候，也没有说过不公平。”火枪愤愤地说道，接连出手。

“这样，我们来一场决斗，一对一！我赢了，你和你的同伴都要被我带走；我输了，随你们处置。”野狗用一种十分挑衅的眼神望着火枪，“怎么样，

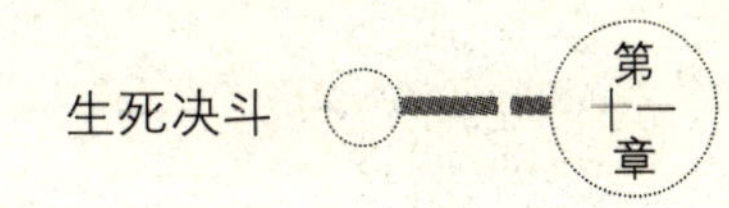

光头？”

独狼还来不及做决定，火枪就把这场决斗答应下来：“好！哥们儿就陪你练练。”

两个人的对话和出手都非常迅速，独狼还没插进话去，他们已打成了一团。野狗瞅准机会，从腰间掏出三枚飞镖，突然射向火枪和独狼，而后赶紧逃窜，同时甩出了烟雾弹。

野狗虽然跑了，独狼却陷入了沉思。野狗这个人，不管是身手、发飞镖的技巧，还有说话的语气都很像他的一个熟人。

想着想着，独狼又去摸兜里的戒指：“糟了，戒指竟然丢了！”

第十二章 间谍失算

芳子的失踪出乎所有人的意料，刘朝阳也大为吃惊。最重要的是，与其一同消失的还有 CRII 控制器。

他万万没有想到芳子这个女人还有这样深沉的心机，一时间大怒不已。

而更坏的是这件事很快就传到了卓瑞亚的耳中，这对刘朝阳更加不利。

“杰西，准备一下，有一个猎物。”卓瑞亚对一个手下说道。

“好的，小姐。属下多嘴问一句，是什么猎物需要小姐亲自出手?”

“有一个日本小妞，偷了将军一件东西。从现在开始，你负责岛上所有的蛇头生意，不要让这个小妞跑出这个岛。”卓瑞亚将一张照片扔给自己的手下杰西，对方连忙接住。

“哦，是她啊！这个妞可挺出名的，岛上数得着的红牌妓女。她可真有胆色，将军的东西都敢碰!”杰西吹了一个轻佻的口哨。

“你喜欢？到时候抓住了，东西我拿走，人就随便你了。”卓瑞亚说道。

“谢谢，小姐！这次的行动，属下保证万无一失。”杰西对芳子可是垂涎已久，但一直跟在卓瑞亚身边，根本没有机会出去寻花问柳。

想想坊间传言，再想想这个女人的好处，杰西就欲火沸腾、淫笑不止。

此时，芳子正在小镇的一个港口，戴着厚厚的墨镜，手里还提着一个黑色塑料袋。

她四处张望着，似乎在等着什么人到来。

其实，她早就想离开了。从刘朝阳的手里拿到那个包裹之后，她就偷偷打开来看过，并迅速转移。

在确认了那个东西之后，芳子心头大喜，认为与其留给刘朝阳不如自己带回国去领功！

约好了蛇头，她准备离开这个国家，却不知道早已有人设好了套等她去钻，她还在做着回国领赏的美梦呢。

半个小时后，一条小船到了岸边，芳子上前对了暗号，对方点点头将船顺了过来。

踏上船的那一刻，芳子心里总算踏实了，不管这次任务如何，至少她拿到了世界上最具威胁的控制器，这对于帝国来说绝对是一件好事。而自己立的功，足够下半生过得舒舒服服的了。

“总算可以离开这里了。”芳子深深吸了一口气，拍了拍手中的塑料袋，生怕它跑了似的。

“这里不好吗？我认识你，你的生意很不错。”船家突然问她。

芳子摇摇头：“这里不适合我，我还是想回到J国过安静的日子。”

说着，芳子回头看着黑暗中的丛林，只是一片片的漆黑，她突然莫名地觉得有些害怕。

“一定要抓紧离开这里，永远都不再回来。”芳子心里想着，随即担心地问道：“船家，我们什么时候换船？”

船家慢慢地摇着桨说：“很快，就在一海里外的地方，一会儿就到。”

船家没有骗她，不到十分钟，小船就到了大船旁边。船家发出暗号，解下绳梯。芳子卷了卷塑料袋抱在怀里，步伐有些蹒跚地往上爬，船家则在后面紧紧地跟了上来。

回国心切的芳子，并没有注意船家已经准备好了锋利的匕首。

十几米高的船身爬起来并不轻松，芳子用了很大力气才翻了过来。可就在她抬头之际，却发现甲板上早有很多人在等着她。

众人之中，一个女人的身影站了出来："芳子小姐，恭候多时了。"

说话的不是别人，正是卓瑞亚！芳子曾经在资料中看到过卓瑞亚的照片，一眼就认出了她。

见到卓瑞亚，芳子的第一反应就是逃跑，可已经来不及了，身后的船家早一把将她推了过去。

"既然上了贼船，就不要下去了，省得费事，哈哈！"船家大笑着掀开头上的帽子，"芳子，想不到吧？把东西交出来吧？"

"杰西，把包拿过来。"卓瑞亚吩咐船家。

杰西一把从芳子手中把包抢过来交给卓瑞亚："小姐。"

卓瑞亚打开黑色塑料袋细细检查了一番，之后一句话也不说就往船舱里走去。

"小姐，这个女人怎么处置？"身后的人问道。

卓瑞亚回头一笑，淡淡地说道："那是你们的猎物，随便你们吧！"

一群水手呲着牙哈哈大笑起来，甲板上顿时传来一阵阵女人不甘心的嚎叫声……

夜晚时分，被水手们折腾掉半条命的芳子趴在一个铁笼子里，只觉得下身前所未有的疼痛，直痛到站不起来。看到自己身上伤痕斑斑，她忍不住哭了出来。

但她很快就止住了哭泣，对着嘴角狠狠地咬了下去，同时决定站起来，继续自己的战斗。

赤身裸体的芳子努力地向四周寻求帮助，可周围一无所有，似乎没有什么能帮上忙的物件。她气馁了，又蹲了下去。

"哐当！"她踢到了脚下的餐盆。

一时间，芳子瞳孔放大，好像找到了一把救命的钥匙。

十分钟后，她看着手中的两个铁皮，脸上带着一些得意。其中一块是细细的铁片，而另外一块已被磨出锋利的尖。她的脚边是被铁笼子上的铁棍扭得支离破碎的餐盆，上面还有不少细细的牙齿印记。

芳子把铁片插到锁里，侧着耳朵仔细地撬动着锁簧。过了一会儿只听见“咔嗒”一声，锁开了，芳子急不可待地推开铁门就往外跑。

就在锁头被打开的那一瞬间，守卫已经被惊动，立刻端枪朝这边走来。芳子眼疾手快，一把将锐利的铁片飞出去，锁住了守卫的喉咙。那人大张着嘴，眼睛直直地看着她。想来那人怎么也想不到刚刚还在身下哭喊的女人，竟然一下子就要了自己的命。

两秒钟后，他“咚”的一声摔倒在甲板上。芳子急忙将尸体拖到隐蔽处，扒掉他身上的衣服穿上。

接着，她走到甲板上，登高朝远望去，看到船舱尾部仍有火光。但那一定不是卓瑞亚所待的地方。芳子下身又开始隐隐作痛：“这帮臭男人，我必须让他们付出代价！”

几个水手正嘻嘻哈哈地说笑着打着扑克，芳子把枪装上消声器，突然站到壮汉们面前。

看着那几个水手惊愕的眼神，芳子立刻扣动了扳机。

弹无虚发，个个击中眉心。

这时，甲板上突然传来一阵骚乱和吵嚷。很明显，被杀死的卫兵已经被发现了。

芳子心中一急：“必须立刻逃离这里！”

至于逃出这里之后该怎么办，芳子没有别的打算，只能先回岛上暂时躲避一下。

她使撑着身体来到甲板边上，并在众人赶来之前，一跃跳入人海。

芳子朝黑黝黝的山里游去，目标不那么清楚，只能看清某些不实在的东西。突然，一只大手在水中捂住了她的嘴，将她拖出海水……

第十三章 神秘草药

自从娜丽亚昏过去之后，部落里的巫医就在给她做法，但她一直昏迷不醒。

“这里的巫医只知道跳大神，她要多睡一天，我们可就麻烦大了。”军刀焦躁不安地对独狼说。

军刀说的麻烦是，万一敌人再一次袭击，如果没有娜丽亚他们根本无法取得部落里人的信任。

独狼仔细查看了娜丽亚的情况后说道：“是脑震荡，必须药物治疗。”

军刀摇了摇头：“这个岛都是皋本的势力范围，他为了敛钱已经将救命的药物都垄断了。民间没有人敢卖这类药物。”突然，他想起了什么，赶紧又说：“队长，还有一个办法！”

“什么？说来听听。”

“后山上有一种特殊的山草药，据巫医说可以治疗娜丽亚的病，但是……”

独狼眼前一亮，制止了军刀：“没有什么但是，快叫巫医来！”

很快，部落里的巫医来到。

不过他却连连摇头：“不不不，那里不能去！

太危险了。这是一个远古的诅咒，传说雷神为了惩罚这里的部族，将这片山林下了诅咒。几百年里，从来没人敢进后山去。许多年前，曾有一位长老去过那里，带回了一株药草。但不久之后，部落就遭到屠杀，这位长老也死在其中。”

“继续说。”独狼对这些稀奇古怪的事情不感兴趣，但十年前的大屠杀却是很有价值的信息。

“那个老人就是卓瑞亚的父亲。”巫医说道。

“草药是什么样子的？这里可只有你见过！”独狼又问。

巫医却不再说话，摆明了不会前往那么危险的地方，也不再合作。

“你这混蛋，娜丽亚可是你们自己的人！”军刀挥舞着拳头。

“不要逼他了，他不会合作的。娜丽亚现在受重伤，他在部落里就是老大。我想他私下里对娜丽亚的受袭很高兴。”独狼拦住了军刀，说道。

“他不去，我们去！”军刀对于巫医的不合作，有相当大的意见。

“对！我们自己去！那种什么药物，这个鬼巫师不说我也知道。”火枪嚷嚷道。

“你确定？”独狼和军刀眼前同时一亮，看向火枪。

“我确定。是那种长得像薄荷，但是结小红果的草药。对于治疗晕厥之类的病有着很神奇的疗效。”火枪说得跟真的一样，但是对于这一番话独狼和军刀心里都没有底。

主要是火枪一向没什么正形，这影响了大家对他的态度。

独狼沉吟了一会儿，点了点头，对军刀说：“不管怎样，我必须去探个究竟。”

于是，独狼和火枪带上所需装备顺着小道进了后山。

刚走到后山山腰，火枪便一声惊呼：“队长，快看！”

只见一堆白骨堆在山脚，看上去已经死了很久。

独狼从尸体上捡起一串项链：“巫医所说还是有一些根据的，我们必须小心。远古的诅咒肯定是没有，但自然的力量永远超乎我们的想象。另外，这里的土挺怪的。难道是火山灰？”

火枪笑笑说道：“只要不是再来一次火山喷发吓哥们一把，就没有任何问题。”

独狼回头瞪着他："说什么呢！我们一定要万分小心，这些白骨可都是本地人。他们尚且如此，我们就更要打起精神了。"

"这样的生活，才够刺激！"说完，火枪仰天喊道，"风啊，雨啊！都来吧，多点艰难困苦，爷们儿才够英雄！"

就在这时，本来就有些阴沉的天空突然下起雨来，火枪抬头看着天上掉下的雨滴，嚷着，"老天啊，不会真那么灵吧？"

雨越下越大，火枪的脚踩在地上，发出哗哗的响声。这声音总让人觉得奇怪，于是他蹲下来抓起一把土细看，竟然全是黑灰！雨水顺着这些黑灰，粘成一道道的沟痕。火枪心中一阵疑惑："队长，不对劲！"

"怎么了？"独狼很奇怪地问道。

火枪听到远远传来轰隆隆的声音，大惊："队长，快跑！"

说完，他就从山腰跳了下去。独狼回头一看，也立即跳了下去。

就在两人先后跳下去的一瞬间，山体"轰"的一声滑下了半截！

独狼和火枪躲在一块大岩石后面，不约而同地呼出一口气："真悬啊！"

"原来这就是诅咒？不过是山体滑坡，没什么了不起的。"火枪还佯装坚强，完全忘了刚刚面对危险的失态。

他站起来刚要走，山上又是"轰"的一声，一股泥浆哗哗地淌了下来。

接着一连串泥浆滑下来，两个人瞬间便没了站立的地方。

在大自然面前，所有人都是脆弱的，面对如此情况，独狼和火枪只有疯狂地奔跑。

"塞到嘴里！"独狼不知什么时候揪出了两根干枯的芦苇，放到火枪手里。

眼看着泥浆水即将扑上来，独狼一声大吼把火枪扑倒在地，涌动的泥石流瞬间湮没了两人，只有两根芦苇慢慢地飘着，不时地吹出几个泥浆泡泡。

十分钟后，泥浆终于停了下来，不再移动。

两根芦苇中的一根慢慢"站"了起来，独狼浑身是泥，吐了一口嘴里的泥巴后四处寻找火枪。

终于找到了另一根芦苇，独狼赶紧奔过去提起火枪。

火枪呼哧呼哧地喘着粗气，贪婪地呼吸着新鲜的空气，良久才说："队长，哪有你这样的，要是芦苇断了，我们小命儿就玩完啦！"

"行了，别贫嘴了，赶紧上路！"独狼催促他。

“把发型都搞坏了!”火枪摸摸光头，一手的泥浆直往下淌。

“发型？煮鸡蛋剥皮也算是发型?”独狼难得打趣道。

这时候太阳出来了，独狼和火枪踩在泥浆里的脚越来越重，原本灰黑的泥浆在太阳的照射下变成了灰白，而且散发着热量。

独狼意识到事情不妙。山路还有很长一段，如果这样拖着泥巴走下去，别说到不了地方，就算到了，也许他和战友都会被这泥浆弄成石头人。

独狼这么想着，便把担心告诉了火枪。

这时候火枪的贼心眼就特别有用。只见他踩着泥浆，一深一浅地走到大树下，咬着匕首爬上去砍下几根大树枝，再跳下来，慢慢地将树枝上多余的分枝切下，两幅滑雪板模样的东西就出来了!

独狼心里暗喜，摸着火枪的光头。火枪倒是不愿意了，一把打掉他的手：“熟归熟啊，俺这脑门可不愿意让人摸。”

独狼对火枪的话不以为然，下手格外重了一些。

“嘿嘿！不过队长你例外，随便摸!”火枪赶忙说道，独狼这才放手。

就这样，两人踩着滑雪板样的大木板，一点点地朝山上走。

“火枪，还记得巫医说的那个诅咒吗?”独狼问道。

“队长，你知道是怎么回事了吗?”火枪好奇地看着他。

“火山灰跟土壤混在一起，是可以当水泥用的。万神庙，就是这么建成的!”独狼解释道。

“古罗马的那个？距离这里不远，怪不得呢!”火枪一下子就明白了事情的原委，“这个地方也邪乎，火山爆发那么频繁，还老是下雨!”

就在这时，一只土蜂嗡嗡地飞了过来。独狼一挥手，企图赶走土蜂，却没想到树上竟然是一只蜂窝。于是，他一抬手将蜂窝打了下来。

趁土蜂还没有反应过来之际，他与火枪捂着脑袋一个劲儿地狂冲。

火枪十分仔细地捂着自己的光头，生怕自己被蜜蜂添上满头的包。慌忙之际，他突然被一块石头绊倒，手碰到地上，不经意间抓起一根草，愣住了，随即大喊：“等等，队长!”

独狼转过脸：“怎么了?”

火枪把那草举到他面前，正如之前描述的那个样子：“真没想到，这么金贵的东西，竟然就这么找到了!”

嗅着好闻的草药气息，火枪的兴奋之情溢于言表，独狼同样开心起来：“走，拿好东西，我们回营地！”

“跑啊！”也许是火枪的光脑袋格外显眼，高兴劲儿还没过，土蜂就一个劲儿地追着他。

好不容易才摆脱了土蜂的纠缠，两个人心里那个痛快啊。而且，对于如此好运地找到药草，他们都觉得十分庆幸。

独狼和火枪顺着原路往回走，刚到山麓之上就远远地看到营地燃起了大火。独狼心里一惊：“来得好快，赶紧回去，军刀一个人应付不来！”

两个人急匆匆带着取回的草药回到营地，却只看到遍地的尸体。冲天的烟火正烧得旺盛，很明显，营地的一切很快都会化为灰烬。

独狼攥紧拳头，牙齿咬得咯咯直响：“这帮王八蛋！”

火枪迫不及待地朝娜丽亚的营帐里跑去，发现军刀和娜丽亚都不见了。

翻遍营地里的尸体，都找不到他们两个，火枪赶紧汇报：“队长，娜丽亚和军刀都不见了，车也不在。”

独狼沉了一口气，努力地理清思绪：“火枪，试着联系博罗诺夫。”

火枪“嗯”了一声，回营帐去找设备，不一会儿又出来了：“队长，东西全没了！”

两人一时间陷入僵局，不知道该如何是好。

“要是没有这场大雨就好了，凭我们三个人的能力，对方不可能轻易得手！”独狼恨恨地说道。“对了，大雨！”好像悟到什么，他一下子从地上跳起来，“大雨啊！下过雨，来人一定会留下痕迹。这些痕迹根本无法消除，只要循着这些痕迹肯定能找到他们！”

于是，两人四处寻找一番，一道十分清晰的车轮印显现出来。独狼带着火枪顺着车轮印开始了急行军，尽力去追赶两人。

第十四章 龙潭虎穴

从山上回来，两人身上的泥还没来得及清理，被山风吹过之后迷彩服都变成了灰白色，丛林迷彩一下子变成了山地迷彩。夜幕中，两个人就像两道白影一样闪动着。

独狼并没有要求火枪洗去身上的泥，因为有了这层泥，就可以减少热量散发。如果敌方拥有热源探测设备，他们一定会减少被发现的几率。

只是不洗去这一身的泥，确实有些不舒服，所以一路上火枪没少抱怨。

两个人顺着车轮印追到一座矮山的时候，车轮印突然没有了。独狼立即掏出手枪："做好战斗准备!"

火枪擦了一把汗，和独狼背靠背向前行进着，两人的步子都很慢。这时独狼发现，周围是个小山谷，他和火枪在山谷谷底，四面被山包围着，唯一的出口就是刚才的来路。

"如果不出我所料，军刀他们应该就在附近。"独狼小声说道。

火枪的小腿因为奔跑而有些发麻，站在那里不由得跺了跺脚，竟然听到了特别的声音。声音明显与坚实的地面有所不同，但这种不同只有经验丰富的人才能分辨出来。

“队长，下面动静不对。”火枪赶忙叫独狼确认一下。

独狼试了试，下面似乎是空的：“难道这是敌人的秘密基地？倒是很有可能。建在这么一个地方，易守难攻。”

“火枪，你对地中海的地理了解多少？”独狼突然问道。

火枪摇摇头，无奈地说：“枪械我懂，地理我一窍不通。”

独狼摸着矮山的山体，捏了捏上面的山石分析道：“像这样的山，如果在中国绝对不足为奇。但地中海气候有一个很怪的现象，由于季风的原因，所有的山都是圆顶的。”

“那又怎么样？”火枪不解。

“这座山却是尖顶的，你不觉得奇怪吗？”独狼的话让火枪茅塞顿开。

抬头看时，火枪这才发现这座山虽然矮，但却尖尖地一直朝上，于是疑惑地问道：“队长，你是说这有可能是一个秘密基地？”

独狼蹲下来，捏起一撮小草放在鼻尖：“这草并不正常，看它们的生长与周边的植物格格不入，一定是移植过来的植被。仔细闻还有一股奇怪的味道，类似某种化学品。”

接着，独狼又起身走到矮山旁，仔细观察着：“火枪，摸摸山体，看能不能找到什么机关。”

火枪把脸贴到山体上，一点点敲着仔细倾听。独狼也一样，企图从声音里听出什么来。

十分钟后，两个人只能悻悻地蹲下，很失望的样子。

“那么大一个山丘，就算是空心的，那么厚的墙体也听不出什么来。”独狼长叹一口气，停下了动作。

“我们现在该怎么办？”火枪问，“军刀的安全，实在是让人担忧啊。”

独狼叹了口气：“听天由命吧，但愿军刀没事。”

这时，天空中突然有一个亮点闪过，瞬间便消失了。独狼立即站起来，拉着火枪寻找隐蔽点：“带好武器，跟我来！刚刚一个狙击手可能发现我们了！”

“怎么有那么多的狙击手！”火枪低声骂道。

两人急忙在掩体之后潜伏起来，透过夜视镜观察着四周的一切，并没有发现什么特别的动静。

过了很久也没有任何风吹草动，但刚刚的狙击手让两人不敢轻易动，情势一下子陷入死一般的沉寂。

长时间的缠斗已经让独狼精疲力竭，观察着四周，他觉得无论如何也打不起精神来。为了保持战斗力，他必须休息了。

于是独狼拍了拍身边的火枪，示意自己稍微休息一下，让他盯着。就这样二人轮换着监视四周的动向，以保证充足的战斗力。

夜接近尽头的时候，天微微亮了些，正在负责警戒的独狼隐隐听到有人在说话，但只是隐隐约约的，根本听不清在说什么。他顺手拍醒了身边的火枪，小声说："准备行动!"

说话声越来越近，却看不到人。独狼正在纳闷，突然一辆军用车开了出来。车上一共三个人，都是军人模样。

仔细看清楚了对方的脸，却并没有发现独狼他们要找的人。

独狼站起来，对火枪低声喝道："机会来了，准备!"

接着，两人弓腰前行，紧紧地跟在军车身后。因为是山路，车子开得很慢，又下过大雨，甚至还不如人走得快。不到几分钟，两人就赶到车子前面。随即，独狼手势一转，示意火枪分散攻击。

车子开了过来，独狼一声大喊，趁对方发愣之际干脆利落地冲上去，几枪就将车上的人给收拾了。车上的三人在独狼准确而急促的攻击下，根本没有任何反应机会。

随后，独狼爬上车子，将尸体拉下来，两个人迅速换了他们的衣服。

"嗨，这才舒服嘛，浑身泥巴，又闷又热的，我都快生蛆了!"火枪赞着自己的新衣服，拽了拽衣襟感觉非常合身。

"上来！现在我们要回去探个究竟。"独狼将车子掉头，就要回矮山。

火枪见独狼在这种环境下驾车并不流畅，于是喊道："老大，在这种条件下没玩过车吧！看我的!"说着就要独狼让开驾驶座。独狼知道他对开车很有一套，很痛快地让开了。

在车上，火枪一阵摸索，终于找到一个隐藏的按钮："嘿嘿，队长，你知道我十岁的时候一个做电脑系统的哥们怎么跟我说吗?"

“什么?”独狼知道他一定没什么好话，还是顺口问道。

“他说，这电脑就是一个棍插一个眼，插对了就OK，插错了就NO，哈哈。”火枪永远保持着快乐的状态。

“你这哥们儿够粗俗的。”独狼顺手摸了一把火枪的脑袋，“不过人以群分，看你就知道了。快打开吧，不要啰嗦!”

火枪不好意思地嘿嘿笑了，对于那句玩笑里的黄色内容也有些挂不住面子，于是轻轻地摁下按钮，矮山随即轰鸣着露出一个硕大的洞口。火枪很轻松就把车开了进去，却发现里面竟然是一个升降梯。

下车后，火枪很轻松就找到了电梯按钮，摁了向下的指示灯，电梯徐徐向下。对于下面到底有什么，独狼与火枪在好奇之余更是充满戒备。

于是，他们做好了一开门就被围攻的准备，并借助电梯选好了最佳的射击角度和躲避区域。

就在独狼与火枪拉上枪栓准备大开杀戒时，眼前突然出现的一幕触目惊心的场景让他们惊呆了。所谓的矮山，根本就是一个掩饰，这里竟然是一个地下火箭发射塔，而两人乘坐的升降梯刚好带着他们将这整个火箭看了个通透。

独狼和火枪都没有见过这么大的阵仗，毕竟他们只是特种兵，而不是高级的军工人员。面对如此庞大的工程，两人都觉得有些难以置信。

皋本到底有多大的实力?竟然连如此巨大的火箭都能搞来，独狼对这次任务的认识又提高了一层。

就在独狼和火枪惊魂未定之际，升降梯已经到了底。独狼赶紧对火枪说:“沉住气，不要说话，我们四下里找找军刀。”

他们围着基地绕了一圈，身边经过许多军官，一色的白大褂，让独狼不禁惊异于这里的正规。

一眼就看得出来，这里的工作进行得井井有条，完全是一副运行良好的军工实验室形象。

“这么多的研究人员！到底是什么东西，值得这样大张旗鼓?”火枪对于如此多的研究员，很是惊讶。

他还从来没有见过如此多的研究人员在自己眼前乱晃，这对于热爱一些小玩意儿的他来说，绝对是一个很大的诱惑。

“注意些，我们真来对地方了。随时戒备，准备战斗！”独狼对火枪低声说道。

与想象中不同的是，独狼并没有发现过多的警备部队，自己也一直没有被人发现有什么异常。

一个屋子又一个屋子地转着，独狼小心地看着门前的牌子判断它们都属于什么职能部门。火枪不懂洋文，在一旁干瞪眼。

独狼又转了一圈，说道：“此地不宜久留，我们还是出去。”

“为什么？刚刚不是说是好机会吗？”

“第一，这里只是一个研究中心，没有我们要寻找的东西；第二，这里没有能关押人的地方，军刀也不在这里；第三，我们应该立刻出去，跟总部联系！”独狼理智地分析着。

于是，两个人又悄悄乘升降梯回到地面，迅速离开了基地所在的区域。

确实，两人刚刚杀人夺车的行动，肯定很快就会被发现，一旦整个基地进入紧急状态，肯定就是只许进不许出。那样两个人就会非常危险，只能做无谓的牺牲。

“火枪，得想办法与总部取得联系，看车上有没有足够的通讯设备，用密码呼叫大熊猫！”想到这儿，独狼在夺来的车里一阵搜索，希望能够找到足够的器材。

火枪却一直没有动手，只是看着独狼在那里辛苦地寻找，一个劲儿地笑。

“你笑什么？赶紧找啊。”独狼吼道。

火枪抿嘴一笑，从怀里掏出一个手机大小的联络器：“幸好我早有准备，把音频系统带在了身上。”

“警觉性挺高，口头嘉奖一次！”独狼看到联络器，立刻就笑了。

火枪打开联络器向总部发出信号，联系上之后独狼将一切所见都告诉了大熊猫。大熊猫对这个基地非常关注，立即让独狼报出具体位置。

“那个基地的位置，在我现在的位置七点钟方向的两千五百米左右，标志物为地中海地区极为少见的一个尖尖的山丘。”独狼目测了一下之后，很准确地报出了目标位置。

“好，我们已经锁定了目标，卫星会在五分钟之后调整轨道进行二十四小时不间断监控。你们这次传来的消息非常关键，这一笔功劳我会为你们记下！”大熊猫的声音里夹杂着不小的兴奋，显然对于独狼特遣队的收获非常满意。

接下来，大熊猫指示独狼继续寻找军刀：“你们一定要找到军刀。另外还有两个任务需要同步执行：一是破坏掉对方的雷达设施，为可能的空中支援制造先决条件；二是迅速赶到芝麻小镇，然后搜集信息以便于行事。”

“是!”

第十五章 古老部落

就在独狼焦急地寻找军刀的同时，卓瑞亚却在悠闲地涂着指甲油。

涂好之后，她对着窗口处的光线仔细地查看还有没有没涂匀的地方，觉得满意之后才转过身来，问身旁的女护卫桑多："娜丽亚那边有消息了吗？"

桑多是卓瑞亚最信赖的护卫，是只忠于她的少数几个人之一。

"部族被铲平了，我们杀了他们近百人，可以说是战果辉煌。"说到这里，桑多迟疑了一下，脸上有一些惧怕，"只是……只是不见了娜丽亚。"

卓瑞亚轻瞄她一眼，十分不满地呵斥道："桑多，你什么时候办事也会失手了？是不是你手下留情，放走了娜丽亚啊？又或者你收了她的黑钱！"

桑多赶紧解释，生怕解释晚了挨罚："主人，不是，绝对不是。桑多对主人绝对是忠心耿耿的。当时部族被袭击的时候，一点反抗也没有。但唯独娜丽亚无缘无故地丢了，活不见人，死不见尸。我想我们中间一定有卧底！"

卓瑞亚把指甲刀放回盘子里，笑着走了过来：

"这里除了女人，还是女人。如果有背叛我的，我自然会用女人的方式来解决。任何人都不要在我面前撒谎！"

"是！主人的聪明无人能及。"桑多适时地拍着马屁。

卓瑞亚的表情却突然变得严肃，猛地咆哮一声，同时一巴掌甩到桑多脸上："还不快去把娜丽亚给我找回来！"

看着桑多远去，卓瑞亚这才叹了一口气。自己与娜丽亚的爱恨纠结，有谁能算得清呢？即使是自己，也一样算不清吧。

卓瑞亚和娜丽亚的关系要从十年前说起。她们俩的父亲是拜把兄弟，两个人亲如骨肉。卓瑞亚与娜丽亚也是从小一起长大的，情同姐妹。两个小姑娘整天在一起玩耍，无忧无虑地生活着，相互都认为对方是自己永远不可分离的好朋友，并相约一起长大。

可就在十年前的一次邻国战争中，皋本的出现让一切都乱了套。无休止的战争，恶魔一般夺去了她们亲人的生命。

两人的父亲都在抵抗运动中死于皋本之手，两个人的妈妈也在清洗中被残忍地杀害。从小玩到大的朋友，一起成为孤儿。

从此，两个人有了截然不同的命运，娜丽亚被老酋长带走，抚养长大成了部落的继承人。卓瑞亚则因重伤被抛弃在草地里，直到皋本发现她，出于某种特殊的感觉，竟然留了她的活口。

卓瑞亚为了活命，在皋本面前百依百顺，可认贼作父的感觉又怎么会好受。杀父之痛永远留在卓瑞亚的心里，她知道自己早晚有一天会报仇的。而现在所做的一切，也都是为了将来能够将仇恨报得彻彻底底的。

只是，这些行动娜丽亚知道了会理解吗？用活着亲人的鲜血去铺平为死去亲人复仇的路，别人又会怎么说呢？

如果娜丽亚知道杀人计划是自己亲手制定并组织实施的，她会怎么指责自己呢？

卓瑞亚想不清楚，也害怕想清楚。

不一会儿工夫，桑多又跑了回来："主人，刚才皋本将军打电话来说有要事相商，请你尽快赶回去！"

卓瑞亚正在生气，一听是皋本，更气了，举起手又一巴掌打在桑多脸上："不要叫他将军，在我眼里他就是一堆臭狗屎！"

桑多觉得非常委屈，短短时间里自己已两次无辜地被打。

卓瑞亚看看低头不语的桑多，知道自己的行为已经伤害了她，只好柔声说道："我知道了，桑多。我今天脾气不好，你多多原谅。"

桑多见卓瑞亚如此，连忙说道："没关系的，主人，都是桑多办事不力。"

桑多下去休息之后，卓瑞亚开始猜测皋本下一步的行动到底是什么。

对于复仇计划，她心里自有盘算，只是现在还不是收拾皋本的时候。她精心勾画着复仇计划的每一个细节，娜丽亚则是她复仇计划中必须牺牲的一位。

卓瑞亚十分清楚，对于生性多疑的皋本来讲，自己只有如此才能取得他的绝对信任！

接着，卓瑞亚开船来到B岛，木村先生立即挺着大肚子满脸笑意地迎了上来："哈哈，卓瑞亚小姐，真是想死我了。几日不见，您又漂亮了！将军正在等着您呢，可别让将军久等哦。"

卓瑞亚不理会木村的恭维，径直走了进去。在这个地方，她只给皋本一个人面子。

大厅里，皋本的声音在喇叭里响彻云霄："敬爱的勇士们，感谢大家！今天是我五十六岁的生日，所有的将士都是我出生入死的好兄弟。我皋本在这里敬在座的所有兄弟一杯！接下来我有一句话要问，这些年来，我们南征北战，为的是什么？我们流血、牺牲、不能组织家庭，又是为什么？"

众人被皋本这一番说辞鼓动得热血沸腾，个个高举着杯子喊道："将军万岁！"

见众人的反应如此之好，皋本不禁满意地点了点头。

他沉吟良久，又用一种蛊惑人心的语气喊道："我们的目标是什么？是为了统治这个世界，为了建立新的伟大的格局！今天大家能够聚在一起，我个人的生日不重要，重要的是我的军人，我的子民们能够开心畅饮。正所谓一将功成万骨枯，我皋本生来就不是怕死的人，但我还是希望用他人的枯骨来成就你的，我的，我们的功业！现如今，我们能做到这个地步，确实不易，但是还必须继续巩固我们的实力。军人们，知道他们在外面说我们什么吗？说我们是乌合之众，说我们烧杀抢掠！这公平吗？"

"不公平！"众人齐声吼道。

至于他们索要的公平，又给外面的世界带来多少不公平，他们却没有一个人在意。

“对！这不公平，我们所做的一切都是为了新的秩序，我们是伟大的创造者，世界将是我们的，世界也必将是我们的！”

听了这番话，众人更加狂热地举枪附和着、高喊着，“将军万岁”的声音响彻山谷。

“今晚为了庆祝亲人一般的相聚，大家可以随意饮酒！一定要畅快地玩好，我的勇士们！”皋本说完，众人的欢呼声更是炽热万分。

动员完毕，皋本找到了卓瑞亚。

“卓瑞亚，我们说些正事。”他的表情立即严肃下来，“你为什么对野狗那么没好脸色，他可是你收留的？”

皋本突然跟自己说起野狗那家伙，还以为是什么重大事情的卓瑞亚一时也摸不着头脑。

“你说那个毁了容的家伙？你也太高看他了吧！”卓瑞亚说起野狗，满脸的不屑。野狗这个人朝三暮四的做法，让她觉得十分不满。

“野狗对我绝对的忠诚，这是我喜欢他的地方。再者说了，在这里如果他说自己身手第二，绝没有人敢说第一。”

对于野狗的忠诚，卓瑞亚很明显地撇了撇嘴。当初，卓瑞亚将他收留在手下还不到一个月，他就转投了皋本。这样的人，能够谈得上什么忠诚才怪呢。

不过说到野狗的功夫，皋本此话不假。这些年来，野狗虽然长相丑陋，却异常机敏，凡是与他交手的人都是三招之内必死。

“好了，不说废话了。这一次，我想走一招险棋，让野狗去杀这三个人。”皋本用一种商量的口气跟卓瑞亚说。

卓瑞亚似乎有心事，一个人倒了杯伏特加，浅浅地抿了一口后说道：“随你吧，这事不用跟我商量。不过，我有一件事情要说。”

皋本点头示意卓瑞亚说下去：“你说，什么事。”

“CRII到手后，各国的注意力都将放在这个小岛上。尤其是欧美国家，作为既得利益者的他们不会允许这样的事情发生，很有可能借着巡逻的机会来剿灭你，这一点你想怎么应对？”卓瑞亚的分析不无道理。对于CRII这种武器，那些国家绝对不会允许出现在地中海这种极度敏感的地方。

地中海这个地方，可是很多欧美国家的石油生命线。如果皋本完全控制了CRII，就等于控制了欧美国家的经济命脉。所以，卓瑞亚的担心确实是十分有必要的。

“这一点我早已经考虑过了。你不在的时候，一个军火商卖给我三十枚飞毛腿，作为自保还是足够的。从地域上来说，我们这个岛国海岸线以暗礁为主，大型船只进不来。如果敌方准备登陆作战，无异于跳入我们的包围圈。所以总的来说，B岛是不可摧毁的堡垒。再或者说，即使他们要进攻，我还有更厉害的东西。”皋本故意装出一副神秘的样子，让卓瑞亚一时间猜不透到底是什么东西让他如此自信。

“怎么？还有我不知道的吗？”于是，她试探着询问。

皋本走到吧台，也为自己倒了一杯酒，对卓瑞亚举杯示意：“以后会告诉你的，现在不是时候。”说着将一大杯酒一饮而尽：“我们现在需要做的就是搞定这支所谓的独狼特遣队！海豹突击队来了那么多人，还不是一样被打退，就三个人而已，还不是易如反掌？”

“砰砰砰！”就在这时，敲门声响起。

皋本“嗯”了一声，进来的正是野狗，那张疤瘌脸让卓瑞亚看在眼里很不舒服，就像吃了死苍蝇一般恶心。

但就是这张古怪的脸，竟然是皋本最喜欢的，却让卓瑞亚的脸立刻变得冷若冰霜。

“将军！”野狗坐了下来，眼神却落在卓瑞亚身上，“小姐好！”

卓瑞亚摇着手中的杯子，并不理会他，眼睛看着别处。野狗对于卓瑞亚的这种态度，早已习以为常。自打他成了皋本的人，卓瑞亚就没给过他一次好脸色。

“野狗，你应该是中国人不错吧？”皋本问道。

“是。”野狗很坦诚地答道。

“那你知道独狼特遣队吗？”皋本装作不经意地问道。

“不知道。”野狗的眼神在刀疤下掩藏着，看不清楚。这在皋本的眼里，却是十分从容、没有隐瞒的表现。

“就是上次袭击我的那帮人！”皋本说道，“其中就有独狼。这个独狼，可是一个难对付的人啊。我们有好几次明里暗里的行动，都是被这个人破坏掉的！”

说到气愤处，皋本攥起拳头狠狠地捶了一下桌子。

“不可能，其中有一个不是中国人。”野狗语出惊人，“如果有外国人出现，那应该不是中国军人的作风。”

皋本有些惊讶，对于出现了自己不能控制的情况感觉十分意外：“还有什么人？”

“不知道。”野狗从来不对不确定的事情下结论，“唯一可以肯定的是，不是黄种人，可以排除是中国人的可能。”

“我确定那个黄种人是独狼，你见到的那个人这里面也没有他的资料，一定是别国的军人无疑。帮我搞定他们。”皋本指了指桌上的文件，“这是独狼特遣队的资料。”

野狗站起来，拿起资料翻阅着。看到独狼照片时，他心头一颤，随即又掩饰过去：“嗯，知道了。”

看完后，野狗把东西放了回去：“将军，如果没有什么事，我先下去了。”

就在野狗准备去对付独狼特遣队之际，军刀却到了一个神秘的地方。

“这是什么地方?”娜丽亚睁开眼的第一句话就是问军刀自己在哪里，却发现军刀并不在身边。

她不知道自己究竟昏迷了多久。转念她想起了军刀，连忙四下去找，却被一双大手轻轻地摁回床上。那是一双粗糙的大手，它的主人装扮奇怪，但娜丽亚却一眼就认出了：“迦太基人?”

老者松树皮般的笑容绽放在娜丽亚面前：“孩子，欢迎回家!”

看着这个笑容，娜丽亚一下子痛哭失声。

“不哭，孩子。天神教导我们，应该坚强地面对一切苦难!”

听到这句话，娜丽亚缓缓地收起眼泪，重重地点了点头。

她不知自己是怎么到了这里，只得回想之前到底发生了什么？无奈头有点痛，搅得她的记忆一团糟。

“孩子，你受苦了。”老人叹了一口气，用一个奇怪的手势点了点娜丽亚的额头。

娜丽亚立刻觉得自己的脑子清醒了很多，并能隐约想起刚刚发生的那些事情。

回想起跟着军刀逃亡的时候，她不知不觉中竟然晕倒了，之后就感觉一只大手将她托起背在背上，凭着熟悉的感觉她知道那一定是军刀。之后的事情，她就一点儿也不知道了。

现在醒来，虽然不见军刀，但见到老者也让她十分开心。

“我是这里的酋长。”老者脸上的红黑蓝箭条标识着他的身份，“姑娘好好养伤，对于哀伤还是先放一放的好。如果过度哀伤，伤害了天神赐给的身体，那是不可饶恕的罪孽。”

“谢谢酋长大人，多年的等待，我早已经学会了忍耐。只是我的那位中国朋友呢?”娜丽亚不见军刀在身边，开口问道。

“天神会惩罚一切作恶者的，孩子。敌人有枪炮，我们有天神的怒雷。所有的一切都会过去的，天神的荣光将会撒满整个岛屿。”

“谢谢酋长大人的教诲，娜丽亚铭记在心。只是我的那位朋友……”娜丽亚见酋长不说正题，又开口提示道。

“你的那位朋友很强，警惕性也很高。如果我们不是证明能够救你，他甚至不会让我们接近你。作为朋友，他还是合格的。但他是什么人呢?”酋长对军刀十分好奇。

“我也不清楚，但一定不是坏人。他一直在帮助我们部落，针对我的暗杀，也是他和他的朋友们帮忙我才能活下来!”娜丽亚急忙为军刀辩解。

“放心，孩子。这里是供奉天神的地方，我们不会让杀戮这种原罪去亵渎神灵的! 你的朋友很好，一会儿你就能见到他。”酋长说道。

娜丽亚点了点头，转而哀求道：“酋长，我们的部落被洗劫一空，什么都没有了。求你帮我。”

听了这话，酋长站了起来，明显十分不悦：“要我怎么帮你，孩子? 这是不可能的。天神的仆人，就该好好地侍奉天神。俗世纷争，我早已看淡，更不会参与进去。伤好之后你必须立刻离开，这个神庙里容不下整天想着杀戮的凡人。”

娜丽亚却“扑通”一声跪倒在地：“酋长，求你了! 娜丽亚现在什么都没有，只有满腔的仇恨。娜丽亚今后只为复仇活着了，还请酋长大人能帮我。”

“我不能!”老者坚持着摇头，“我不能破了天神制定的规矩。”

“那我们的族人被杀死了，没有任何人过问，是不是也破了规矩？我们的姐妹被人侮辱，没有一个男人出来保护，是不是也破了规矩？十年了，十年了！我们已经在血与火之间苦苦挣扎十年了！如果敌人欺负到神庙的头上，你们也一样会忍辱吞声吗？如果敌人要赶走你们这些酋长，砸碎天神的圣像你们还能无动于衷吗？”娜丽亚的问题让酋长一时语塞，无法应对。

“好，你们不管，我自然会找人来帮我的！外面那个人，虽然我们才认识不久，但我相信他比你们所有人加起来都更有正义感。他还有两个兄弟，一样是好汉，不会让自己的亲人受到侮辱，也不会让强暴的势力在一个岛上横行十年！”娜丽亚一时之间难以控制自己的情绪，“虽然他们只有三个人，但他们不怕一切困难。而我们有千千万万个同胞，却已经被麻木地统治了十年！”

娜丽亚的话震惊了酋长，他大发雷霆：“荒唐！天神怎么能容忍你这么没有责任地将外族引入！不要用这种假话来打发我，我不会允许这种不明来历的人参与进来的！如果你要借助他们的力量复仇，我会代表天神严厉地惩罚你！”酋长严厉的眼神坚定而不容置疑：“姑娘，做人不是这样的。大家都想着报仇，但绝对不是现在，也绝对不是依靠外人！如果依靠外族，那现在岛上的外族又是怎么来的？他们都是豺狼，没有一个人值得信赖。带着枪的是豺狼，不带枪的也是豺狼。他们的目的都是让我们世世代代地为他们服务，成为他们的奴仆！”

娜丽亚却站了起来：“做人也不是像你这样的！口口声声为了本族，可外面的人在流血牺牲，你们呢？你们自己在做什么！你们除了喊一些空洞的口号，念几句经文之外什么都不会干。外面，就在外面几里远的地方，天神的子民被屠杀，你们这些天神的使者究竟在做什么？”

她的话让酋长一愣，他瞬间就将眼神挪走了，因为娜丽亚现在的眼神让他不敢逼视。他怕看多了这种愤怒的眼神，自己也会变得愤怒。从娜丽亚的眼神里，他甚至能看到淋漓的鲜血和愤怒的哭喊。

“可他是外族人！这么多年了，有哪一个外族人是真心帮助我们的？还不是一样怀着不可告人的目的？”酋长争辩道，抓住军刀的外族身份不放。

“可他不一样，他是中国人，他是我的丈夫！”娜丽亚对着酋长吼道。

听到娜丽亚的喊声，军刀赶紧从外面跑进来。

酋长看看军刀，又看看娜丽亚，摇摇头径直地走了出去。

夜间，娜丽亚抱着膝头坐在军刀身旁，对于自己的命运毫无打算。

本来自己还有一群族人，足可以当作复仇的资本，转眼之间已是独身一人。娜丽亚不知道自己该何去何从，只能黯然伤神。

军刀坐在一旁，也不知该如何安慰她，只好一起沉默着。

这时酋长走进来，手里端着两杯咖啡："喝点吧，你们一定累了。"

军刀接过来尝了一口，皱了下眉毛说道："有茶吗？咖啡我喝不惯。"

"对不起，年轻人。茶在这里是一种奢侈品，作为敬奉雷神的地方这里并没有准备茶叶。"酋长对于自己准备的咖啡不合军刀的口味，有一些抱歉。

"有糖吗?"军刀不好意思地开口问道。

"对不起，年轻人。糖这种调味剂是用来侍奉天神的，我不好动用。"

又转过去看娜丽亚，酋长的眼神有些晃动："对不起，姑娘。"

娜丽亚放下咖啡："我的部族没有了，又不能报仇，活着还有什么意思。"说到这里，眼泪就禁不住流了下来。

"姑娘，唉！但愿雷神能饶恕我的过错。"酋长又转向军刀，"把手伸给我!"语气里带着一种不容置疑的威严。

随着，酋长仔细地察看着那些脉络，神色上突然显现出巨大的喜悦。那种神情，在军刀看来就像是发现了一罐金子。

一个老头子抓着自己的手，然后作出一种欣喜若狂的表情，这让军刀觉得很荒唐。

他抽动着嘴唇，似乎十分不自在，几次都想抽回手掌都被娜丽亚用眼神阻止了。

看完之后，酋长满意地走了，军刀十分疑惑，可问娜丽亚也没有得到想要的答案。

酋长一直没有回来，两人相拥着睡了一夜，虽然没有篝火也很温暖。

第二天清早，娜丽亚醒来时发现军刀竟然不在自己身旁，赶忙起身去寻找。

"军刀，你去哪里了？你在哪里!"她急切地喊道。

找不到军刀，她心里突然觉得非常不安，一个劲儿地连连高喊，却没有得到什么回应。

娜丽亚急了，想要跑出去四处寻找。在这个神庙里，她害怕军刀不懂规矩而触犯了什么，那可就麻烦了。

虽然她知道军刀是个很有分寸的人，可自己部族的很多规矩其实并不通人情，如果军刀无意间触犯了什么忌讳，那也是十分正常的。

就在这时，军刀裸着上身走了进来，手里端着水盆，里面的水还在冒着热气："喊那么大声做什么？我又没死。"

脱去衣服露出结实刚劲肌肉的军刀似乎没了往日的冷酷，有的只是可以让女人依靠的胸膛。

而且，这个可以托付终身的男人，居然给娜丽亚端来了热水。

一时间，小女人的幸福感充满了娜丽亚的内心，她咬着嘴唇想笑，可眼睛里却有了泪水："你讨厌啊，让我担心死了！"

说着，娜丽亚不顾军刀手里的脸盆就要上去抱他，但是没抱成。

军刀一个躲闪让了过去，说道："别闹，快坐下来洗洗脸。"

娜丽亚乖乖地坐在床边，将毛巾递给军刀："给我洗，好吗？"同时把脸凑到军刀面前。军刀面容依然冷峻，只是这时的冷峻在娜丽亚眼里却有了一丝柔情。

两个人并不知道酋长正在透过缝隙看着营帐里的一切，他们的一番亲昵举动全被他看在了眼里。没有反对，也没有指责，酋长这次是满心喜悦。

整个白天，娜丽亚与军刀都没有见到酋长的身影。军刀很奇怪地问娜丽亚，得到的回答却是也不知道。

娜丽亚确实不知道这个神秘的酋长到底要干什么。

入夜，酋长把军刀和娜丽亚叫到了山顶。

不待娜丽亚说话，酋长就对着军刀说道："年轻人，你的到来让我感到万分恐惧，因为你让我看到了硝烟和战火。"

"谁都不愿意这个世界上有硝烟，但为了消灭有野心的恐怖制造者，我们别无选择。"军刀冷静地看着酋长。

酋长点点头："自从你和你的朋友来到这片土地，灾难就接踵而来。但我不会埋怨你，因为我知道这一切迟早要来的。"

"你们做的，就只有等待吗？"军刀说这句话时，明显含着对酋长的一种指责。

但是酋长显然没有生气："我们迦太基人是信奉统一的，天地之间，有水就有火，有太阳就会有月亮，潮汐的到来会预示着物产的丰富。地中海的诸神各司其职，波塞冬掌管海域，而雷神斯塔基守护天空，这一切的定律都不能打破。我们不是无所作为，只是等待守护者的到来。"

"守护者的传说，难道是真的吗?"娜丽亚很奇怪地问道。

"当然是真的!"酋长的神色里有一种东西叫做坚定不移，然后他转向军刀说道，"你身上有守护者的印记，是和平的使者。"

"我？这可能吗?"军刀对这一切都感到那么的不可思议。

"我可以对着天神起誓，就是你。很多人都背负着使命，但通常不会自觉，你也一样。我在这里代表我的部族向你祷告，拯救这一片苍生的重任在你和你朋友的肩上，准备好战斗，也许黎明前的黑暗会像美杜莎（希腊神话中满头发髻蛇头的妖女）一般缠绕着你，但只要你坚信，成功就一定属于你!"

酋长在身上做了个奇怪的手势后将手放在军刀眉间："给你力量，大自然的捍卫者，你也将是矩阵的守护者!"说着望向远山，将手中的权杖高举。

这一通明显是耍神棍的把戏，把军刀搞得直发愣。但娜丽亚看在眼里却非常开心，认为复仇大有希望了。

发生了这么奇怪的事情，军刀并不当回事。倒是娜丽亚高兴得一夜未睡，兴高采烈的。

清晨，军刀与娜丽亚就告别了酋长，再一次踏上了征程。

第十六章 诡异蜡像

军刀带着娜丽亚回到了小镇，他们要迅速找到独狼，准备下一步的行动。

这个小镇是那么的小，却又是那么的危险。想起这小小的镇子上竟然有那么多势力在角逐，军刀的内心就一阵感慨。

“放心吧，凭我在小镇的威望，不会有人动你的。”娜丽亚说这话时就像是要保护军刀一样。

军刀哼了一声，对娜丽亚的话并不相信，更重要的是他对自己的身手十分自信：“真要是动，也要能动得了啊！该放心的是你。”

娜丽亚看着军刀高挑的身材，再想想前天见到的结实肌肉，心中有了一种莫名的安全感，手也不自觉地缠上军刀的手臂。军刀没有刻意地保持距离，这让娜丽亚又是一阵甜蜜。

两个人踏上小镇的街道，自然得就像一对情侣回到生活的地方。所有人都向娜丽亚招手示意，娜丽亚也开心地招着手回应着。

见娜丽亚如此受欢迎，军刀免不了一阵打趣：“你怎么跟个公主一样?”

“哼，我本来就是公主!”娜丽亚说着竟然跳起来，俏皮地一笑，“来追我啊!”

军刀摇摇头，只是一笑，跟了上去。娜丽亚最近的小女人之态越来越严重了。

经过一家饭店时，军刀突然停了下来，这让娜丽亚觉得非常奇怪。

“你饿了吗?”娜丽亚问他，“饿了咱们一起去吃饭吧。我知道另外一家馆子的中餐真的很地道，你一定非常喜欢。”

“不。不过我预感火枪肯定在!他们一定在附近，快问问老板。”军刀的神情非常急切，娜丽亚立刻相信了。

她随即叫来老板，两个人比划了半天，娜丽亚转头对军刀说：“他说刚才有两个皋本的士兵在这吃饭，会是我们要找的人吗?”

“皋本的士兵?那我就不太清楚了。不过，我知道队长一定来过这里。”军刀自言自语道，“队长，我会找到你们的!娜丽亚，我们走!”

于是，两人顺着店家老板指的方向追了过去，心中只希望独狼与火枪还没有走远。

独狼和火枪两个人吃得很饱，那家馆子的菜虽然不是中餐，但也别有风味。

只是有一点很奇怪，走在大街上有很多诡异的眼睛看着他们，那眼神里隐藏的东西让两人觉得一阵阵发毛。

独狼与火枪所到之处都关了门，这种情况就像病毒一般，很快便传染了整个街道。

十几分钟后，街道上就再也没有一个人，连做小生意的也全跑光了。

“队长，不大对劲。”火枪很疑惑地摸着自己的光脑袋，“好像这里的人都很惧怕咱们啊。”

火枪的话没有错，这里的人见到两个人过来都唯恐躲避不及。那种明显的惧怕与隐藏在心底的愤怒，让火枪觉得莫名其妙的。

“难道这里的人都不喜欢光头?”火枪有点讪讪的。

门窗虽然都关上了，却有几个小伙子从窗缝探出头来，手中似乎还拿着什么东西。独狼意识到了这一点，赶紧喊道：“我们惨了，一定激起民愤了!快跑!”

“不就是光头嘛，用得着那么狠?”火枪非常不满。

刚说完，街道上就下起了奇怪的雨，萝卜、鸡蛋、烂白菜“哗哗”地砸下来。独狼和火枪原本干净的军装顿时成了颜料铺，什么颜色都有。

“我想是身上这张皮惹的祸，看来皋本在这里还真的是很不得人心啊!”独狼迅速找出了真正的原因。

“唉呀！这打挨得冤枉啊!”火枪一边躲闪着，一边喊道。

这种误会真是让人无奈，可独狼又不肯惊扰市民，两人只能抱着头嗷嗷叫着往前跑。终于跑过一条街，独狼从脸上刮下大把的蛋清看着火枪，无奈地说道：“我觉得你现在肯定比我帅!”

仔细看看火枪，却挨了更多的鸡蛋与西红柿。

火枪倒伸出舌头舔了舔脸上的蛋清，做了一个鬼脸：“别浪费了！算是饭后点心?”

军刀和娜丽亚顺着人们喧闹的声音赶了过来，见到火枪这个样子，娜丽亚忍不住哈哈大笑起来。

军刀也忍俊不禁，走到独狼身旁：“光头，饥不择食啊，什么都吃!”

独狼看到来人竟是军刀，一下子高兴起来：“好小子，终于找到你了!”

两个人随即拥抱在一起，也不管身上那些污物。见状，火枪嘿嘿一笑，看着娜丽亚，竟然也张开了双臂：“我们?”

娜丽亚伸出一根手指，在他脑门上狠狠地弹了一下：“想得美！你个死光头!”

晚上，一行四人找了间旅馆住下。

终于又聚在一起了，接下来的任务将是最重要的。

独狼、军刀和火枪坐在一起，商量着下一步的作战计划。

“敌军的雷达站是我们这次的任务，现在搞到雷达坐标是最重要的。”独狼说道。

“搞雷达做什么？我们身上没有能被雷达锁定的东西吧?”火枪开口问道。

“这个雷达任务，一定是为可能的空中打击清除后顾之忧。这个岛上，军舰别想靠岸，而小船又没有意义，唯一可行的就是进行空中打击。雷达的存在对轰炸是一种潜在的威胁。”军刀在一边解释道，他的一番话语得到了独狼的点头肯定。火枪也立刻懂了，只是对于如何找到雷达，最熟悉各种技术的他也没有什么办法。

“我好像有点线索，但不是很确定。”娜丽亚插话道。从他们这几句话里，她很快猜出了个大概，十分踊跃地参与进来。

“说来听听吧。”独狼示意她继续说下去。

“所谓搞雷达的，是不是士兵都会装备很多高精端的通讯器材？或者说很特别的车？”

娜丽亚的问题说到了独狼心坎里，他顿时眼前一亮：“哦？你在哪里见过？”

“常去酒吧的人里有两个小伙子很能喝酒，但是从来不多喝。有一次，我一出门就看到他们开了一辆很奇怪的车子。问他们，他们也不说。”

娜丽亚的话让独狼一阵惊喜：“他们一般什么时候来？”

“不知道，他们其实来得很少，只是因为穿军装，所以才在这里显得很特别。”娜丽亚挠着头说。

穿这样的军装确实是特别了些，不然独狼和火枪也不会在街上被人当靶子一样乱打一气。

“队长，还记得上次我们见面的时候吗？就是在刘朝阳旅馆的后面，我们确实看到两个军人。会不会是他们？”军刀提醒道。

独狼点了点头，沉默了一会儿：“我们去刘朝阳的旅馆。”

很快，四人就来到刘朝阳的旅馆，可吧台的人却说他一早就出去了。独狼觉得蹊跷，这镇上并不繁华，居民多以夜生活为主，刘朝阳这样一个开店的老板，大清早就起来确实没什么道理。

大清早的又有几个人开房呢？独狼等人实在想不出有什么理由能让这个刘朝阳起这么一个大早。

想来想去，只有一个解释——他有秘密行动。

“店主开的什么车？”独狼问店员。

店员捻着手上的蜡油，似乎没有听清：“什么？”

火枪在一旁嚷嚷着：“问你刘朝阳到底开的什么车！”对于店员的装聋作哑，他十分不满。

对于这种事情，独狼明显更有经验，扔出几张票子又问了一遍，店员立即远远地指了指对面餐厅门口的一辆皮卡："就是那样的!"

独狼点点头，带着三个人离开了旅馆。

"娜丽亚，你们这里没有通电的地方，通常是用什么来照明的?"独狼突然问道。

"为什么问这个?"娜丽亚有些不解，但还是回答了："通常情况下，就像我们的营地，是用炭火或者木块取火照明的。"

"附近有做艺术品的地方吗?"

独狼的问题越发让娜丽亚觉得疑惑："这里怎么会有什么艺术品。自打皋本来了之后，岛上除了毒品和军火，再没有别的东西了。"

"那么有做蜡烛的地方吗?"

娜丽亚摇了摇头："蜡烛？没有啊，这里十年来都没有卖蜡烛的啊。"

独狼一听这话，顿时觉得非常奇怪："没有蜡烛，怎么会有那么多的蜡油？那个店员怎么一手的蜡油，这点如何解释呢?"

娜丽亚脑子里突然灵光一现，连忙说道："我想起来了，蜡像！在我们这里，凡是死去的部族首领都会被后人做成蜡像放在馆里供着，那里有很多蜡。"

火枪却不以为然，打着哈欠说："队长说的是蜡烛，你怎么扯到蜡像上去了?"

"这么小的镇子，有一家如此规模的蜡像馆非常不寻常。要知道，蜡像的保存成本非常高。这里根本没有能够负担得起的人群，除非是……"军刀瞪了火枪一眼分析道。

"除非是皋本!"娜丽亚抢过话头。

独狼重重地点了点头："我们去蜡像馆!"

小镇的尽头便是蜡像馆，这座宽大的两层房子看上去竟是那么的大。独狼他们在对面一个居民房后隐蔽了起来，在暗处盯着蜡像馆。

小镇的天气越来越热，不到一个小时，几个人身上就浸出了汗水，可没人说话，都在认真地观察周围的一切。这时，一辆冷冻车开了过来，车上的两个黑人跳下来，打开冷冻仓放下几个蜡像，一个个抬到蜡像馆里。

虽然只是稍微瞅了几眼，但那栩栩如生的形象还是让独狼一行人赞叹不已。

“奇怪？哪里来的蜡像？”娜丽亚突然犯起了嘀咕。

“这不明显是别人送来的嘛。”火枪嘴角的牙签动着。

“不对，蜡像馆是从来不让外人进的。更别说别人做了蜡像拉到这里，这肯定不可能。因为别处根本找不到那么多蜡油，也没有制作整座蜡像的条件。”一座蜡像的诞生需要的程序无比复杂，没人相信在蜡像馆之外还有人能够做出栩栩如生的蜡像来。

娜丽亚觉察出了蜡像馆的诡异。

“火枪，看看里面的情况！”独狼命令。

火枪立即端出红外探测仪，朝屋内探去。

“奇怪。”他看了一眼红外探测仪的红外图像，又看了一眼独狼，“队长，屋里的信号非常弱，虽然有但能感受到的并不像是人体温度。”

“废话，这是蜡像馆，真要是跟外面一样热，还能放蜡像吗？”娜丽亚的话很有道理。

蜡像的保存需要常年 10—20 摄氏度的环境，在这个炎热的时候，屋子里的温度远远低于外面是十分正常的。

“这么一间房子，他用什么来降温呢？”独狼看着娜丽亚。

“小镇外有一个冰泉，常年都有很冷的水。蜡像馆都是靠它降温的。”娜丽亚回答。

“冰泉，里面是不是全是冰啊？这个小镇乌七八糟的样子，怎么看都不像那么有灵气的地方！”火枪对娜丽亚打趣道。

“死光头！这个镇原本不是这个样子的，也没有这家阴森森的蜡像馆。只是皋本十年前来到这里，这个镇甚至这个小岛都变得混乱不堪了。”娜丽亚一提起这些事情，就止不住地伤心。

“哦，原来是这样！”一旁的军刀点点头，“那看来这家蜡像馆背后的问题绝对不小！”

对于军刀的这个推测，大家都没有任何异议。皋本那种极度贪婪的人，连贩卖药物那种蝇头小利都看在眼里，更不会花那么大的价钱去维护一个蜡像馆了。

“军刀你带娜丽亚去冰泉看看，我和火枪去蜡像馆。”独狼看了看表，立即安排了当下的活动内容，“下午六点我们在餐馆门口见。”

就在这时，一个黄皮肤的亚裔人走了过来，左顾右盼之后在独狼他们眼前鬼鬼祟祟地走进了蜡像馆。

看准了这个机会，几个人相视一望。

独狼大手一挥："行动!"

火枪狠狠地吐掉牙签，端着枪就往前走。光光的脑袋立刻挨了独狼一下狠的，打得他一个趔趄。

随即，独狼很细心地将牙签捡起来，看着他："改掉这毛病，你会暴露目标的!"

不再多言，军刀带着娜丽亚奔向冰泉，独狼和火枪则一前一后地向蜡像馆靠近。

独狼靠到了屋后的窗口，想往里看却发现这窗户竟然是暗色的，里面什么都看不到。

"火枪，用窥镜。"独狼命令。

火枪赶紧从兜里掏出一个大方块，上面挂着一个细长的管子，而后又拿出一个小巧的手钻，一点点地在墙上打起眼来。没几分钟，一个不容易被人觉察的窟窿凿出来了。火枪把窥管塞进去，慢慢地调整角度观察着里面的一切。

"怎么样?"独狼问。

"那两个黑人在给蜡像身上涂某种黏黏的东西。"

"刚才进去的亚裔人呢?"独狼又问。

"不知道，看不到。"火枪答道。

听了这话，独狼把手中的枪往身后一别，低声对火枪说："你在这儿看着，我进去!"

火枪一把拉住独狼的手，郑重地说："队长，小心!"

"你也是。"独狼点点头。

独狼随即走到门前敲开了蜡像馆的门，用当地语言跟里面的人说着话。就在开门之际，独狼看到屋内一个蜡像人物的脸，竟然如此熟悉！没错，那就是博罗诺夫上校的蜡像。可细看之下又觉得不对，那一定不是蜡像，就连他身上佩戴的东西都跟几天前一模一样。

因为有一个细节他绝对忘不了，博罗诺夫一个扣子的线松了。而这个蜡像上也有一个扣子在左右晃动着。

独狼这才明白这些所谓的蜡像就是尸体。可为什么要做成这样的呢？这样做又有什么必要呢？

“你要做蜡像吗?”黑人见独狼只是一个劲儿看刚刚抬进来的几个雕像，开口问道。

独狼连忙点头称是：“是啊，是啊，前两天家父去世，天神总该留他的灵魂给我吧，所以我想至少将父亲送到这里才好。”独狼胡乱说着一些似是而非的话，打消了对方的疑虑。

黑人做了一个奇怪的宗教手势，貌似很虔诚地说道：“愿天神保佑你和你的家人。”随即又变了一副商人的嘴脸说道，“我们这里有很多价位，你可以随便挑选。”

“我可以四处看看吗?”独狼问道。

黑人摇了摇头，十分坚决地说道：“不行。”

被如此痛快地拒绝，也在独狼的意料之中。对于如何知道自己想要的信息，独狼自然有自己的办法。

于是，他伸头看向黑人身后，故作惊讶地说道：“喂，你把蜡像弄倒了!”

趁黑人转脸之际，独狼一掌打在对方脖颈上将其打晕，然后一个腾身跃起，跳到另一个黑人面前将他摁在桌上。

随后，独狼麻利地掏出枪，按上消声器，朝对方脑袋旁边的桌子放了一枪：“说，把你知道的全告诉我!”

“你是哪里的？为什么要查这里？我们并没有任何冲突。”黑人着急地辩解着。

闻着一阵阵的臭气，独狼直耸鼻子。黑人在那一枪之下，已经是大小便失禁。

“就这种胆量，也敢出来混？无冤无仇，这是不假。不过我想知道，”独狼的枪口狠狠地顶住了对方的脑袋，“刘朝阳在哪里?”

黑人的脸被独狼死死地踩在桌子上，动弹不得，只得摇了摇手：“不知道。”

见状，独狼把枪口摁在他右手的手掌上，一枪将那只黑手打了一个透穿。

一枪之后，黑人发出了惊天动地的惨叫声，痛得直想翻身，可独狼的脚仿佛有千斤重，一点儿也动弹不了，只能使劲地晃着肥胖的身体做着徒劳的挣扎。

楼上突然传来叫嚷声，独狼闻声跳下桌子，赶紧离去，同时很隐蔽地在地上放上了一个监听器。

其实独狼并没有跑远，而是躲回屋后跟火枪汇合，并掏出监听器准备接收信息。

刚刚那一枪，为的就是让里面真正的人物出来，以方便进一步探查信息。

果然不出所料，下楼的就是刘朝阳，还有一个J国装束的人。看着两个守卫都被人打倒，刘朝阳气得不知该如何是好，在屋里不断地绕着圈。另一个人则双手平端、一言不发。

这神不知鬼不觉的袭击，让刘朝阳在觉得不寒而栗的同时勃然大怒："这到底是怎么了。行动进行到现在，为什么就没有一件顺手的呢？小野，你叫来的芳子到底行不行？总是打乱我的计划，这不是帝国军人应有的样子！"

"你把芳子玩了无数遍，现在倒说她的不是。少校，要不是看在你上面的面子上，帝国早对你不客气了！"那个被叫做小野的人教训着他，"CRII控制器的问题，一直都是我们在追踪，为什么你和你的助手一直不下手？我在这边的任务是不允许我跟你接头的，为什么你非要我在这里现身？"那个J国人也十分愤怒，开始指责起刘朝阳来。

听了这话，刘朝阳摘掉脸上的眼镜，一下子摔在桌上："你以为我想啊，现在到了这个地步，我只能等芳子把控制器交到我手上，除此之外再没有对策。我请你来，是想请你帮忙，给芳子做好掩护。但你看到了，我现在连自己都不安全了！"

"中村君，你是帝国的军人，不能怕死！任何任务都是有危险的，帝国培养我们并送来这里，不是为了一己私欲而是为了帝国的荣耀！为了它，我们应该付出所有的一切，甚至包括生命！"小野呵斥着。

"去你妈的帝国吧！我现在是皋本的人，别想着从我这里占便宜。说好了拿CRII控制器做诱饵，可你们竟然弄丢了！是不是你们这帮混蛋想自己独吞？芳子那婊子干的事情，是不是你们授意的？"

刘朝阳对于小野在自己面前装老大十分不满，立即与他针锋相对地骂起来。

“想独吞？别以为我们不知道，那个诱饵是假的。真的东西早就被那个叫娜丽亚的女人掉了包，而她的部落也已经被皋本手下的那个卓瑞亚屠杀得干干净净。”小野一听刘朝阳怀疑他们想独吞也火大，干脆直接指出了他的短处。

刘朝阳想反驳，但确实理亏，也就不再说什么了。

小野说话时，一直背朝着火枪他们，因此容貌究竟如何谁都看不到。

已经探听到了需要的信息，独狼认为不虚此行，示意火枪撤退。

两个人很快回到餐馆，那里是与军刀和娜丽亚他们约定的接头地点。

一系列问题在独狼脑中环绕着，纠缠不清：“问题越来越复杂，远远超出了我们的想象。为什么卓瑞亚要把假的控制器给皋本？自己却将真控制器交给娜丽亚保管。而另一方面，卓瑞亚又要扫平娜丽亚的部族，既然情同姐妹，又为什么要相互残杀呢？”

独狼心里想着许许多多问题，等待娜丽亚给他答案。

这时，娜丽亚和军刀却有了重要发现。

第十七章 解救上校

军刀和娜丽亚与独狼、火枪分开之后，立即赶往冰泉。

一提起冰泉，娜丽亚的小嘴就一路上都没停下过，仿佛有无尽的话要对军刀说：“曾经有一个爱情故事发生在冰泉那里。你想不想听？”

“这故事跟我们的任务有什么关系吗？”军刀疑惑地问道。

娜丽亚立即摆作出一副生气的样子：“没有情调！你不听，后面跟任务有关的事情我也不会说的。”

“好，那你说说吧。”对于娜丽亚的这种小女人之态，军刀没有任何办法，只好顺着娜丽亚的意思让她说下去。

“很久以前，一个砍柴下山的樵夫路过冰泉，饥渴难耐，见到冰泉就喝。天气正热，樵夫喝了水，井水竟然像冰一样透心凉，被凉水扎到胃的樵夫疼得抱着肚子在地上四处乱滚。就在这时，泉边走来一个美丽的女人，从怀中掏出一串野果送到樵夫嘴里。吃完后，樵夫的脸色变好了，很快就从地上站起来，对女人千恩万谢。女人微笑，只说不要对任何人说这泉的事情。樵夫点头答应，并以雷神的名义发了誓，如果自己说出去，一定不得好死。就这样，樵夫回到村落里，一切都像没发生过一样。事情并没有那样简单，樵夫的妻子一日突然犯病不醒，他一时心急竟然跑到泉边向那女人求救。女人问他有没有把泉水的事情告诉他妻子，樵夫摇头说没有。女人还是不信，可是出于好心，还是将野果给了男人。樵夫妻子的病很快好转，许多人来询问原因。樵夫忘记了自己的誓言，没有把好自己的嘴，将故事的原委讲了出来。这事一时间在村落里传开，大家广为传播，最后甚至传到了村落旁山贼的耳朵里。一天，山贼劫掠了村落，抓到樵夫，要他带路去冰泉井边。樵夫知道自己违背了曾经的誓言，于是誓死捍卫着自己的尊严，坚决不说出冰泉的所在。就这样，他眼睁睁地看着自己的妻子和孩子死在山贼的战斧之下。樵夫悲痛欲绝，在妻子身边抹脖自尽。他终于实现了自己的诺言，但却牺牲了自己的生命。从此之后，再没有人知道冰泉的下落了。”

“这是一个什么样的爱情故事？”对于这个故事里的爱情成分，军刀十分怀疑。在这里面他看到的只是人性，对于爱情还真是没找到什么影子。

“讨厌，一点儿情调都没有！你难道不觉得这口井真的很漂亮吗？”娜丽亚娇嗔道。

对于娜丽亚的话，军刀一时无以应对，仔细想了想才开口问道：“那这口井你们是怎么找到的？”

“这是传说，怎么能当真呢？”娜丽亚笑着，“其实……冰泉是一种自然现象，至于为什么我也搞不清楚。冰泉的水虽然没有传说中那么神，但却可以提气凝神，常年饮用的话对身体很有好处。而且冰泉周围是岛上唯一可以种植瓜果的地方，所以它是雷神赐给我们的宝物。十年之前，我们的族人总有取之不尽、用之不竭的冷水，还有香甜的瓜果。它像地中海雷神闪电的碎片一样，被我们珍惜着。不过这些年真的变了，冰泉被皋本的军队霸占了。冰泉的水只有他才能够饮用，而周围的土地也被他征用了，再也无法种植瓜果。”

“享用它的不只是皋本，还有你的好朋友卓瑞亚吧？”军刀突然开口问道。

军刀的话让娜丽亚怔在那里，随即很警惕地问道：“你这是什么意思？”

“我想不通你和卓瑞亚的关系，为什么你和她是好朋友，而她又要剿杀你的部落，可我却又看不出你对她有任何仇恨。不要怀疑我挑拨离间，卓瑞亚的手下有几个熟脸，我还是能够指出来的。在那天的屠杀里，我都见到了。”

娜丽亚眼神恍惚，一时竟不知该说什么好：“其实这些事情，我都已经知道了。军刀，请你相信我好吗？这是我和卓瑞亚之间的秘密，即使她做这么绝情的事情，我还是能够理解她那颗急切之心的。”

军刀虽然对娜丽亚的这一番说辞并不相信，但却又找不出什么漏洞，只好就这样算了。

就在娜丽亚和军刀说话之际，一辆悍马车突然开了过来。军刀赶紧拉着娜丽亚躲到一旁的草丛中：“这事以后再说，我们先把眼下的事情弄清楚。”

娜丽亚点了点头。

“那人是谁？”军刀看着远处的兵营，突然发现一个J国装束的人在里面十分扎眼。

娜丽亚抬头看去，一眼之后大吃了一惊：“什么？这不可能！”

军刀看着娜丽亚，一句话也没说。他看得出来，娜丽亚认识那个人，但对那个人的身份却选择了隐瞒。

对于娜丽亚的隐瞒，军刀并不打算追问。

车上下来的人正是刚刚从蜡像馆走出来的小野。这时，小野正跟营帐中的一个头领人物握手。悍马车上的两个士兵则抬下来一个人，送到营帐内。小野吩咐了些事情后便带车原路返回。

见小野走了，军刀立即一个人奔向营地，身手敏捷地瞅准侍卫视线的空当，一个鱼跃跳过铁丝网，朝中心的营帐奔去。

进了营帐后，军刀小心翼翼地寻找着对方防守的漏洞。

瞅准时机，他从最边上的营帐外走到一个士兵身边，在对方反应过来之前，突然拔出匕首，将他的喉管割断了。

在血还没喷出之际，军刀又赶紧小心地将尸体拖到一边。

不一会儿，军刀就换上士兵的军服重新站到刚才的位置，只是把帽子压得很低，不让别人看到。随后，他看到头领走出了营帐，赶紧偷偷溜进刚才放人的地方。

营帐内黑漆漆的一片，军刀在黑暗中摸索着，慢慢地走向里面。桌上有一张白纸，在黑暗中特别明显。军刀打开手电筒照着看了看，上面却是些不认识的字，但白纸上的照片印刷得十分清晰。

“是他们的车！”照片上的车子放在某个营地之内，周围有几个士兵。

军刀把白纸折了几折放进口袋里，继续向里走去。突然，他感觉有什么东西挡住了自己的腿，赶紧蹲下来用手电筒照了照，竟然是博罗诺夫上校，不禁惊讶极了：“难道刚才被拖下来的人就是他？”又仔细摸了摸他脖子处的血管，依然有脉搏，但已经相当微弱了。

军刀回头向后看了看，附近并没有什么人，心里思忖着必须在没有被发现之前尽快将上校带回去！

就在这时，营帐内一阵骚动。士兵们叽里咕噜地说了些什么，脚步一点点地向这边的营帐靠了过来。

很明显，被军刀杀死的士兵尸体已经被发现了。

军刀迅速靠到门口，手中紧握着匕首，一旦有敌人冲进来，他只有挟持当中的某一个才好脱身。

这样想着，军刀的脸庞顿时青筋暴出，做好了战斗的准备。

喊声越来越近，军刀的心跳不断加速，但表情依然冷峻，手中的匕首慢慢地举了起来。

“啊！哈哈，……”

一个士兵走到营帐外说了些什么，但似乎并不是朝营帐内说的，而是朝远处，并且听语气很像是嘲讽的话。

“这就奇怪了，这帮士兵难不成被什么东西引开了？对了，一定是营地外的娜丽亚！”只听见士兵们的脚步声越来越远。

军刀用匕首挑起营帐的帘子朝外看去，果然不出所料，娜丽亚在营帐外做着各种妖媚的姿势，惹得士兵们轰然跑去。军刀嘴角向上一歪，放下手中的帘子，回到上校身边。

“上校回家了！”军刀的手摸到上校的身子时竟然一滑，由于用力过猛，即使那么好的体格也差点闪了自己的腰。

军刀连忙抽回手看看，居然满手滑滑的：“这是蜡油？”

这时，他想起独狼的话：“队长的预料应验了，这个冰泉真的与蜡人有关。”

娜丽亚正在外面跟士兵周旋，这是最好的时机，无奈到处都是蜡油，军刀根本使不上力。他只好用手电筒向四周照去，试图找到可以解决滑手的东西，竟然找到一个长长的袋子。稍微比划了一下，军刀发现刚好可以把上校装进去。

这一定是平日里装尸体的袋子，军刀想到。

就这样，军刀把上校塞了进去，背到肩膀上挑起营帐，慢慢地走向后面。他的步子迈得很大，但却很轻，几乎不会被人听到。几个留守的士兵都围在娜丽亚身边，跟她嬉闹着。

这时，士兵里的一个人突然仰天长笑，回身正好看到背着上校的军刀。

士兵和军刀对视了一秒钟后，赶紧朝身上的枪摸过去。军刀见状，一手扶住肩膀上的上校，一手摆出匕首，“嗖”地扔出去。士兵没来得及反应，就捂着脖子上的匕首张着嘴翻眼地倒在地上。

旁边的几个士兵听到“扑通”一声，转身看到同伴倒下，立刻叽叽喳喳地朝这边跑来，却找不见军刀人影。这时才想起娜丽亚，可再转身时，娜丽亚已经跳入草丛里也不见了。士兵们立即鸣枪示警，把所有人招出来进行全面搜索。

军刀背着上校朝外跑，因为娜丽亚所在的草丛并非士兵们的弱侧，如果这时他贸然朝那边跑去，非要跟娜丽亚汇合的话，别说两个人一起走，有可能把她也连累了。军刀这样想着，于是背着上校朝相反的方向跑去。

另一面是一片幽深的丛林。既然是丛林，军刀就不会再害怕什么。在这里，他将是主宰！于是，他自信地抬了抬背上的上校，朝丛林里冲了进去。

第十八章 丛林伏击

下午三点，酷热的太阳就像一个开足了火力的电饼铛挂在头上，让丛林显得越发闷热难耐。

军刀背着硬梆梆的上校，艰难地行走在丛林中。也不知皋本的人是怎么处理的，明明人还活着身体却已经变得如此僵硬。

太阳的酷热一点点地把热量输入袋子里，里面的蜡油滴了下来。军刀看着身上流下来的蜡油，知道这不是好事。营帐里一定有狗，一旦蜡油吸引狗追了上来，两人必死无疑。

军刀把上校放下，打开塑料袋，把手放在他鼻下，确信还有一丝气息后提起袋子放到大树旁，从大树上扯下一根长藤捆在袋子上。接着，他退后几十步，看准大树的树干，飞快地助跑，蹬蹬蹬几下就上去了，再拉着那跟藤把袋子吊了上去，又从树上揪了很多枝叶放在袋子下做好掩护。

时间仅过了五分钟，军刀刚做好这些准备，追兵就带着狗赶上来了。见状，军刀连忙跳下大树，朝原路相反的方向飞奔而去。

因为他身上已有了蜡油的气味，可怜的小狗竟没注意到树上的上校，一路跟了上来。军刀听到身后的狗叫声，心里暗喜，脚步更快了。

大约又过了五分钟，军刀觉得时机成熟，跃上身边一棵大树躲了起来。

不一会儿，追兵的狗追了过来。军刀居高临下看得清楚，于是端上手枪，瞄准大兵手中牵着的狗，“砰”地开了一枪。可怜的小狗连叫都没来得叫一声就一命呜呼了。一群士兵被突然的枪声震住，都停了下来，四处逃窜躲避。

也有精明强干的士兵试图搜寻军刀的踪迹，却被他的伪装迷惑得一无所获。枪声响过两秒后，才有一个士兵指着脚下的死狗叽叽歪歪地说了些什么。

狗一死，士兵们就没了主意，一下子散了心。

看来，只要成功地干掉那只狗，剩下的事情就非常容易了。作为一名优秀的狙击手，即使再多加十倍的敌人，军刀一样应付自如。

他在大树上看着，发现似乎有人想撤但又被拉了回来，几个人商量了半天，终于决定散开分头去找。这就是他想要的结果，各个击破绝对是狙击手的强项。

于是，军刀轻轻地学了一声猴叫，“噌”的一声跳到另一棵树上。追兵抬头看时，只是一惊，仍然找不到人，而这时他早已慢慢接近其中一个士兵。

这个士兵正端着枪朝前走，在草丛中认真地寻找着，根本没注意头上的动静。军刀则倒挂在探出去的树枝上，慢慢地接近士兵的头部。手上的匕首随即轻轻地一抹，士兵只低吟了一声便倒在草丛里，发出一阵沙沙声。同伴们走得并不远，听到动静后迅速朝这边赶了过来。

军刀立即回到树上，借着绿色的军装和茂密的树叶又藏了起来。

赶来的士兵看到死去的同伴，惊惶失措，对于隐藏在暗处的敌人，更是惊惧不已。

军刀则小心地隐蔽在那里，等待机会继续下手。

机会终于又来了，军刀刚想移动却感觉一阵暖风突然从身后透过来，立即觉得不对劲，迅速起身跳到另一边：“怎么会有人在自己身后呢?”

随即，他瘦长的身影在丛林间飘纵如一条绿丝带，不留一丝痕迹地迅速转移到另一棵树上。

但这种行动还是没逃过那个隐形杀手的眼睛，军刀能感觉到那种杀气一直跟随在自己背后，于是跳过一棵树后仔细去感觉，他还在那里；跳过另一棵树去感觉，他依然在身后。

军刀明白自己碰到了硬茬，不使足功力是逃不过对方的。

“这隐形杀手究竟是谁呢?”他暗暗想着，“如此棘手的人物，出现在这种小地方，真是少见。”

其实，这杀手不是别人，正是皋本派来的野狗。

野狗接到指令后离开B岛朝小镇进发，恰巧听到丛林中传来枪声。他敏锐地嗅闻到丛林中的火药味，于是跟了过来。正如他所料，军刀的身影躲过了所有人的视线，却唯独躲不过他的鼻子。于是，野狗抄了军刀的后路，穷追不舍，但却不出手去伤他。

在追赶的过程中，军刀好几次都露出了破绽，野狗却都没有下手。

对于这点军刀也心知肚明，不过却觉得更加奇怪：“这人究竟是怎么了?是不想杀我?还是想玩猫捉老鼠?”

但事情的紧急已容不得他去多想，更没有时间再去纠缠，上校的性命还握在他手里呢。于是，军刀在跳向另一棵树的时候，瞅准机会手里奋力掰断身旁的树枝，随后一个转身将断枝甩向野狗。

断枝顺着军刀的臂力，闪电一般飞了过去。

军刀的这个动作，来得正是时候。

野狗此时正要跳起来跟过去，一见面前飞来的断枝，心知不妙，赶紧一个跟斗翻下了树。

这一跳恰巧落到离士兵们不远的地方，一群庸兵以为他就是袭击自己的人，端着枪就冲了过去。野狗哪能给他们还手的机会，一个速跑起跳便将冲在最前面的人踹倒。众人还没做好准备，就乱了阵脚。野狗趁势掏出匕首，“嗖嗖嗖”地挥舞着，几秒钟内，一群傻兵便各个锁喉而倒。

这一幕，军刀在树上看得清楚，一时竟忘了离开，也分不清野狗是敌是友。

恰巧这时，野狗放倒所有人后目光冷冷地看着军刀，两人相视一笑。

“身手不错，中国人?”军刀首先冷冷地问道。

“你该逃跑，留在这等于给我的匕首当午餐。”一句纯粹的汉语表明了野狗的身份，还带着浓重的地方口音。随即，野狗抬起头，脸上的一道疤让人看着就觉得恐怖，那是一条长长的刀疤，上面的肉向外翻着。

看来，当年的伤口处理得并不好，上面细密的肉芽让野狗越发显得狰狞恐怖。

“鹿死谁手还不知道呢？我们来试试吧！”军刀没有理会野狗的狂妄从树上跳下来，稳稳地踩在地上。

两个人摆好架势，紧盯着对方。

丛林中突然起了风，野狗的刀疤在长发中若隐若现，坚定的眼神让军刀感到很熟悉。正思忖间，野狗突然放下端着的臂膀，挥挥手道：“你走吧！”

“怎么？你害怕了？”军刀一愣，觉得有些意外。

“你不是我对手，叫独狼跟我打！”野狗竟然说出独狼两个字，这让军刀实在是难以置信。

然而，他却没有深想，由于牵挂着上校，便双手抱拳：“告辞了！”

说话间，人已再一次跳回那棵大树，抱起身体已有些软的上校迅速离开了丛林。

“告诉他，我和他的恩怨，总会了结的！”身后，野狗远远地对军刀喊道，声音嘶哑，似乎有些激动。

军刀没有时间去细想野狗的话，赶紧绕过军营，朝娜丽亚的藏身之处跑去。可出乎他的意料的是，娜丽亚居然不见了……

找不到娜丽亚，军刀这时的任务已经改变。背上的上校呼吸越来越弱，随时都有生命危险。他已顾不得许多，天气热得发烫，加上没有了丛林里的绿茵遮蔽，蜡油的融化速度更快，滴在他身上竟隐隐地有些发烫。

“救人要紧。”于是，军刀咬紧牙关，不顾身上的疲惫，背起上校飞速朝小镇跑去，不敢再多耽搁一分钟。

独狼正在餐馆里说话，军刀抱着大袋子就冲了进来，脸颊上的汗水成串地滴落在地上。

“这刚多久啊，你就把咱们的小美女给剥光了？”火枪看着袋子还以为是娜丽亚在里面，不由得调侃道。

“队长，这是上校！”军刀不理会他，喘了口气，急促地说道。

独狼一惊，立刻打开塑料袋，一眼就看到上校包裹在蜡油中，已快没了气息，生命力正一点点地微弱下去。

“快！去买个椰子来，再找一个橡皮管和气针。”唯恐时间来不及，独狼焦急地吩咐着。

独狼的吩咐让火枪有些不解，一时没有反应过来，呆愣在原地。独狼见他半天没反应，急躁地抽出一只脚踢向他："赶紧去，这是救人!"

火枪这才反应过来，快速跑到杂货铺去买了东西回来，一骨脑儿堆在独狼面前。

独狼把橡皮软管插到椰子上，另一头则接到气针上，再把头磨尖插到上校的血管里，一切都做完后才明显地松了口气。

这时，餐馆的老板走了过来，气哼哼地赶他们走。独狼忙上前解释，希望能争取一点时间。

"不行，我们这里是做正经生意的，最见不得死人了。你们在这儿，让我们怎么做生意，快走快走!"老板十分不耐烦地挥着手。如果不是看着他们几个人很难对付的样子，他恐怕早就让伙计们动手打人了，根本不来这里跟他们磨嘴皮子。

说着，老板推了独狼两下，手指刚好摁在他胸前，健硕的肌肉块一下子就让他意识到他们几个的军人身份。因为要是一般的人，绝对无法保持那么好的肌肉状态。

老板的眼神立即变得有点闪烁起来，带着些许疑问还有别的什么东西："你们?"

独狼不知事情何以会急转直下，只能疑惑地询问："老板，怎么了?"

"没—没什么。"老板敷衍地答了几句，转身慢慢地走了。

"我们不能在这儿呆了，撤!"压下心底的疑惑，嗅出不对劲的独狼赶紧带着大家离开了餐馆。

就这样，三个人抬着上校撤到了小镇十里以外的地方，随意找了块平坦的地方暂时安置了下来。

"娜丽亚去了哪里?"刚一坐定，独狼就问军刀，对于娜丽亚的失踪依然有些许疑惑。

"我去救上校，回来的时候娜丽亚就不见了。"军刀摇摇头，表示自己对于娜丽亚的失踪也很不解。

"会不会被敌营掳走了？她可是皋本的重点目标。"火枪在一边分析着最大的可能。

“不会，娜丽亚在这里人都很熟。”军刀是了解娜丽亚的，如果没有十足的把握，她是不会到这个镇子上来的。

“这里人员这么杂乱，该不会是被小混混绑架了吧！这么靓的姑娘，可是一个非常惹眼的目标。”火枪又在一边胡乱猜测，不过这里什么样的情况都有可能发生，他的猜测也不是没有道理的。

“虽然娜丽亚不曾接受过正规的训练，但凭她的身手，对付几个小毛贼还是不在话下的。”军刀首先否定了火枪的无端猜测，转而对独狼说，“我开始怀疑娜丽亚的意图了。”

军刀的话同独狼的想法不谋而合：“我也曾怀疑过她，但现在想来却总是觉得不大可能。按照你说的，救上校的时候，娜丽亚还舍身帮你吸引了敌人的注意力，从这一点来说她就不应该是卧底。再者说，如果她想对我们怎么样，早就有机会了，根本不需要等到这个时候。”独狼的话很有道理。

“她真的是有苦衷吗?”军刀一个人自言自语着，独狼的话让他脑海中浮出不少想法。

独狼凑过来看着他，对于他自言自语的反应有些不解，拿手在他眼前晃了几下：“怎么了?”

军刀随手拔下身边的小草在手里把玩，摇了摇头：“没事。”

上校的身体终于一点点地变暖，体力也渐渐地恢复，当他再一次睁开眼睛的时候，又看到了独狼站在自己面前，不禁感叹道：“独狼，又是你救了我。”

独狼笑了，安慰他：“应该的。不过这次不是我救了你，而是我的战友。到底发生了什么事情?”

上校摇了摇头，脸上的表情堆满了苦涩，突然一下子痛哭失声：“全完了。我们这次行动全完蛋了，我没法向国家交代啊！那么多双眼睛都在看着我，可我最终却失败了。”

“到底怎么了?”见状，独狼着急地询问着，很急切地想知道到底发生了什么事，居然能让一个大男人如此悲痛。

“我带着我的人，想要去进攻B岛。谁知道居然中了他们的埋伏，我们来不及防备，所有的士兵都死在了教堂外面，而我也被皋本活捉。这是一个军人最耻辱的事情，哪怕是战死也好过于被俘啊!”上校叹息着摸着身上的蜡油，声音有点沙哑，继续说道，“之后，我就被他们送到蜡像馆，变态的皋本竟然想把我制成蜡像标本，保存起来当作他的战利品！还说要制成之后，要送到他的官邸收藏。”

“怪不得，”独狼点点头，上校的话让他明白了一切，于是转而问道，“去往B岛的道路你们摸清了吗?”

上校却摇摇头，表情十分懊恼地：“没有。我想我们应该是被人骗了。”

“这又是怎么回事呢?”上校居然说自己被骗了，这可真让独狼有点儿摸不着头脑。

“有个亚洲人跟我说他跟皋本做过生意，愿意把B岛的位置卖给我们。我相信了他的话，也支付了他不少报酬。可等我带人朝那个方向走时，却中了埋伏。”

听了这话，独狼突然想起蜡像馆里的那个神秘人物，不禁脱口而出：“小野？是那个J国人吗?”

听到这个名字，上校一下子就惊呆了：“你也认识他？那个该死的J国人完全不讲信义，你最好不要相信他所说的任何话!”

“事情不是你想的那样，上校。在一次侦查中，我曾经见到小野跟皋本的人有过密切的接触，仅此而已，所以我才会对这个人记得格外清楚。其实，不久前，他人还在蜡像馆。”

“这个可恶的J国骗子!”上校一提起这个小野就恨得咬牙切齿，显得格外愤怒。

“这个人究竟是谁呢?”军刀也满怀疑问，突然想起了什么，赶紧从兜里掏出从营帐里带回来的那张纸递到独狼手中，“这是从冰泉那里拿到的东西，这上面也有那个J国人。”

一时间，大家都陷入了沉默，仔细地看着照片上那张看起来忠厚实则奸诈的嘴脸。

独狼定定地看着照片出神，脑子却没有停止思索，很快便有了下一步的计划。

第十九章 再探冰泉

"我们下一步的任务就是捣毁敌军的雷达站，让他们的耳目失灵。弄清楚敌人雷达站的坐标是我们的首要任务，不过到现在为止还没有任何消息。大家谈谈自己的想法吧！"想好计划后，独狼询问的眼神扫向所有人。

军刀认真地考虑了一下说道："冰泉。我觉得我们应该从这里入手，既然B岛那么隐蔽，而皋本也说了要将上校做成蜡人后送到他的官邸。那么冰泉就极有可能是他们与外界联系的唯一途径。那里的防御我接触过，单兵作战的话，想一进一出都非常的困难。"

"可你为什么能做到?"火枪插话道，对于军刀的信息来源很是好奇。

"那是因为当时娜丽亚给我做了掩护，否则我想脱身也非常困难。"军刀解释道。

上校心里一直想着事情，迟迟没有加入谈话，这时突然抬头说道："我赞成军刀的看法。冰泉跟我去的那个方向正好相反，而且我注意观察过营帐内的火力配置，至少有一个连的兵力，如果有人想正面冲击是绝对不可能的。”

独狼听了两个人的想法，点点头，在心里暗自分析了一下，又转过头来询问道：“军刀，有没有信心再去一次冰泉？”

“这正是我的想法，我想回去找娜丽亚。毕竟是我把她弄丢的，我想我有责任把她找回来。”军刀点点头，微微考虑了一下回答道

就这样，独狼带着军刀一行人又一次探入冰泉营地。再度来到这个地方，让军刀想起了那次遭遇野狗的事情，一直都没有时间跟独狼说，现在才想起来。

“我不知道那次到底是巧遇还是那人故意来找茬，至少在我看来，他应该是冲着你来的。”于是，军刀跟独狼说起了那次丛林战斗，同时提起了野狗这个人。

听了军刀的话，独狼心里已经能够肯定这个人跟自己有一些渊源，但却无论如何也想不起什么时候有过这么一次恩怨：“他容貌虽然被毁，但我能够确认我并不认识他。至于为什么他会来到这里，又成了皋本的手下，我就更不得而知了。”

“找个时间好好地解决一下这个问题吧，队长。如果有这么一个人在我们附近盯着，是不可能完成任务的！”军刀把自己的担忧直接说了出来。野狗的存在对于他们来说确实是一种威胁，很有可能会对他们的任务造成致命打击。

“这个先不用担心，既然他认定了跟我有仇，一定会自己找上门来的。如果他借助他人的手来报仇，那你这一次绝不可能这么轻松就脱身。”独狼分析道。对于那个野狗的心理他多少还是有点把握的，既然他能放军刀一马，那么断然不会做出殃及无辜的事。

“嗯，这倒是，那人确实心高气傲。再说，中国人内部的分歧永远是内部解决，这点没什么问题！”军刀也点点头，赞同独狼的话。

不再多言，军刀带着独狼等人再次小心翼翼地潜伏到了冰泉附近，看着不远处森严的戒备，几个人脑子里不停地想着对策。

独狼透过望远镜仔细观察着冰泉营地的动静，小声问道：“军刀，如果你是皋本，你会如何利用冰泉这个交通枢纽呢？”

军刀思索了几秒后分析道：“这应该是一个检查哨所，来往的车辆都会在这里停下来接受检查。我搜过这里，只是找到了上校，并没有发现任何可疑

的东西。”

“那就有点奇怪了，这里驻扎的兵力不少，如果真的仅是一个哨所，你觉得皋本有必要在这里驻扎那么多兵力吗？”独狼的怀疑的确有道理，一个哨所确实不需要如此谨慎。

“我记得娜丽亚曾经跟我说过，这里是岛上唯一能够生产瓜果的地方。我想皋本占有这里，也有可能是为了自己享乐吧？”军刀说着，觉得不能排除这种可能性，而且每个可能性都要考虑到。

“我知道这是为什么。”博罗诺夫带着火枪突然出现在他们身后，小声说道，“我告诉你们这冰泉是做什么的。听说过CRII吧，那是目前最厉害的武器，全世界也只有这么一套。但它的稳定性却有待提高，超高的功率输出导致了超高的温度，它随时都有可能爆炸。拥有它，就等于拥有了一把双刃剑。我想皋本来到这里，应该是为了一个目的。”

“什么目的？”军刀急切地问道，他实在很好奇这个冰泉跟CRII到底有什么关系。

“降温！”博罗诺夫的语气很肯定，停顿了一下继续说道，“CRII因为稳定性上有缺陷，所以按照设计，应该拥有一个配套的散热降温设备。但当时皋本抢走CRII时，丢掉了两样东西：一样是控制器，另一样则是散热设备。准确一点说，应该是皋本为了夺取CRII，主动将这两样设备毁掉的。没有了散热的设备，CRII根本无法正常使用，所以想要使用CRII，皋本一定会把这里作为储存位置。R国炎热无比，这里却是最凉爽的地方了，储存在这里完全可以消散掉CRII的热量。”博罗诺夫的分析听起来很有道理。

独狼和军刀听了，连连点头，表示赞同。的确，博罗诺夫的话可能性非常高。相比于军刀之前的猜测，这个说法更加真实一些。

“可我在搜寻的过程中，并没有找到任何跟CRII有所关联的东西啊！”军刀还是有些疑惑。

“我想CRII这种东西，绝对不可能这么随意就暴露在外面。应该是在逼不得已、必须要动用的时候才会运到这里来。”独狼简单思索了一下分析道。

“那我们就一直在这里等？这样是不是有点太被动了！”火枪揉了揉光头，极度不情愿地抱怨着。

“你们看！”突然，独狼轻声嚷道，指着远处军营的中心位置，满脸的惊讶。

原来，那辆火枪平日里宝贝得命根子似的车子，此时正疯狂地在营地中横冲直撞地向外闯着。

“这是怎么回事?”众人都被眼前的景象惊呆了，疑惑地相互看着，完全搞不清楚状况。

火枪紧紧靠在上校身边，看着自己心爱的车子像头疯牛一样横冲直撞地往这边开过来，心疼得直颤，不禁叫道：“这到底是哪位神仙干的呀?”

就这一句话的工夫，车子再次提速，一下子冲破铁丝网，朝独狼他们所在的位置飞快地冲了过来，后面还跟了一帮疯狂追逐的士兵。士兵们嘴里的叫骂声惊天动地，他们离这么远也能清楚地听见。

一眨眼，车子便驶到他们跟前，车门猛地打开，一个女人挥舞着手臂向他们招手：“快上来，快上来!”

火枪眼睛最尖，第一个认出了那个女人，感叹道：“嘿！军刀，娜丽亚够能干的，居然自己抢了车子!”

说完，看到车敞着门奔驰到眼前，火枪快速翻身抢到副驾驶的位置，对着娜丽亚愤怒地嚷嚷不止：“你怎么能开这辆车？你是怎么发动的？这车子的钥匙明明不在你手里。”

一连串的问题搞得娜丽亚头晕脑胀，她不耐烦地直接吼向火枪：“我把车子钥匙那里拆了，笨蛋!”

“什么?”火枪张大了嘴巴，不敢相信娜丽亚居然对他的宝贝车做了不人道的处理，“这……你、你、你……我真想一掌拍死你算了!”

看着火枪满脸通红、气急败坏的样子，娜丽亚的心情突然大好起来，忍不住调侃道：“你居然还想要拍死我，如果没有我，你的宝贝车早就死无全尸了。我拼了命才把车子给你搞回来，你应该好好地感谢我，怎么能这么对我呢？这是对待恩人应该有的态度吗?”说完，娜丽亚看着火枪变得更加狰狞的表情，在心底笑翻了天。

“娜丽亚，你是怎么逃出来的?”没留给火枪继续发飙的机会，军刀赶紧问道。娜丽亚居然能够从那种地方顺利逃出来，这实在让他感到不可思议。

“那群该死的色鬼，竟然连我娜丽亚的名号都不知道就敢招惹。趁着他们对我不防备的时候，我干掉几个抢了车就跑了出来。”对于能够从冰泉跑出来这件事，娜丽亚显得颇有些不以为然。

“快点！快点！后面的架势看上去好像要发射炮弹，娜丽亚赶紧加快速度！”博罗诺夫却没心思看他们吵，声音里透着隐隐的焦急，不断地催促着。

“没问题，看我的！”说着，娜丽亚狠狠地踩了一下油门，将速度提到最大。一时间，发动机似乎对超负荷的速度有些不满，呜呜地响着，车子随即像出膛的子弹一样向前冲去。

“这车性能真是不错！你们从哪里搞到的，比我以前那辆法拉利强了不少呢。”娜丽亚紧握方向盘愉悦地说道。

“前面有一棵大树，过去绕圈开！”火枪早已没了怒气，也不多说什么，直接命令道。

“好的！”娜丽亚脑袋转得很快，立即明白了火枪的想法，笔直地朝大树开去，然后在快接近时迅速狂打方向盘拐弯躲到了大树后面。

大约两秒钟后，“轰”的一声巨响震得地面似乎都有些颤抖，那棵大树顿时被炮弹炸得面目全非，残留木屑的粉碎程度让人心惊。

“吱呀”一声，娜丽亚猛地将车停住，偷偷回头瞄了一眼大树的位置，暗自感叹了一下。

“已经脱离危险了，这车的性能真是没话说……”危险似乎已经过去，娜丽亚再度坦率地表达对这辆车的喜爱。

“那是！”火枪忍不住打断娜丽亚的话，强行跟她调换了位置，做起了驾驶员。他实在不能忍受娜丽亚对这台宝贝车惨无人道的摧残了，在眼睁睁地看着它进入面目全非状态之前，还是让他亲自掌控更好！

“不好，后面敌人又追来了！”突然，博罗诺夫语气里裹满惊惶地大声喊道，“对方还带着重武器！”

“知道了，火枪开车，赶紧回芝麻小镇！”到了这种危机时刻，独狼依然能立刻对当下的处境作出快速而有效的判断。

如果仍停留在这个地方，只能是继续应付这种无尽的骚扰；而直接冲进对方的老巢反而能让对方有更多的顾虑，也不会再这么肆无忌惮地攻击下去了。

“好咧！”听到独狼的话，火枪立刻重新发动汽车，飞快地跑出敌人的视线，只留下一串烟尘。

这台车的性能当然不是吹的，很快就带着他们驶到有人烟的地方。当然，到了这种地方继续留着这样一辆目标明显的车子显然是在自找麻烦。

“火枪，停车。然后将车藏好，大家开始行动!”独狼一边整理自己的装备，一边不停地嘱咐道。

“好的，队长!”火枪一脚踩向刹车，却意外地踩了个空，不由得惊呼：“刹车怎么没了?”

这时，在一旁一直没说话的娜丽亚突然苦笑着说：“对不起，队长。我好像……”

独狼看了看娜丽亚，对于她的欲言又止有点不解：“怎么了?”

“我刚才好像踩断刹车了!”

第二十二章 赢得机会

豪华官邸内，皋本十分享受地坐在摇椅上静静地听着唱片上安德鲁·波切丽的音乐，手随着旋律忽上忽下地拍打着节奏。

“将军!”门口响起了管家的声音。

皋本的手在空中突然停顿了一下，而后又继续摆动着，并不在意管家的叫喊。

“将军!”看到皋本没有反应，管家忍不住再一次喊道。

管家的第二次叫喊成功地惹怒了皋本，他顺手抄起桌上的烟灰缸狠狠地砸在墙上：“你没有看到我在听音乐吗？为什么总要打扰我?”他几近咆哮地坐起来，满脸怒意地继续喝道：“你最好能给我一个让我觉得合理的理由，这世界上没有什么事情比我听音乐欣赏艺术还要重要!”

管家被皋本的举动吓了一大跳，整个身子都有些颤抖，可他还是强行压住了自己的惊恐，低声说：“将军，J博士想见您，是关于CRII的事情。”

这个理由看来还是很说得过去的，皋本并没有继续为难管家，因为这跟他的终极武器CRII关系密切，他不得不承认这件事比欣赏艺术要重要那么一点。

"真扫兴!"虽然明白这件事的重要性，皋本还是很不情愿，但一想到CRII，他只能拖着肥胖的身躯走向唱片机，关掉音响，吩咐道："叫他进来吧!"

J博士也算是皋本的雇佣军了，只是被要挟而来的，起先是因为妻儿在皋本手上而不得不屈服，现如今却是出于对金钱的追求，心甘情愿地对皋本俯首称臣。在这之前，皋本对J博士可以说是百依百顺，生怕他一个心情不好导致科研进度落后。但是现在J博士的心既然已经被他收服，皋本也就不那么在乎他的感受了。CRII被送回来之后一直在J博士手里看管，皋本想不出会有什么严重的事情发生。

J博士穿着大褂，隐约还能看出原本的颜色是白色，但现在却满是油污，头上原本稀少的发髻也贴在光光的脑壳上，像乱草一样肆意乱飞，整个一副科学狂人的模样。

他一进门，第一个动作就是端了端鼻子上的眼镜，神色十分严肃地说道："将军，我不得不马上来见您，CRII出了问题。"

皋本原本轻松的表情一下子从脸上消失了，眼神也变得紧张起来："你说什么？到底怎么回事?"

J博士咽了口唾液，对于这个脾气阴晴不定的皋本他也很惧怕，有些紧张地说道："CRII的能源没有了。"

"能源没有了，那你就去找啊！石油、煤炭、电力，你们需要什么，就把岛上的东西全给你们!"皋本对着J博士吼道，刚才已经压下去的火气再度窜起，而且燃烧得更炽热。

"将军，CRII的能源解决方案自有一套设计思维。它不同于以往的常规武器，所有的动力并非源自常规物质。将军您说的这些，对CRII来讲毫无用处。"J博士知道自己点燃了皋本的怒火，但这些话却不得不说，他心里无比忐忑，脸上仍维持着严肃的表情。

"你这三百瓦的灯泡到底想跟我说些什么？技术上的事情，我完全不感兴趣！赶紧说正题，我要立即知道我皋本该怎么解决当下的困难!"J博士的啰嗦让皋本有些厌恶，受不了地催促他转入正题。

J博士摸了摸光脑袋，简单地组织了一下语言后说道："这么说吧，将军，我们没有合成 CRII 必需能源的技术。”

皋本瞪大了眼睛，这个消息震得他立即理智尽失，一把揪住 J 博士的白大褂，恶狠狠地咆哮道：“你说什么？这怎么可能？”

J 博士的喉咙被皋本勒得难以正常呼吸，脸也憋得通红：“是、是这样的。CRII 的备用能量应该还足够维持将近一周的时间，一周之内它仍然可以正常运行。但是一周之后，如果什么都没有发生，那么……”说到这里，J 博士谨慎地看了皋本一眼，生怕自己的话会招来致命的危险。

“那么怎么样？”对于 J 博士的话，皋本完全无法理解，只好奈着性子继续问道。

“那么，CRII 将和废铁没有任何区别。”J 博士的冷汗随着这句话一同落下来，感觉和皋本对话就像是踩着钢丝一样危险。

皋本听到这句话，反而冷静了许多，慢慢地放下 J 博士，一个人走到唱片机旁：“看来，我需要做些事情了！”

突然，卓瑞亚的身影在皋本身后出现，眼睛逼视着 J 博士：“做什么？”

“找能源！将军在想怎么找到能源，卓瑞亚小姐！”这句话虽然在回答卓瑞亚的提问，但 J 博士的眼睛却透过厚厚的镜片紧紧地看着皋本，谄媚的笑容里充满了期待。

卓瑞亚不屑地看了 J 博士一眼，呵斥道：“这里没你什么事，滚吧！”

“J 博士，回去把 CRII 的能源暂时关掉待命！尽最大可能将能源节省一点用，我还有大用处！”皋本对 J 博士点了点头，示意他离开。

J 博士脖子一缩，点点头快速离开了，虽然讨好不成，但能够安全离开也是好的，刚才那种窒息感仍让他心有余悸。

“将军，卓瑞亚能为您做什么？”看到 J 博士的身影从眼前消失，卓瑞亚转身询问皋本。

“卓瑞亚，你知道这世界上最珍贵的东西是什么吗？”皋本从刚刚那种颓唐的状态中很快转变过来，自信地问道。

“应该是能源吧？”卓瑞亚小心地思考了一下，就说了出来，“没有能源，我们什么事情都干不了。这次 CRII 的问题足够说明一切！”

“不，你错了，卓瑞亚。是水，是干净的淡水！我们如果回顾这个星球生物的生存轨迹就会发现，其实所有的战争都围绕着水。文明的发展和毁灭都从水开始。上帝告诉我，只要掌握了水，一定能够让整个世界对我俯首称臣！”抬起眼瞥了卓瑞亚一眼，皋本说出了答案。

“精彩独到的见解，卓瑞亚佩服。将军，你想怎么做？”卓瑞亚坐到长长的沙发上，眼睛里闪烁着信服的光芒，懒洋洋地问道。

“你等着看吧，我会让整个世界都接受我的主宰。”皋本扯了扯嘴角，露出了阴险的笑容。

此时，独狼也接到了大熊猫的新指示。

“虽然你们的工作很出色，但我不得不对你们进行再一次督促！”大熊猫传来命令，“皋本向国际社会发布了通牒，将展开大规模作战。这将会成为一场毁灭性屠杀，也是一个能够影响世界格局的大阴谋！经过国际会议的紧急磋商，决定以虚张声势的大型军事行动为你们创造更多的机会。你们肩上的担子很重，希望你们能够尽快完成任务，拯救这个世界于水深火热之中！”

独狼忍不住插口道：“我觉得现在最重要的还是应该先摸清敌方的地形，提供最详尽的登陆指导方案，给盟军做好进攻准备。只有足够猛烈且准确的打击，才会让皋本疲于应付。这个任务，绝对是我们进入B岛最核心的先决条件！”

“你是前线指挥员，从现在开始，包括我在内的一切人都会为你们的要求而做一切努力。不管你要做什么、怎么做，前提是一定要保证能够完成任务！”

“是！”独狼厉声答道，“我们尽量提供可以登岛的航海线，我希望这次的大型军事行动，最好能够与我们的动作紧密配合！”

“这点我可以保证，F国的第七舰队指挥官已经向我做出过保证！”大熊猫说道。

独狼再无异议，挂断了通讯器，神色有些严峻。

然后，他回头看着大家：“同志们，我们的任务有变。现在急行军前往浅滩！”

车子已经坏在路上，五个人只能徒步翻山越岭朝浅滩进发，徒步限制了五个人的速度，走了三个小时才到达浅滩。

出现在眼前的景象让所有人都愣住了。这里完全是一片空旷地带，没有任何东西可以作为遮掩。

独狼通过望远镜观察着四周的地形，嘴上则不住地念叨着："地形很不利啊！"想了想又开口问道："娜丽亚，你有没有什么好的想法呢？"

娜丽亚也摇摇头，有点无奈地说道："我们国家虽然是岛国，但却从不以捕鱼为生，原因就在于水域里到处都是暗礁。这里一年四季除了海边会有人捕鱼之外，再没有其他的人敢往里走了。如果要出海，必须由小舟送到大船上，由大船带走。现在这里除了蛇头的船只之外，还有皋本的船在四周巡逻。"

"皋本的船？"独狼打断了她的话，有点惊讶地问道，"他怎么还有水上力量呢？"

"这你就有所不知了，皋本作为曾经的军事大臣，叛变后从他们国家带来了很多随从，其中也包括他自己的海军巡洋舰和各种巡逻艇。不过它们都驻扎在离这里三百海里外的另一座岛上，平时不会在这边出现。海军的作用有两个：一是做好海上防御；二是拦截蛇头们开来的船只。这也是他们经济方面的另一个来源。"

听了这话，独狼捻着望远镜的带子，安静地在心里思索着什么。

军刀走近独狼，略微沉思了一下说道："队长，我想蛇头的船只应该是我们能利用的。"

"我想也许我能帮上忙。岛上有几个常年做蛇头生意的人，倒是经常跟我有一些来往。"娜丽亚想了几秒钟插话道。

"走！回小镇！"独狼不置可否，突然转头往回走，也不多说什么，心里则不断地思考着。

火枪苦着脸在身后开始唠叨："看看海边也不让人看个够。"

娜丽亚伸出舌头朝火枪做了个鬼脸："就你最懒了！"

R国内的蛇头帮会主要以亚裔为主，做的都是偷渡生意。自从皋本在这里称霸之后，蛇头们的生意就越来越难做了。皋本一方面自己把持了一部分"货物"运输路线，一方面也在不断地打击这些外来的蛇头。而现在最大的帮会是迪塞罗的帮会。

娜丽亚领着独狼来到了迪塞罗的帮会驻地。

“就是这里吗?”独狼很是疑惑地询问道。

火枪则指着眼前那个巴掌大点的、破旧不堪的小茅屋，不屑地说道：“这是最大的帮会？这帮会也太寒酸了点儿吧?”

娜丽亚点了点头，完全不理会火枪的揶揄：“就是这里。”

说完，她走上前去敲门。

可是，敲了半天里面也没有任何人前来应门。娜丽亚又狠狠地敲了敲，门没有关死，在猛烈的拍击下破旧的茅草门慢慢地开了一道缝。午后的日光照了进去，隐约能看到地上的斑斑血迹。

独狼意识到事情有些不妙，大声喊道：“大家小心!”

听到独狼的叫喊，大家纷纷拿好武器，快速在附近寻找掩体。

不过，娜丽亚没有跟大家一样惊慌，而是探头进去仔细打量了一下，发现里面除了尸体，并没有其他东西。

于是，她回头看着独狼，挥了挥手：“队长，你快过来!”

众人见娜丽亚没有发生危险，也收起了武器，跟着她走了进去。

刚走进房子，扑鼻的腥臭气息就让大家险些吐出来，立刻屏住呼吸打量起来。房子的地面上铺满了尸体，所有人都死了，辨识了一下死亡原因，应该是被机枪扫射而死的，血肉模糊的惨状让人有些不忍多看。

“怎么会这样，难道这又是一次屠杀?”娜丽亚难以置信地说道，仍然四处寻找着，“队长，这些尸体里没有迪塞罗，他一定还活着!”

娜丽亚不停地寻找着，一点点地向小屋深处走去，仔细探寻着每一面墙壁和地板，并探索到了屋内的一面木墙，开始用手指关节不断地敲打着墙壁侧耳倾听着：“这里!”

只听见“吱嘎”一声，木墙被娜丽亚抬了起来，一条通道很快出现在众人面前。

“跟我来!”看着眼前出现的通道，娜丽亚并没有觉得有什么意外，挥挥手，招呼着众人进去。

军刀低头跟在娜丽亚身后，有些好奇地小声问道：“你怎么知道这里的?”

“很久以前，迪塞罗曾经带我来过这里，只是我有点记不清楚具体位置。外面的这座茅屋原本就只是个摆设。”

地道里面有些狭窄，独狼、军刀只能低着头前行，十分不舒服。

这时，走在最后面的火枪终于忍不住乐滋滋地说道：“嘿嘿，这回知道矮个子有好处了吧？哥们儿我都不用弯腰！”

博罗诺夫看到火枪的表情也忍不住回头摸了摸他的光头，调侃道：“不但不用弯腰，而且不用手电筒！”

火枪毫不留情地打掉他的手：“闪开，不准碰乱我的发型！”

两个人幽默的对话让大家不禁哈哈大笑起来，原本显得有些紧张的气氛也烟消云散。

大约走了十多分钟，几个人终于走到通道的尽头。

这时，前方突然传来说话声：“谁？不准动！”声音里似乎还透着丝丝紧张和惶恐。

“是我，娜丽亚！”娜丽亚赶紧将手举高，摇了摇，示意没有敌意，然后询问道，“迪塞罗在不在？”

说着，娜丽亚慢慢走近那个人，竟然是个守卫。

来人点燃了灯火，仍然继续保持着戒备的姿势，声音里的紧张退去了不少，但仍然生硬地问：“娜丽亚？你找迪塞罗有事吗？”

娜丽亚指了指身后的几个人，大大方方地说道：“我带了几个朋友跟迪塞罗有要紧事谈！与对付皋本有很大关系，迪塞罗不会拒绝吧？”

守卫小心地打量了一下众人，这才放下手中的枪，让出位置把几个人带了进去。

来到里面，大厅里的情景让所有人为之一惊。这里和外面的茅草屋形成了鲜明的对比，根本就是一个地下居所，一应俱全的建筑物、摆设加上大厅里来来往往的人，使这里跟一座小城市没什么区别。

不久，一个满脸胡子、穿着白色长衫的老人向他们走过来，满脸肃穆地看着他们：“你们是？”

“是我，迪塞罗。”看到老人出现，娜丽亚赶紧迎了过去。

“都把枪放下！”迪塞罗见了，立即冲守卫喊道，“谁让你们放他们几个进来的，把他们统统给我铐起来！”

独狼他们当然不可能就这样束手就擒，虽然事情发生得有点突然，但他们个个拥有良好的战斗素养，立刻与那些守卫战斗在一起。

因为有求于人，独狼自然不会下毒手，但一时间也有十几个守卫被他放倒在地上。

“这到底是怎么回事，娜丽亚?”独狼看着唯一没有受到攻击的娜丽亚，满脸的不解和疑惑。

军刀则没有那么好的脾气，眼前的情况让他格外愤怒，不由分说地朝娜丽亚怒吼道：“为什么要背叛我们?”

娜丽亚也慌了神，只能使劲地摇着头，试图解释：“不，我没有，我也不知道是怎么回事。相信我，这件事绝对是个误会!”

“杀死他们。”迪塞罗的声音很低，但却力道十足，脱口而出的话重重地敲在众人的心头。

娜丽亚这下子彻底傻眼了，不知这中间到底哪个环节出了问题，居然发生这么离谱的事情。

“且慢，上帝是不会眷顾一个傻瓜的，尤其是一个即将被人拖入死亡深渊的傻瓜!”独狼突然对着迪塞罗大声说道。面对这样的场面，他仍然能够冷静下来，尽管他也不清楚现在究竟是怎么回事，但觉得有必要争取一个机会。

迪塞罗停住了脚步，站到独狼面前，脸色依然很冷峻：“你把刚才的话说清楚，什么意思？如果你不解释清楚，下一刻你就是一具死尸!”

说完，迪塞罗一下子掏出手枪，顶在独狼的额头上，显然对于独狼的话他还是有些在意的，脸色很难看。

“皋本的海军正往这里赶来，这次屠杀的目标一定是你。你还不知道吧?你在外面的眼线已经被清洗一空。”独狼镇定地说着，既然迪塞罗肯听他说话，那么就代表着还有一线机会。

“去外面查看一下，然后回来汇报!”迪塞罗听了这话，心里也有些怀疑，立刻叫来一个精明强干的护卫外出查看，然后转身看向独狼继续说道，“那好，接下来说说他会怎么威胁到我，皋本为什么要对我动手。这么多年来，皋本是何许人，我根本就不在乎。我不信他会冒险对我动手，那样对他而言根本没有半点好处！为什么你一见我的面，带来几个不知真假的消息，我就要听你的呢?”迪塞罗嘴上不断地分析着独狼的话，又把身边果盘里的刀子拿在手里，脸色非常难看。

“理由很简单，皋本的巡洋舰以及其他海上力量早已集结完毕，他准备把这个岛屿围起来。到那个时候，你的蛇头生意还能做下去吗？触犯了你们的利益，你们自然不可能没有动作。依皋本的性格绝对会首先对你们下手，把危险扼杀在摇篮里!”

迪塞罗却紧了紧扣枪的手指，使劲地把枪口摁在独狼的额头上，脸上堆满了不悦：“你总要给我一个相信你的理由吧?”

所有人都相信，只要独狼给不出足够信服的理由，迪塞罗就会立即开枪。

独狼仍然没有惧意，而是抬了抬头，示意迪塞罗朝洞口的方向看：“你入口处的几个卫兵都死了，这点你稍后就会确认。而且如果我没猜错的话，皋本会在五分钟之内赶到这里。”这些话不是危言耸听，根据独狼的判断，这种情况发生的可能性极大。

独狼的话让大厅里所有的人都停止了动作，脸上纷纷浮现出惊恐的表情，显然大家都被他的话给震住了。

“我相信你才怪……”独狼的话虽然震住了大多数人，但是迪塞罗并不相信，他认为是独狼干掉了自己的卫兵，然后来讹诈自己，当时就想扣下手中的扳机。

“轰!”就在这时，一阵爆炸声响起，吸引了所有人的注意。

大厅开始颤抖起来，迪塞罗躲闪不及，竟弄了一头灰，回头焦急又气愤地朝身边的守卫喊道：“快！快去查看一下，到底怎么了?”

还没等守卫动身去查看，刚才出去查探的士兵就一身鲜血地跑进来大声嚷嚷开了：“快跑啊，皋本打来了!”

迪塞罗这才回过神来，收了枪定定地注视着独狼：“如果你真的是上帝派来帮助我的使者，那么就该站出来帮我把这场灾难驱散！我们可以是朋友，但你必须帮我把皋本搞定。对了，朋友只是暂时的!”就算在这种时候，迪塞罗依然守住口风，一点儿也不肯放松。

说完，独狼与迪塞罗相视一笑，两人之间的戾气顿时烟消云散。误会已经解开，众人都收起相互敌对的态势。当人和人有了共同的敌人的时候，彼此是可以做到暂时信任的。

“独狼特遣队，听命!”随后，独狼站在大厅中间，表情严肃地命令着。既然和迪塞罗之间的误会已经解除，那么现在重要的任务就像迪塞罗说的，解决这场灾难。

“到!”军刀、火枪两个人应声而答而立，整齐划一的动作和声音让旁人忍不住侧目。

“火枪，迅速侦查敌人分布情况，尽快报告。军刀争取有利狙击位置，先取其首领头颅。上校和娜丽亚跟我一道，从侧翼给对方火力压制！”独狼飞快地吩咐下去，他非常擅长临场指挥这种事情。在战场上，占据有利的位置和有效的策略有时候就是制胜的关键所在。

“中国人，你们干嘛不使唤我的人呢?”迪塞罗挺着肚子站在一旁看着独狼的举动，不解地问道。

独狼拍了拍他的肩膀，说道：“我们能应付得了，你们只是预备队。”说完就端着枪第一个冲了出去。

迪塞罗在后面愣住了：“他当自己是谁？超人?”他对独狼的行为表示最大程度的不解，想不明白这个中国人是从哪里来的自信。

火枪则很自来熟地拍了拍迪塞罗的肩膀，对于他的表情一点儿也不觉得意外，反而有点好笑，说道：“你还真说对了，我们的队长就是超人!”说完转身离开，无视背后迪塞罗更加惊讶的表情。

独狼三人找到入口处的一个小土包，躲在后面将其作为掩体，随即朝冲上来的军队进行火力压制。军刀和火枪二人则迅速从密道钻了出去。

火枪刚一出地道，一颗子弹就“嗖”地从他光亮的脑门上面蹿了过去。“差点中奖!”擦了擦额头上的汗珠，刚才那一下瞬间就惊出了他一身冷汗。军刀把火枪拖了下来，从怀里掏出一只反光镜放到地道口，从中观察对方的动向，同时不断地在心里默念着：三点钟方向两个，六点钟方向一个，还有十一点钟方向一个。

随后，军刀把镜子放回怀里，心里默默地数着：“三、二、一!”

数完，他突然冲出通道口，举起枪“砰砰砰”地对着心里记住的几个方位射出子弹。机会瞬间即逝，军刀已将实力发挥到极限，速度竟比秃鹰还快，子弹射出去的同时敌人也应声倒下。

一切障碍扫除，军刀总算松了口气。火枪紧跟着也从通道里走了出来，在草地上搜寻着脚印。

最终，火枪在小屋前找到了敌人的车辆，矮下身子躲藏起来，用耳麦小声呼叫独狼：“你前方一点钟位置，两辆吉普车，一辆卡车。”

军刀则匍匐前进，小心翼翼地寻找着他的任务目标。突然，目标进入他的视线范围，他抬手就是一枪，准确地将敌方首领击毙。看到军刀已成功地完成任务，火枪也不甘落后，迅速向车辆靠拢，掏出身上的手榴弹扔了出去，顿时在草上点起一片火海，几辆车都被围在其中。独狼这边也开始了全面反攻。不到几分钟的时间，包围圈渐渐散去，几个残兵也弃车而去。

迪塞罗对于这场战斗的情景简直有些难以置信，直到战斗结束了才回过神来，走到独狼身边，拍了拍他的肩膀："中国军人，真棒！"

"首领，现在能相信我们了吗？"听了迪塞罗的话，独狼笑了笑，说道。

谁知迪塞罗的脸色却突然起了变化，没有回答独狼的话，只是摇了摇头："把他们绑起来！"

独狼听到这话，再也压制不住心底的愤怒，泥菩萨尚有三分火气，更何况他是个血气方刚的军人，随即端起枪指向对方："迪塞罗，做人不是这样的！盗亦有道，你这样的行为传出去会让人笑话的！"诸多忍耐早已让独狼气火大升，迪塞罗现在的反应让他更添愤恨。

迪塞罗摆摆手，没有理会独狼的话，只留给他一个背影，嘴里说道："不要怪我，要怪只怪你太笨！你怎么不好好想想，现在你可以帮我打皋本，总有一天还会帮别人来打我，因为你们必须服从命令！你这样的朋友我不能交，因为我从来不跟军人交朋友。"

而后，迪塞罗突然收起嘴角原本挂着的笑容，冷漠的话语脱口而出："杀了他们！"

"等等！"在边上一直没有出声的娜丽亚突然站到迪塞罗身前，有些愤慨地说，"迪塞罗首领，你不能这样！"

"他是兵，我是贼，永远都不可能是朋友！"听了娜丽亚的话，迪塞罗仍然没有软化的意思，固执得犹如下巴上坚挺的白胡子，"我做的决定，绝对不会改！"

迪塞罗没有再说话，而是挥手向身后的守卫示意，让他们寻找机会动手。

可独狼的反应显然要比迪塞罗更加迅速，只要有一点机会他都会尽力去掌握主动权。

就在迪塞罗转身吩咐守卫之际，独狼看准时机，一个跨步跳到迪塞罗身旁，把刀架到他脖子上："对不起了！"语气有点生硬，显然他心里的气愤仍无法消散。

众人看到这个阵势，都往后退了两步，生怕刺激到独狼而让迪塞罗丢了性命。

“中国人，你们不会杀我的。”迪塞罗仍然在笑，不过这抹笑容看起来很阴险。

独狼也对着迪塞罗笑了笑，语气温和却透着森寒的气息：“不，我会杀了你。你干的事情该有多么罪恶你也清楚。这可能是你这辈子唯一一次洗白的机会，奉劝你千万不要错过。”独狼眼睛里闪烁着冷冷的光芒，令迪塞罗一阵心惊。

说完，独狼给火枪使了个眼色，火枪立刻明白了他的意图。

于是，火枪快步走到对方的阵营，挨个收缴那些卫兵的枪械。迪塞罗则紧紧盯着他的动作，一言不发。

“我们头的耐心有限，现在心情似乎还有点不好，您千万不要让他的手指打滑。”军刀在一旁给迪塞罗施加着压力，语气虽然很轻松，但话里却藏满了威胁。

“兵贼永远都是对头，我帮你就等于把自己往深渊里推!”迪塞罗的顽固完全出乎独狼的意料，性命攸关的时刻仍然能坚决地维护自己的想法，真让人想象不到。

“那这个呢?”不知什么时候，娜丽亚从迪塞罗的后方抱来了个三四岁的孩子，“迪塞罗，难道你只考虑自己吗?”语气颇有些冷然，迪塞罗的行为看来已经让娜丽亚很不满了。

看到娜丽亚怀里的孩子，老头脸上的镇定迅速退去，脸色立刻变得铁青，额头上更是青筋暴出：“不准碰她！你们谁都不准碰她!”场面的突然变换让迪塞罗看起来有些狰狞。

“我们只求你跟我们合作!”娜丽亚继续说道，但是根本没有放下那个小女孩的意思。

迪塞罗有些懊恼地抓了抓稀疏的头发，将原本还算规整的头发抓得一团乱，但却不顾自己形象，紧紧盯着那个孩子有些无奈地说道：“看在上帝的份上，放了我孙女！我愿意跟你们合作，虽然这种合作是出于要挟，但是我愿意向上帝保证我不反悔!”

“迪塞罗，出于先前您的举动，我们要暂时帮您看管孩子。不过请您放心，我会好好对待她。”娜丽亚的语气里包含了不信任，冷冷的。

“不需要了，我相信迪塞罗先生的人品!”独狼说道。从迪塞罗的表情里，他看出他很重视这个孩子，应该不会再翻脸了，于是对娜丽亚点了点头，让她把孩子送还给迪塞罗。

与此同时，独狼放开架在迪塞罗脖子上的刀，让他接过孩子，然后扶他坐在旁边的椅子上，语气也温和了不少：“我们现在可以心平气和地坐下来谈谈了，对吗?”

迪塞罗点了点头，没有再次反悔，而是很痛快地说：“当然。”

“你们运送人口的船只，都是通过什么海域的? 有没有特殊标识?”很满意迪塞罗的合作，独狼选择了比较重要的问题询问道。

独狼的问题很尖锐，一时间让迪塞罗有些迟疑：“这、这可是我们生存的关键所在。如果告诉你们……”他没有继续说下去，眼神有些闪烁。

“可是如果你不告诉我们，你早晚也会被皋本铲除。今天的事情，只是一个前奏。实话跟你说，国际上有一次针对皋本的大行动。如果你能提供足够的帮助，这个岛上的权益未必就不是你迪塞罗的。”独狼对迪塞罗有些诱惑地说道。他能理解迪塞罗的迟疑，但他说的也是实话，如果迪塞罗不跟他们合作的话，那么被皋本消灭只是时间问题。

迪塞罗这才点了点头，语气里包裹了诸多无奈：“唉，我是不服气啊！皋本站在我头上拉屎撒尿这些年，我总是忍气吞声，心想有一天能够把队伍带起来，跟皋本决一死战！既然是针对皋本那恶魔的行动，我就带你们去看看，但必须答应我一个条件!”迪塞罗说完，定定地注视着独狼。

“请讲。”这种时候迪塞罗还会提条件让独狼有些好奇，不过只要是合理的都可以商量，所以他大方地允许他提出来。

“无论如何我都要亲手杀掉皋本！我的儿子和儿媳都死在了那个恶魔的手上，我要用他的血祭奠我的孩子!”回忆起往事，迪塞罗的声音有些苍凉，赤红的眼神显得有些恐怖。

“这个事情，无关紧要。皋本的生死，我们不论。如果迪塞罗先生愿意动手，我们自然是非常欢迎。”独狼痛快地答应，这个条件非常简单，迪塞罗的样子也让他有些同情。

“别忘了，还有我!”娜丽亚也双眼喷火地说道，看得出来对于皋本她也

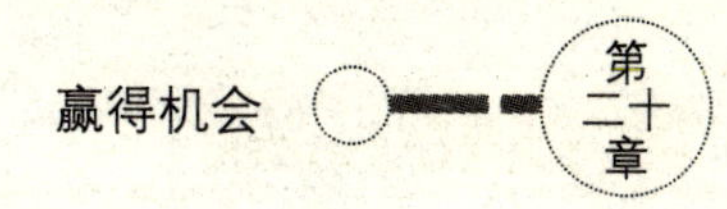

是恨之入骨。

然后，迪塞罗将孙女交给手下，独自带着独狼等人顺着溶洞中的小溪慢慢地走向里面。路程由暗到明，光亮似乎就在前方，可又不是那么清晰，显得有些神秘。

第二十一章 溶洞漩涡

光亮越来越强，整条路似乎都被裹紧在光晕中，独狼他们甚至能够感觉到迎面扑来的水气。众人心底的好奇快速浮上来，这究竟是怎样的环境？所有人都在不断地猜测，耳边却听到了巨大的水声，难道这是瀑布？

迪塞罗看到了众人的表情，没有解释什么，只是向众人嘘了一声，尽力压低嗓音说道：“都不要说话，慢慢地走！”说完转身向前走去。

脚下的路越走越窄，而且十分难走，众人不得不紧紧地贴着山洞，一点点地往前挪。就在迪塞罗踩向一块石头的时候，脚下突然一滑，整个身子飞快地朝山涧歪去。独狼赶紧拉住他的手，努力地靠住山体。

与此同时，独狼迅速腾出另一只手将胸前别着的钢笔拿出来，摁动笔杆上的按钮，“嗖”的一声伸出一根钢丝穿进身后的岩石层里。就算是借住钢丝的拉力，独狼仍然费了很大劲才把迪塞罗重新拉了回来。

迪塞罗站在那里，脊背微微有些弯曲，似乎仍有些惊魂未定，喘着粗气感激地说道：“谢谢你救了我的命！”

独狼摇摇头，表示没什么，而后催促道：“快走吧，赶路要紧！”

大约又过了十分钟，一切都展现在众人面前，刚才心底的疑惑刹那间全部解开：水银般的瀑布从高高的山涧甩下来，溅到谷底，又形成巨大的漩涡，溅起无数的水花打在墙壁上，破碎后四处飞散。

“这究竟是怎么回事！”所有人都被眼前的一切惊呆了，无论如何也没有想到出现在眼前的竟会是这样一幅场景。

“上个世纪，曾经有一次奇怪的火山爆发，就在这个悬崖的位置。因为冲力很大，所有的岩浆都冲上了天，甚至把这块海底的地皮都鼓成了包。这里的瀑布与别处不同，因为它是由海水形成的，海水从上面流下来，又经过岩洞回到那里……”迪塞罗娓娓地讲述着，声音似乎有些激动。

“这跟你们有什么关系吗？”独狼有些诧异地问道，他实在想不通这样一个瀑布和迪塞罗能扯上什么关系。

迪塞罗靠到独狼身旁，表情十分庄重地说道：“这是海神波塞冬的礼物。月亮给了大海潮汐，潮汐带来了潮涨潮落。只要我们看准时间，这里就不再是瀑布。从悬崖出去，一路的海域都没有暗礁，深深的大海、蓝蓝的天……”迪塞罗突然变得诗意起来，对于他来说，海神波塞冬是一直敬仰的神明。

迪塞罗的讲述让独狼觉得仿佛是在看杰克船长，暗自留了两滴冷汗，表面上仍然专注地听着……

“看到了吗？这崖上长满了一种树藤，非常结实。每到退潮的时候，我们就荡着它，跳到预先准备好的船上。”迪塞罗似乎也发觉自己的话离题有点远，赶快结束原本的话题说出了独狼他们想知道的事情。

“最近的一次机会，要到什么时候？”独狼问道。果然不出所料，迪塞罗真的有一套自己特别的方法。

迪塞罗低下头，掐着指头计算着，低声说道：“快了，也就是这两天。没有月亮的时候，我们就可以出发了。”

独狼点了点头：“那好，我们回去吧。”

迪塞罗依然看着天，似乎预感到什么，脸色有些凝重，突然脱口而出：“等等！”

众人停下脚步，都把目光投向他，有些疑惑地问道：“怎么了？”

“你们看。”迪塞罗指着悬崖上的树藤，神情很严肃地说，“这树藤有问题了。”

“什么问题?”独狼仔细地打量着崖壁上那些浓绿的树藤，根根都有手臂粗细，深深地嵌在石块上。在他看来不但没有任何问题，反倒是长势喜人。

“这个季节，树藤应该是新绿色的。但是它们现在明显长得过于旺盛了，这并不是好事。树藤突然之间繁殖过快，会造成山上石块的裂缝加大加宽，打破固有的平衡。那样的话，上去的人死亡几率也就越大。”迪塞罗很干脆地解答了独狼的疑问。对于这些树藤他再了解不过了，这样的变化让他有些担忧。

“你的意思是说，我们现在不具备攀岩的条件?”听完迪塞罗的解释，独狼一句话就点到了要害。

迪塞罗点了点头，肯定了独狼的猜测：“没错，就是这个意思!”

此时已近深夜，迪塞罗将独狼他们请到了自己的洞穴里。

“独狼，很高兴认识你！也感谢你今天对我的救助，上帝会保佑你的!”迪塞罗将一杯满满的酒递到独狼面前，真心真意地说道。

独狼欣然接受，却只是握在手里没有喝，微笑着回应：“首领过奖了。”对于迪塞罗态度上的转变，他很欣慰，也希望这个暂时的合作伙伴不再有抵触。

迪塞罗端坐在独狼身旁，脸上的表情有些伤感，说道：“独狼，不管你们是如何打算的，至少目前来说，我们有共同的敌人，那就是皋本。很久以前，左拉——也就是我的孙女，他的父辈都是惨死在皋本手里的。我承认我们做的不是好事，但没有办法，皋本来了之后，岛上一切正规的买卖都无法进行，但人总要生存。你可以看到，所有在我这里的人都怀着一颗善良的心，不论别的蛇头如何做，如何对待自己的‘货’，至少我和我的部下不会那么残忍。”

说完，老人一口气喝干了杯中的酒，似乎有些感叹，长长地叹了一口气：“许多年前，皋本还没有来这里的时候，我还是一个水手。一次海难中，我被海水冲到这个岛上，是左拉的奶奶救了我。我很感激这里的人，于是决定留下，为这片土地发挥我的能量。我们两个人，我打渔，她耕作，生活不富足却也很惬意。但就在皋本出现之后，一切都变了。原本兴盛的芝麻小镇现在也成了军火和毒品交易的地方，原本的好孩子都成了皋本的手下。这片原本宁静的土地让皋本给彻底污染了。几年前，左拉的父母上山去耕作，正巧遇到皋本的军队。谁知这帮畜生，竟把他们……”

老人说着说着已泣不成声，紧紧抱在怀里的左拉也一直在哭。突然，他脸上的表情因愤怒和心痛而显得有些狰狞：“求你们，一定要把皋本抓住！我会亲手割他的肉、喝他的血!”迪塞罗对皋本的仇恨似乎压制得太久了，今天突然爆发出来竟然显得如此沉痛。

“放心，一定会的!”独狼语气笃定地说。听着迪塞罗说起岛上的一番变化，再联想到自己的祖国也曾经遭受过的类似的灾难，独狼的心底隐隐有些伤感。所以，无论自己能不能亲手杀了皋本，为了一个迟暮的老人，他也一定得答应下来。

夜深了，所有人都躺下了，唯有独狼一个人坐在大厅里静静地沉思着。

“在想什么?”军刀这时悄悄走了过来，轻声询问着。

独狼笑了笑，递了一根烟给他：“想很多事情。这几天一直忙着追踪和任务，好不容易有个机会歇下来，紧绷的神经真有些承受不住。”语气颇有些无奈。

“在想野狗?”军刀没理会独狼的话，反而疑惑地看着他。

军刀的话让独狼一愣，随即轻声说道：“有点吧，只是我不敢确定是不是因为那件事情结的仇。”

“队长，从来没见过你凶。为什么你跟别的队长不一样呢?”以往执行任务的时候，领头的队长一般会用大嗓门来吼自己的手下，拳头更是家常便饭，但这样的事情在独狼身上却极为罕见。这一点让军刀一直想不通。

“你们那么优秀，我有必要凶吗?”独狼拍打着军刀的肩膀，十分豪爽地笑着说道。

“关于娜丽亚的事情，你怎么想?”军刀又问，独狼对于每件事似乎都有独到的见解，他很好奇他的想法。

“我觉得娜丽亚不像是卧底，如果是，她早就有机会置我们于死地。而她与卓瑞亚之间的关系，更让人摸不清。不过有一点可以肯定，现在我们需要她。”独狼微微沉吟了一下，小声说道。

而一边的娜丽亚根本没有睡着，静静地听着独狼与军刀的谈话……

“一场激战就要开始了。”独狼自言自语，暗自在心里感叹了一下。

第二天一早，独狼主动呼叫了大熊猫："大熊猫，我们需要支援：第一，立即用巡航导弹将对方的雷达设施破坏，坐标与执行时间我会另行通知；第二，我们需要一队相当数量的士兵与皋本进行正面交火，拖延足够的时间。"他干脆地说出了要求，语气很严肃。

"还有别的要求吗？独狼，你可真会给人出难题啊！"大熊猫对独狼的要求明显觉得有点为难。

"暂时还没有别的要求！"独狼摇头，他自然知道自己的要求有些为难大熊猫，但这也是没办法的事情。

"暂且不说出动巡航导弹的苛刻要求，就是派出一个连队的士兵都完全无法做到！"大熊猫仔细地对独狼分析着，话语里透露着一丝为难。

"这些问题该你们解决，皋本最近频繁地在岛上搞种族屠杀，如果拖下去一旦他完全掌控了岛上的方方面面，我们的机会就十分渺茫了！"独狼将皋本最近一系列举动一一道来，并说出了自己的担忧。的确，皋本的举动让他不得不加快动作，时间是不等人的，每耽误一分钟都可能发生不可挽回的事情。

"那你等一下，我跟那边沟通一下，十五分钟后会呼叫你们。"听了独狼的话，大熊猫停顿了一下，说完这句话就挂断了，前去和各方面进行交涉。

很快，大熊猫的呼叫就过来了："打击对方雷达没有任何问题，但派遣士兵没有合适的通道，对方并不答应进行这种冒险尝试。"

"告诉他们，我们有足够安全的通道，不会触礁，还会有人接应！"独狼早就想到了这个结果，果断地回应。

"那就没问题了，祝你们早日完成任务！"大熊猫似乎松了口气，语气轻松了许多。

"谢谢，替我问候将军！"独狼真挚地说道，为大熊猫能够竭力满足自己的条件而感动不已。

"这话等你回来亲自跟老虎说，你是他的爱将。把你弄丢了，这个责任我可担不起！"大熊猫听出了独狼话里的凝重，尽可能地放松语调，试图宽慰或者鼓励独狼。

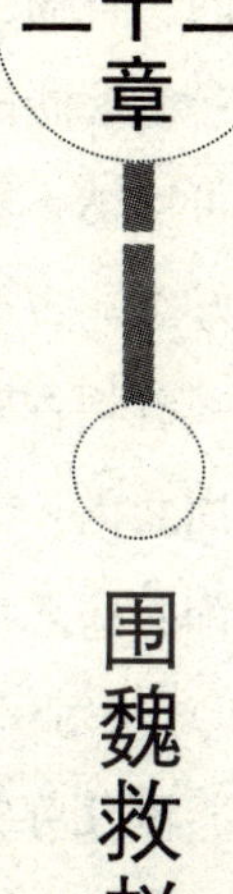

第二十二章 围魏救赵

事实上，这个时候岛上所有人的注意力都从陆地转向了海上。战斗持续升级，海上也不再平静了。

皋本一身戎装地走进B岛军事基地，有些肥胖的身躯塞在军装里看起来有些奇怪。海军首领安德拉斯朝他敬了礼，表情严肃又有些庄重地说道：“将军，安德拉斯向您汇报！”

“嗯，讲吧。”皋本脱下手套，坐在指挥台前的长椅上。

“巡洋舰已经准备完毕，目前正在R国周围公海进行巡逻。通过租用的卫星，我们发现了这个。”说着，安德拉斯把手中的照片交到皋本手里，“第七舰队正向这里赶来。不过，请将军放心，我们已经做好一切战斗准备！”他自信满满地保证着。

皋本挥了挥手，让安德拉斯退下去，心里却默默地念叨着：“他们还是沉不住气，终于要动手了。”

看着基地里所有的人都在忙忙碌碌地工作着，皋本心里突然升起一种感觉，好像脚下的一个个人只是他花钱买来的蚂蚁。

“对！”就在这时，他脑海里突然灵光一闪，想出了个怪异的主意，连忙叫道，“古斯塔夫！”

“将军，有何指示？”听到皋本的呼唤，陆军首领古斯塔夫赶紧跑了过来，说话间呼吸有些急促，看来心里十分紧张。

“集结军队，然后跟我一起将芝麻小镇所有的人请到大教堂那里去！”皋本的声音像从地狱中传来一般，森冷冰寒，让人如坠冰窟一样不舒服。

假慈悲的皋本曾经出巨资在芝麻小镇上建了一座极为豪华的大教堂，外面可容纳不下五万人。这一次他无缘无故地把人都聚拢到大教堂外，明显不怀好意。古斯塔夫虽然有些疑惑，但是不敢质疑，只好领命而去。

看到古斯塔夫离开，皋本走下指挥台，走向J博士：“J博士，进展如何？一周之内，CRII能随时待命吗？”他微微眯着眼，好像打算借用这个动作来掩饰眼底恶毒的光芒。

“绝对保证，将军！”J博士扶了扶厚厚的眼镜，自信满满地说。

没几分钟，队伍集结完毕。

“将军！”古斯塔夫庄严地站到皋本面前，敬了个礼，“队伍集结完毕，请将军训话！”

皋本正了正衣领，身上的恶毒气息瞬间退去，换上另一副面孔，随即站到指挥台前：“各位，在这里征战的战友们。我们是被这个社会遗弃的人，这个所谓的文明社会将我们丢在了这里。他们声称我们是无用的人，是人渣！我们承认了吗？我们认命了吗？我们站在这里，经过千辛万苦、经过浴血奋战终于成立了属于我们自己的国度。我们终于能够做自己想做的事情，享受本来就属于我们的安乐！这是我们的自由，大家说，能够放弃吗？”皋本煽动人心的招数十分拿手，只是短短的几句话，就将大家的思想认识提高到保卫自由的高度上。

“不能！”不出所料，所有的士兵都受到皋本的蛊惑，顿时被鼓动起来，情绪显得十分激动。

“为了自由而战，为了未来而战！”皋本振臂高呼，非常满意自己带来的效果，这种士气正是他想要的。

台下士兵们也满腔热血地跟着呼喊：“为了自由而战，为了未来而战！”

军队在古斯塔夫的带领下陆续登上军车，准备开往不远处的芝麻小镇。皋本满意地看着眼前的景象，心里不知在盘算些什么。

“将军。”一个怯懦的声音从身后传来，话音里似乎还有微微的颤抖。

皋本转身看到了J博士，有些意外地询问：“怎么了？”

“我不知道该怎么跟您说，不过我想这并不是一件坏事。”J博士脸上的皱纹集中在眼旁，勉强挤出的笑容中夹杂着谄媚和讨好，显得有些难看，让人忍不住心生厌恶。

“你说吧。”转身不再看J博士的脸，皋本的声音有些冷漠。

J博士抬了一下眼镜，深吸了一口气强作镇定地说道：“在CRII的接手过程中，我发现了一种与金属镁呈反相的非金属物质。起先，我以为这是发明者在提炼过程中的杂质。于是我提高了纯度，将这种物质单独放在一个容器里。可奇怪的是，这种反物质竟然产生了比原有元素更大的能量。我计算了一下，这种物质的热能当量应当在CRII能源块的三十倍到四十倍之间。”

这些专业术语让皋本听得有些发昏，可最后一句话终于让他的情绪有了波动。他大吃一惊地吼道：“你说什么？就是说，你发现的这个物质有可能会让CRII更加厉害？是这意思吗？”皋本有些激动，CRII堪称最强武器，如果这个东西又能让CRII变得更加强大，他有些无法想象那将是怎样的局面。

J博士犹豫地摇了摇头，又点了点头：“从理论上来讲，是这样的。但是……”

“但是什么？”皋本十分急切地问道。

“你要知道，CRII的冷冻技术已经是世界上最先进的了。可现在这个冷冻技术我们都还没搞到，更不要说这个未被认知的东西了。我担心这种物质一旦运用，会直接将CRII的反应槽烧坏。”J博士说出了自己最大的担心，说完又忍不住多看了皋本两眼，生怕自己的话再次招来灭顶之灾。

J博士的话让皋本又重新冷静下来，挥挥手道：“你回去吧，我知道了。”

“独狼报告你的位置！”另一边，独狼突然听到大熊猫的呼叫。

“我们在一个溶洞里。”独狼回答，继而问道，“有什么新情况吗。”

“迅速赶往芝麻小镇！通过军事卫星的观察，我们发现皋本的军队正在进行大规模集结，而且一个大教堂外面正有极大数量的人员在无端聚集。可能是那个镇子上大多数的人，出现这种状况一定与皋本有关。”大熊猫的语气有些焦急，看来情况十分严重。

“坏了，皋本会不会用十几万人命做自己的挡箭牌？”独狼的第一反应就是如此，而这个想法也让他心口一凉。

“有极大的可能。通过各种资料看来，皋本这人做事根本没什么顾虑。看来，原有计划只能取消，剩下的一切只能靠你们自己了！”大熊猫的语气有些无奈，皋本可以牺牲其他人，可他们不能这么做。

独狼的心情越发复杂，时间紧迫，他立刻站起来，叫醒了所有人：“立即赶往芝麻小镇！”

迪塞罗也被嘈杂声吵醒了起来，不解地看着独狼：“怎么了？”

独狼把刚刚收到的消息一五一十地告诉了他。

迪塞罗听了，脸上的表情瞬间冷下来，转身回到床边拿出一把钥匙递到他手里，十分果决地说道：“这是一辆吉普车，你们开着去吧！”

独狼接过钥匙，坚定地点了点头，高声命令着：“所有人整理好装备，五分钟后洞口集合！”他心里有些沉重，脸色十分难看。

一路上，火枪把车子开得飞快，每个人的面色都很凝重，没有一个人说话，各自静静地想着事情。

独狼心里明白事态的严重性，如此众多的军人集结，并向小镇进发，预示着皋本的屠杀计划即将开始，他的残忍让他有些心惊。

军刀的眼睛在风中眯成一道缝，声音嘶哑地说：“我们去，可能也是徒劳。与其去探查消息，不如先发制人。”

军刀的话一出口，所有人都定定地看着他，脑子一刻不敢停歇地思考着。

就这样沉默了许久，独狼突然说：“火枪，掉头！我们去发射基地！”他的声音有些凌厉，显然心底正在经受着折磨。

军刀的脸上顿时露出一丝笑容，对于独狼的信任感到很欣慰。火枪却问道：“要不要跟大熊猫打个报告？”

独狼再次沉默良久，好像冷静了许多：“既然大熊猫授予我前线指挥权，就应该信任我。咱们对情况比他更了解，事情紧急，只能先斩后奏！这件事情不要向上面汇报，希望你不会让我失望。”独狼的表情有些决绝，因为他必须做出选择。

“明白，队长!”火枪干脆地应道，听从独狼的命令快速掉头。

独狼之所以会说这些话，其实就是想把可能出现的责任一个人来承担，那样就不会给国家造成恶劣的影响。

车子在弯弯的山道上颠簸着，越过两个山头竟然到了哨所前。

“火枪，想办法切断他们的联络。军刀绕到后面，把观望台上的哨兵先搞定。娜丽亚和上校待在车上。”独狼迅速判断了眼前的形势，吩咐完毕后立即下车。

独狼、军刀、火枪三人经过几次战斗，彼此之间的配合早就亲密无间了。火枪找到了埋在草丛里的军方电话线，立即切断，完美地完成了任务。随后，军刀把好位置，就在观望台哨兵回身之际，毒刺“嗖”地扎了过去。哨兵顿时像砍倒的树一样，不声不响地倒在台上。独狼则靠草丛的掩护，迅速向前移动。就在军刀毒刺打出去的时候，他已经站在几位哨兵十几米远的地方。还没等对方做出任何反应，他已将手中的枪端起来扫射，顿时血肉横飞，岗哨的士兵纷纷倒地。

随后，独狼挥了挥手，示意前方目标已经清除。就在这时，岗楼上突然又站起一个士兵，正要朝独狼开枪。“砰”的一声，军刀的子弹雷达一般准确地打在他额头上，危机立即解除。军刀和独狼相视一笑，都没有说话，这就是两人的默契。

车子再一次开动时，所有人的心情都放松了。火枪叼着嘴里的牙签，一个劲儿地夸队长体贴：“谁要是能当队长的媳妇，那一定是这世界上最幸福的女人。”

独狼有些无奈地笑了，摸了摸火枪的光头：“也许永远都不可能有。”埋起心里微微的失落感，他露出一丝苦笑。

军刀长叹一口气，伸了个懒腰，倒在车子一边睡了下去。身旁的娜丽亚立即靠了过去，军刀没有任何反应。

上校在一旁觉得有些别扭，赶快朝边上挪了挪，离两个人远远的，眼神里夹杂着一些想念：“上帝，要是我老婆在就好了。”

上校的中国话学得很蹩脚，把整车的人都逗笑了，气氛显得很轻松。

就在这时，突然传来“轰”的一声，车子立即不受控制地向一边歪去。

火枪大惊，立即喊道：“不好，有伏击!”

军刀赶紧抱住娜丽亚，快速推开车门跳了下去。火枪则躲在驾驶座上，踩住了刹车。

见状，独狼快速打开车门，朝前方开了几枪，低声吩咐："快撤到丛林里去!"

五个人不敢耽搁，一溜小跑进了丛林躲了起来。

"队长，怎么回事啊?"火枪一时还没明白到底发生了什么事，心里充满了疑惑。

"有人打爆了车胎，导致车子瞬间失衡。"看到火枪满脸疑惑的表情，独狼肯定地说道。

"有谁的枪法那么准?我开车的速度可是一流的!"火枪忿忿地说道，万万没想到在车子如此高速奔驰下，还有人能一枪打爆车胎。

"这个人的手法，我很熟悉，从他子弹的弹道我就能判断出是谁!"压低声音，军刀定定地看着独狼说道。

独狼立刻面色一沉："是野狗!"他万万没想到这个人居然在这种时候出现了，来的可真不是时候。

"这个阴魂不散的野狗，到底是什么来路?"火枪听了，忿忿地吐掉了嘴里的牙签。

第二十三章 潜入基地

“我也不知道是什么来路，一直想不起能有什么人会一直盯着我，也想不起跟什么人有仇，很有可能是以前执行任务时惹上了这么一个狠角色。”独狼说道，有些无奈，我在明、敌在暗这种感觉让他非常不舒服。

军刀匍匐着来到独狼身边：“把他交给我吧！”

独狼把眼神转向他，心里突然有一种不祥的预感，立刻张口否定：“不行！你不能去。野狗找的人是我，这么一个狠角色，别说你了，也许我现在都不一定是他的对手。”他不断压低声音，显得有些无力，脸上也没有任何表情。

军刀撇嘴一笑：“我喜欢挑战。你们撤，我断后。野狗实力是不错，但就是人太傲了！骄兵必败这个道理你们都懂吧！”说着就要走出去。

独狼一把将他拉了回来，表情十分严肃地说道：“我以队长的身份命令你，不准去，太危险了！对方也是狙击手，越是在危险的时候我越要对你们所有人的生命负责！”独狼的声音越发低沉。

娜丽亚也上前拉住军刀，情绪的波动让她的声音有些不受控制得尖锐起来："这不是你逞能的时候，快回来！"

军刀完全没有理会这些劝告，反而一下子挣脱娜丽亚的手，一个人冲了出去。独狼与娜丽亚只能看着他越过大路跳进另一边的丛林里。

丛林里传来断断续续的枪声，扯得大家的心口发紧，独狼也跟了出去。可就在这时，军刀却一个人溜了出来。

"队长，我们走！"他冷冷地说着，仿佛刚才的一切都未发生过，随后人已坐到了车里。

独狼立刻跟了上去，问道："到底怎么样了？"军刀的反应让他有些摸不清，只好开口询问。

军刀却耸了耸肩，状似轻松地说道："被我解决了！"

独狼的声音竟然莫名地颤抖起来："死了？"虽然不明就里，心底却隐隐地有些难过。

军刀点了点头，独狼却不像他那样笃定："有没有在他身上搜到与身份有关的东西，我觉得野狗的身后一定隐藏着什么。"

军刀摇了摇头："没有。尸体滚下山了，我没去找。"

说着，他点了一根烟，送到独狼手里："抽吧！"神色依然没什么波动。

独狼看了看他，接过了烟："谢谢。"既然军刀不愿多说，独狼只好就这样压下了心底的困惑。

"天下没有不散的宴席，既然他走了，这就是他的命！不管他是因为什么来到这里，都已经阻碍了我们的任务，我们都不希望队长因为私事而影响了任务。"说完，军刀不再说话，脸色格外冷峻，显然野狗的出现对他的心情造成了极大影响。

独狼不再说什么，狠狠地吸了几口烟，将烟头随手扔掉，跳上车子。

这一切都被树上某个角落潜伏着的人收入眼底。等吉普车开远了，这人从隐蔽的位置跳下来，轻轻地捡起独狼刚才扔掉的烟头，狠狠地捻碎。

野狗的右手上，一只戒指在阳光的照射下熠熠生辉，正是独狼遗失的那一只。

"独狼，你还是又出现了！"野狗眼里的精光一闪而过。

车子行驶在崎岖的山路上，独狼静静地看着身后渐渐远去的树影，思绪万千，却又不知道该如何去梳理它们，只能放任它们纠缠在一起。

突然，他的脑海里闪过一个人的影子，就是救了自己的那一位战友，猛然间意识到野狗与那位战友是那么的相似！

于是，独狼将这件事情简单地跟大家说了一遍，整个车厢顿时陷入一片沉默之中，没有人说一句话。

“你不该这样，队长！”军刀终于打破了沉寂，“即使那人真的与那位战友有关，也没有任何办法，上了战场不管交情只管立场！死者亦已，生者呢？还应该继续自己的战斗。”军刀知道自己的话可能有些残忍，但是对他们军人而言，战场就是如此残酷，所在的立场不同自然就不是朋友，而是敌人。

听了这话，独狼把眼神从远处拉了回来，收起落寞的心情，小心地调整了一下情绪：“我知道。火枪，还有多久能到发射基地？”抛开私人的烦恼，独狼再次把注意力拉回到任务上。

火枪看了看定位仪，心里默默地计算了一下：“三分钟！”

“快点，我们必须给对方迎头一击！”独狼狠狠地咬着牙齿，眼里不经意间噙满了泪水。

五个人很快就到了发射基地。独狼和火枪曾经来过这里，对这里的环境已经很熟悉了。车子很快开进升降机里，独狼命令所有人最后一次检查自己的武器：“大家准备好了吗？”脸上的表情已恢复了一贯的沉稳。

“是！”

“准备战斗！”定了定心神，独狼快速进入状态。

“哗啦啦！”升降机已经到了最底层。

火枪精神高度紧绷，就在升降机“轰”的一声落到地上时，他狠狠地一脚踩向油门，吉普车“砰”的一声撞碎升降机的栅栏冲了出去。

基地所有人都被这突如其来的冲击吓坏了，还没等有所反应，吉普车上已“嗖嗖嗖”地打出一串子弹。车子所到之处，一片哀嚎。独狼看准右侧的油桶，扣动扳机，“轰”的一声传来，顿时火光冲天。

见状，独狼将手向前一挥：“所有人散开！”

五个人立即跳下吉普车，朝不同的方向跑去。独狼瞅准上方指挥台的位置，用通话器告诉大家不要对准指挥台，让他把消息传出去。

独狼的判断力绝对是一等的，他的想法是对的，不一会儿，皋本就得到了基地被人偷袭的消息。

“什么!”收到这个消息，他暴跳如雷，狠狠地把电话摔到桌子上，声色俱厉地咆哮着：“野狗呢？他在干什么?”

“我们试图联系他，但是他似乎没了消息。”

皋本一屁股坐在凳子上，刚才的气势已不复存在，看起来似乎阵脚大乱、十分慌张：“连他也……快！联系古斯塔夫，把军队开回基地，不惜任何代价给我保住发射基地!”他的手有些颤抖，表情狰狞起来。

这时，卓瑞亚不慌不忙地走了过来，懒洋洋地说道：“你还像个将军吗？遇到点事情就急成这个样子。有什么好怕的!”

“你懂什么！发射基地要是毁了，我们纵然拥有CRII也没有用!”皋本早已经气得不知该说什么好了，卓瑞亚的话让他感到愤怒越发升级。

“听我说，这并不难。”卓瑞亚气定神闲地说道，脸上完全找不到一丝惊慌。

“哦？你有什么办法?”皋本虽然气急，却也没有丧失理智，微红的眼睛紧紧地盯着卓瑞亚。

“只要十几万民众在，我们有必要怕谁呢?”卓瑞亚一下子就说出了皋本最大的筹码，直接敲到了重点。

皋本的脸色顿时好看了许多，很快变得红润起来，身上暴躁的气息瞬间如潮水般退去：“哈哈，有道理！有道理!”

随即，他就给发射基地发出了一道命令。发射基地接到命令后，立即停止火力，打开大喇叭冲独狼等人喊道：“你们听好了！我们手里掌握着芝麻小镇所有人的性命，如果你们不撤离，他们都将因为你们的举动而丢掉生命。”

“队长，怎么办?”火枪有些无措地问道。

独狼心里暗想：“皋本这个老鬼竟然没有上套，自己却陷入两难的境地。这可怎么办?”计划失败让独狼心里一阵郁结。

“撤！所有人跟我撤!”仔细想了半天后，他迫不得已地下了令。

这时，似乎算准了独狼的心思，高音喇叭又响了：“留下娜丽亚!”

所有人都沉默了，目光集中在娜丽亚身上，眼神里装满了不知名的东西。

“我跟你们去!”娜丽亚微微颤抖着站起来，向着指挥台的位置走去。

军刀立即上前拉住她的手，眼神里有些不安：“不能去，这是圈套!”

娜丽亚摇摇头，眼里噙着泪，紧紧咬了咬红唇，颤抖着说道："军刀，这就是我的宿命。你说得对，天下无不散之筵席，如果有来生，我一定做你的女人！"说完，她用尽全力挣脱军刀的手，生怕自己反悔一般飞快地跑上指挥台。

"现在给你们两条路：一是举手投降；二是顽抗，被我们杀死。"高音喇叭像战胜的将军一样，发出刺耳的声音，独狼等人的妥协让他不断地提高筹码。

这时，独狼站了起来，走到基地中央。所有的枪口都对准了他，但他脸上没有丝毫惧意。随后，他拿出一个类似遥控器的东西，"很不幸地告诉你们将军，瞬间我就能让这里化为灰烬！让他自己考虑条件，是我向他投降还是他向我投降？"独狼的声音里充满了自信，完全无视瞄准他的无数枪口。

指挥台里的人一时没了主意，半天没有响动，看来是去请示了。

躲藏在废弃的油桶后的火枪摸着自己光头，有些想不明白：独狼手里拿的"遥控器"是什么时候装上炸弹的？

"我们可以做个交换，你们撤出基地，留你们活口。否则，不仅你们要死，还会连累芝麻镇的所有居民！"皋本像是有恃无恐，断定了独狼等人不会枉送整个芝麻镇居民的性命，口气仍很强硬。

"那好！给我十分钟时间撤离，让我把娜丽亚带走。"独狼坚定地说。

"不要得寸进尺，这是最底限了。现在撤离，否则你将在这里化为灰烬！"对方不肯松口，仍然坚持着。

火枪咬了咬牙，狠狠地吐了一口唾沫，身上的怒火旺得让他觉得真的热了起来："妈的，皋本够猖狂！"

独狼走回吉普车旁："皋本！你听着，这笔账我先记着，我们还会见面的！"皋本掐住了他们的死穴，独狼无可奈何，只能暂时休兵。

随后，他向大家使了个眼色，示意他们上车："所有人撤！"

有些不甘地说完这句话后，他矮身钻进了车里。

火枪开动吉普车，回到升降机里。"轰隆隆"几分钟后，四个人又回到地面，远离了危险地带，大家的心情又略微地轻松了一点。

火枪从独狼手里拿过那个遥控器看了看，顿时惊讶地瞪大眼睛看着他："这遥控器是假的！"

“是啊，要不是诈了皋本一回，我们早就完蛋了。”独狼看着天空长舒了一口气，心情有些起伏：“但愿娜丽亚是站在我们这边的，我们走!”

“去哪里?”

“芝麻小镇。那里还有很多值得去救的人……”独狼的声音有些疲惫，带着一丝男人特有的沙哑。

吉普车拖着长烟，再 次消失在远山之中……

第二十四章 真假蒙娜

吉普车开出基地之后，身后一直有两辆车追着。

“独狼，敌方加快了行军速度。不出意外，将在半个小时之后到达芝麻小镇。一场浩劫，在所难免。你们……”大熊猫对独狼的呼叫越来越密集，情况的危急让他也不得不紧张起来。

“放心，我们一定完成任务！”独狼挂掉通讯器，看着火枪吩咐道：“火枪，抄近道！”

“是！”火枪立即方向盘一打，猛地冲向丛林，却突然看见前方出现一个空洞的大坑，“糟了！”

刹车已经来不及了，火枪心里一凉，车子瞬间就翻了下去。情况紧急，独狼从车里钻出来急切地喊道：“快！离开这里！”

几个人纷纷跳出车子，没几米就听“轰”的一声巨响，车子随即爆炸，留下一股浓黑的烟雾飘在空中。见状，后面赶上来的两车追兵立即欢呼起来，屁颠屁颠地将独狼他们的“死讯”告诉了皋本。

这一消息，却恰如其分地为独狼他们赢得了足够的时间。四个人躲在吉普车旁的落叶丛里，小心翼翼地躲避追兵的探查。终于听到车子远去的声音，独狼赶紧说道："听着，我们现在必须急行军，朝芝麻小镇赶去！这是一场殊死决斗，战友们，加油！"他有些急迫，时间不等人，这一次必定是一场极为危险的战斗。

"加油！"四个人一起伸出了手，紧紧地攥在一起，眼神里布满了坚定。

随后，几个人影在幽暗的丛林中不断地跳跃着，每一步都与心脏的跳动相互呼应。独狼急切地想赶到芝麻小镇，因为即将展开的是一场屠杀，他决不能容忍这样的事情发生。突然，前方树林里一群鸟"呼啦"一声飞散开来。跑在最前面的独狼立即停了下来，向两边伸了伸指头。看到他的讯号，军刀、火枪赶紧散开来寻找掩体。不一会儿工夫，"嗡嗡"的车轮声就传了过来。

独狼看了看时间，没错！时间刚刚好，这就是他们要拦截的军队："注意，节省子弹，朝卡车轮胎开火，阻止敌人前行！"他低声吩咐着，率先开了枪。

瞬间，枪声响起，敌人阵营里立刻乱了阵脚。古斯塔夫从指挥车上跳下来，唤来狙击手去搜寻火力点。狙击手立即端枪朝独狼他们所在的方位快速冲了过来。军刀同样端起了手中的狙击枪，对准他的眉心就是一颗飞弹，来人应声倒地。

然后，军刀稳住枪托，将狙击角度向下调了三度。古斯塔夫见狙击手倒下，灰溜溜地躲到车后，却不小心将脚掌露在外面。军刀看准轮胎下那一点点影子，"砰"地把枪膛里的子弹推了出去。说时迟那时快，枪声一响，古斯塔夫顿时觉得脚踝一疼，上身歪倒在车轮旁，头部露了出来。

军刀看准时机，迅速朝轮胎后的半个脑袋射出致命的一击。古斯塔夫的脑袋立即被子弹射穿了，连一声尖叫声都没留下，就带着一个大大的窟窿倒下了。身边的侍卫看着恐怖的场面，一时吓呆了，身体如同筛糠一般颤抖起来，双腿也不听使唤地快速抖动着，恐慌至极，只顾得大喊："死了！"

独狼看到军刀如此轻易就左右了情势，心里踏实了不少，站起来继续吩咐道："敌人的指挥官已经被消灭，下面自由支配火力，给我用光所有的火力，尽量减少敌人的有生力量！"擒贼先擒王是亘古不变的道理，一个队伍一旦失去了领军人物，就如一盘散沙，击溃只是时间的问题。

听了这话，火枪露出一抹有些邪恶的笑容，从兜里掏出一个手榴弹扔了出去，又掏出一个，又扔了出去……

一枚手榴弹刚好落到卡车上，一时间浓烟四起，整个卡车都燃烧起来了。

独狼仅高兴了几分钟，事情就突然有了变化。古斯塔夫躺下的地方突然有人站了出来，前后指挥着队伍集合。一旦有人组织起来，局势立刻就变得不一样了。独狼心下大叫一声不妙，一旦队伍明白了自己的企图，一定会加快行军速度，如果真是那样的话，这一招打草惊蛇注定失败。于是，他飞快地思考着对策，吩咐道："军刀，把领队的人再给我端了！"

"是！"军刀在原地侧着身子往弹夹上摸，顿时愣在那里，"没子弹了！"

听了这话，独狼下意识地摸了摸自己的弹夹，也只剩下为数不多的几颗了，情况危急，他顾不得许多，急躁地命令："我就不信你搞不定，你不是还会飞镖吗？"

这话一下子提醒了军刀，习惯了使用枪械，他居然忘了自己的另一项看家本领："队长，掩护，我冲到前面去。"

"需要多少距离？"独狼目测着冲上来的敌人，心里不停地计算着。

军刀单眼朝那指挥者指了指："五十米足够！"

独狼心里一惊，眼神朝军刀这边看了过来，断然否定："不行，太近了。"

军刀微微一笑，"噌"地跳了出去，速度极快，在陡峭的山壁上犹如一条黑色丝带一般飘着。

独狼迅速招呼火枪和上校给军刀以火力支持。军刀步子很大，动作也非常敏捷，从一块石板跳到另一块石板上，随即像幽灵般突然出现。对方还没反应过来，他手中的飞镖就飞了出去。只见那人捂着脖子，连一声都没来得及发出来就倒了下去。

军刀也不迟疑，立刻打算转身回去，可几百条枪已死死地对着他，如果贸然往上蹿，无异于给人当了靶子。军刀脑子飞快地运转着，思考着最佳的逃脱方式，不一会就有了自己的决定。只见他开始朝相反的方向跑去，一溜烟蹿入指挥车里，发动起来，朝前开去。

就在军刀得意之时，后脑勺竟被一支冷冷的枪顶住了。

"我们又见面了。"那是一个女人的声音，一个似曾相识的声音，但此时显得有些冷。

随即，在那支冷冷的枪口后面，军刀看到了一个白皮肤、黑头发的女孩，幽然飘来的香水味道使他一下子清醒过来了。

“蒙娜!”他失声叫起来，声音中带着无法掩饰的激动。

原来，军刀有一次在国外执行任务时碰到了蒙娜，两人因为任务相处了一段时间，彼此对对方产生了一丝说不清的好感，只可惜后来任务结束就分开了，没想到竟会在这里以这种方式见面。

“熟悉的香水味道，我永远不会忘记。”轻轻嗅了一下，军刀居然在这样的情况下开起了玩笑。

“少废话，我现在没空跟你开玩笑，什么蒙娜不蒙娜的，我不认识，赶紧把车给我往后开!”女孩却毫不客气，对于军刀的话感到有些好笑。

军刀努了努嘴：“好，我听你的。”

这个女孩其实就是卓瑞亚，不知军刀怎么会联想到蒙娜，也许她们长得比较相像。不过重要的是，此时军刀真的把她误认为是蒙娜，尽管他不知道蒙娜何以会变成这样。

军刀把车子拉到倒档，速度快得就像是要转弯，却在突然之间踩住了刹车。卓瑞亚顿时被巨大的惯性甩到后座上，但她反应十分迅捷，瞬间就打算起身。

可就在她被沙发弹起的一瞬间，军刀已经转身夺过了她手中的枪，语气微微有些调侃地说道：“美女还是多研究下衣服比较好，并不适合玩这种危险玩意!”说着，不经意地将枪里的子弹一颗颗卸了出来，黄澄澄的子弹立马滚落在脚下，被军刀随意一脚踢到了角落里。

没有了枪械的帮助，卓瑞亚立刻成了失去爪牙的小野猫，对身手敏捷的军刀完全无法构成威胁。

做完这一切，军刀继续开着车，但让卓瑞亚奇怪的是，车子正朝芝麻小镇开去。

“这里离皋本的老巢非常近，你是胆大包天还是没心没肺?”卓瑞亚对军刀的做法十分不解，忍不住说了出来，脸上还带着一丝困窘的闪躲，虽然她隐藏得极好，但还是瞒不过观察入微的军刀。

“不用为我担心，美丽的小姐!”卓瑞亚的反应成功地愉悦了军刀，他嬉笑地调侃着，紧绷的心放松了不少。

军刀把车开到芝麻小镇后，打开车后门，将上面坐着的卓瑞亚拉了下来，带着她走在小镇的主街上。她的出现让所有人惊呼，而军刀此时才知道，这个女孩竟然就是皋本的情人卓瑞亚。

“你是卓瑞亚?”军刀不敢相信自己的眼睛，掩藏不住语气里的惊讶。

“是，让你知道也无妨，在这里我谁都不怕。”卓瑞亚冷冰冰地说道，转而问道，“你要带我去哪里?”

军刀不理卓瑞亚，拉着她来到她自己的酒吧，坐下后才语气有些森冷地说：“这里你应该很熟悉吧？现在在座的人，有哪个不认识你?”

卓瑞亚四下望去，眼睛里看到的竟然都是怨恨和不屑的眼神，那些眼神里肆无忌惮的敌意让她从心底里觉得胆寒。

“不用看了!”军刀有些无情地说，“这里都是你的仇人。如果我愿意，你很快就会在这里被碎尸万段!”他的话充满了恐吓的意味，但却是不争的事实。

“求你不要，好吗？你说什么我都答应你。其实我是无辜的，有机会我会证明给你们看的!”卓瑞亚努力地摇着头，眼里因惊恐而噙满了泪水，她不断地乞求着，却无法阻止一点点靠拢的人群。

“着急了吗？当初作恶的时候，怎么没想到今天？不过我保证，只要你听话，我自然不会把你交出去!”军刀有些邪恶地说着，对于卓瑞亚这种劣迹斑斑的人，他并不存在什么同情心。

卓瑞亚双手发颤，声音也不住地颤抖，噙在眼里的泪水控制不住地奔流而下：“快带我离开这里。你要什么，我都给你!”军刀的话让她心里有了一线希望，继续恳求着。

军刀松开卓瑞亚的手，脸上露出一丝明朗的笑容，可这个笑容看在卓瑞亚眼里分明就是极端的邪恶。“放过你可以，但你要把娜丽亚还给我!”军刀不失时机地提出自己的条件，可利用的资源一定要充分利用才能显示对资源的重视。

“好，我依你，可现在……”卓瑞亚已经颤抖着躲到军刀背后，希望能寻求一点保护，生怕一不小心落到那些愤怒的民众手里，导致粉身碎骨的惨状发生。

说话间，酒吧所有的人都聚到两人身边，将他们团团围住，众人眼底的怒火似乎要将卓瑞亚掩埋一般。卓瑞亚用当地语言快速地跟为首的几个人说着什么，对方却没有任何反应，她显得越发惶恐，泪水不停地奔流着，显得狼狈不堪。

军刀却事不关己地喝着那剩下的半杯伏特加，做着回味的姿态，惬意无比，根本无视卓瑞亚的狼狈。

“他们……”看到军刀完全没有反应，卓瑞亚着急起来。

还没等卓瑞亚说完话，一只大手已经向她伸了过来。见状，军刀紧紧地抓住那只手，让对方无法动弹后向他的主人投去冷冷的目光：“别动!”既然跟卓瑞亚达成了交换条件，他自然不能让她就这么死在这里。

不管对方有没有听懂军刀的话，他的眼神已经告诉对方，一场打斗在所难免。被擒住手的家伙怒不可遏，挥出另一只手朝军刀扇了过去。军刀没有躲，只是轻轻一挡后击打几下，击打过来的手臂就瘫软无力地垂下了。

大手掌的家伙就这样被军刀制服了，一时间激怒了所有的人，人群开始骚动起来。军刀扔掉大手掌，摆开架势，将军中的关节擒拿使了个十足。不一会儿工夫，卓瑞亚面前就横七竖八地躺了许多人，个个都被卸掉了主要关节，却没有受太大的伤。

打得兴起之时，军刀还不忘回头喝一口酒，可人群似乎没有罢休的意思。待他把杯中酒饮尽，做了一个暂停的手势，对卓瑞亚说：“晚宴结束，我要带你走了。”

卓瑞亚一听这话，心里一松，上前想要拉住军刀的手，却冷不丁被他一把甩开。军刀厌恶地瞥了她一眼，说：“拿开你的脏手。自己族人都下手的女人，我怕脏了手!”

于是，军刀再一次回到车里，却一动也不动。

“刚刚为什么要手下留情?”卓瑞亚对军刀的做法有些不理解。

“我没有对平民下黑手的习惯。”军刀淡淡地说。

“平民?现在岛上的平民，十个有九个被皋本拉到大教堂那里做了人肉盾牌!你当那些人是好人?他们这些毒贩和军火商人的打手不过是想抓住我，好跟皋本讨价还价而已。”卓瑞亚的声音不断提高，气急败坏地说着。

“那是你们的事情，与我无关!”军刀的声音无比冰冷，淡淡地说道。

“那我们在这儿做什么?”被军刀声音中的森冷吓了一跳，卓瑞亚转移了话题，不再纠缠刚才的事情。

“等人。”军刀仍然冷冷地，对于这个女人完全没有好感。

现在的军刀似乎已经忘了蒙娜，眼里只有这个跟皋本一起作恶的卓瑞亚。此时，卓瑞亚眼里不断涌动着泪花，这一切事情她都无法给军刀做出什么解释，她以前确实是蒙娜，现在却是大众的敌人、皋本的走狗，心被撕扯的疼痛一时间让她泪流满面。

第二十五章 狭路相逢

另一边，独狼三人子弹已经用尽，正准备撤退，却发现军刀仍然没有归队。

独狼低头想了想，立即有了决定，挥手命令："向芝麻小镇进发!"

"为什么还要往小镇走?"火枪不解地问道，独狼的想法他经常看不透彻。

"皋本一定不会死心。这芝麻小镇势力极端复杂，除了平民还有为数众多的毒贩和军火贩子。一旦出现大规模的平民死亡，皋本就算势力强大也将成为众矢之的，触犯众怒皋本也不会有好下场的，毒贩与军火贩子失去收入来源，会立即与他决裂的。如果皋本真的大开杀戒，不管我们做不做，他都会很快死掉。都是亡命之徒，大规模杀伤性武器在这个弹丸岛屿跟一挺机关枪没什么太大区别。现在我们该担心的是他们不会选择屠杀，而是挟持。"独狼冷静地分析着皋本的企图，心里已经有了想法。

"什么?"独狼的设想让火枪惊出了一身冷汗，"这皋本太狠了!"

他摸着自己的光头，狠狠地甩了一下手，一颗突如其来的子弹却“嗖”地蹿过头顶，他迅速反应过来，马上给自己找了一个掩体。

见状，独狼挥了挥手，低声说道：“撤，这里不是说话的地方！”

急行军的独狼特遣队突然接到大熊猫的请求：“事态再一次变得紧急，皋本威胁毁掉世界，务必在今晚十时之前把敌军雷达站全部捣毁！”他的声音更加焦躁，事态的危急性逐渐增强，他也无能为力，只能不断地将压力转给独狼特遣队。

独狼下意识地看了看手腕上的表，还有十一个小时，如果仅凭步行，这个任务绝对不可能完成。

“潜伏人员已经给你们准备好了直升机，机上配备了最先进的眼镜蛇导弹和各种空对地武器，你们放手干吧！接头人的暗号和接头地点不变。”看出了独狼的困境，大熊猫早已准备好了他需要的东西，让独狼安心了不少。

独狼望着远山，从地图上重新确认了自己的坐标：“还有半个小时我们能走到那里。可是军刀不在这里。上级，请求卫星定位！”确定了所在地后，他立刻申请寻找军刀。

“独狼，军刀方位已经确定，应该就在芝麻小镇。你们先去完成接头任务，之后再说会合的事情。在那里，军刀还算在安全的区域。”大熊猫似乎已经料到独狼会有此一问，早早就做好了准备。

得知军刀尚且安全，独狼安心地领了命，带领火枪和博罗诺夫朝接头地点进发。

这时，军刀也收到了独狼在发射基地会合的信息，立即以最快的速度赶到了那里。

卓瑞亚对他的举动有些好奇，忍不住问道：“你要干什么？”

军刀不理会她，把她从车上拉下来，然后在她地脖子上不轻不重地砍了一掌，卓瑞亚立刻昏了过去。然后，军刀小心地把车子藏起来，朝入口处走去。

刚刚发生了战斗，发射基地已进入一级戒备，所有人都绷紧了神经。军刀想如果从正面进入简直不可能，于是试着朝另一个方向跑去。果然不出所料，他在一片平地上找到一处坑洞，慢慢地爬了进去。

军刀从通道上来之时，火箭附近只有一个士兵看守。他看准时机用匕首在士兵脖子上轻轻一抹，随后和这个士兵调换了衣服。接着，军刀正了正衣领，重新走回士兵刚才站立的位置。高高的发射台很适合军刀看清楚基地里的一切，不久他就在指挥台下方一处亮灯的房间里隐约看到一个女人的影子，心里顿时一喜："那一定就是娜丽亚！"

军刀心里一动，刚要上前，却又觉得气氛似乎有些诡异，出于万事都要小心的心理，他暂时没有动作。

为了进一步确认，他从身上拿出望远镜仔细观察起来。这一观察居然让他发现了一个惊天秘密，一时间被眼前的景象惊呆了。

原来，与自己之前所认为的完全不同，娜丽亚并没被挟持、拷打，而是站在众人面前，一副十足的长官姿态，正严厉地呵斥一帮战战兢兢的人。这让军刀有点发懵，心里忍不住泛起一丝疼痛："难道这么长时间，一切都是假的吗？"

"军刀，这是我的命。如果有来生，我一定做你的女人！"这句话还在耳畔不住地回荡，但与此时的情景相对照，它对军刀而言就是一个极大的讽刺。

初听到这句话的时候，军刀还在为自己完成任务后的决定而感觉有些愧疚。虽然对娜丽亚谈不上有什么感情，但对方的痴情已多少让他有些感动。

可是现在真实的画面就呈现在眼前，军刀所有的感动被放大十倍后换算成了等重的恨意，恨不得立刻冲进去杀了这个可恶的女人。

这时，一支枪顶上了军刀的后腰，他心里一惊，很配合地把望远镜放下来，双手腾到空中。

身后的人叽里咕噜地不断说着些什么，军刀虽然听不懂，但知道一定是在盘查自己的身份。不过这并不妨碍他军事素质的发挥，他正迅速地判断着对方的身高、距离等数据。弄清楚状况后，军刀把身子猛地往后探，手臂从空中往下伸过去一把抓住那人的衣服，往前一拎，将对方摺倒在地，顺势把匕首抹向其脖子。

但已经来不及了，敌人的大声盘问已经惊动了基地所有的人，大家很快就知道有人入侵。岗哨上的士兵迅速拉响了刺耳的警报，不多久黑压压的士兵就迅速出现在基地旁，领头的人竟然就是娜丽亚！

"军刀，投降吧，你已经无路可走了！"娜丽亚的口气与往日截然不同，略显冰冷。虽然早已经发现娜丽亚的身份，但这话从她嘴里说出来，还是让军刀的心为之一颤。

他无法想象一个人真的能够有那么强的变脸术，只有短短不到一天的时间，就从情意绵绵的小女人变成诡计多端的女枭雄。如此高超的演技在军刀看来，只剩下数不尽的厌恶。

“你！我真是看错了你！”军刀压抑不住心底的愤怒，娜丽亚这就样玷污了大家对她的信任，这实在让他难以接受。

“不要多说，有本事就来杀我！”娜丽亚看出军刀眼底的愤怒，不过她丝毫不在意，缓缓地走上来，微笑着说，“你知道吗？其实你们都误会了卓瑞亚，虽然她很懂得伪装自己，但皋本真正信任的人只是我！”

娜丽亚的笑很诡异，那种妩媚突然让人觉得恶心。“没想到你能隐藏得那么深，这点我很服气！不过奉劝你一句，现在向我投降还来得及，皋本的败亡只是几天的事，这点谁也无法改变！”军刀难掩话里的气愤，但依然平静地说道。

“我投降？哈哈！还是先考虑你自己吧！你们所谓的那些行动，对皋本将军来说没有任何威胁。你们徒劳的挣扎，只能成为我们的一种乐趣罢了。上，尽量活捉，他还有那么一点用处。”娜丽亚的脸上挂着阴毒的笑，看了军刀一眼，朝左右一挥手，士兵们一拥而上。

军刀手中只有一把短匕首，却丝毫不惧怕迎面扑来的敌人，任他十人还是二十人，只要敢上来，他总有办法将短短的匕首冷冷地刺进敌人的脖子。冷静地面对眼前的战斗，对于军刀来说并不是什么难事。

眼看局面并不像自己想象的那样一面倒，怒不可遏的娜丽亚举起手中的枪对准了打斗中的军刀。

“砰”的一声，子弹打中的竟是军刀身前的一个士兵。枪声让所有人都震了一下，却彻底点燃了军刀的愤怒。

眼见娜丽亚变得如此狠毒，完全不顾念前些日子的相处，军刀无心恋战，决定尽快离开这里。

娜丽亚见自己没有射中，更加愤怒，朝众人挥着手：“废物！一定给我抓活的，抓不住他你们就去死！”她的声音很尖锐，军刀听着心里犯起阵阵恶心。

他紧皱着眉头朝发射台下跑去，一群人追了上去，眼见距离越来越近，又一场打斗在所难免，军刀有些无奈，准备转身接受这场无法避免的战斗。

就在这时，岗哨上一挺机枪燃起了火苗，一梭子子弹在黑暗中蹿出来，将迎面赶来的士兵击退。军刀捂着胸口抬头，却看不清黑暗中的那个影子。虽然不知道那个人是谁，但他明白绝对不是自己的对头，至少应该是友军。岗哨上的人甚至伸出一只手朝他挥了挥。

军刀看了看追上来的士兵，赶紧朝那人的方向跑去，等到了那里，却又是一阵诧异，因为在机枪后面操作的不是别人，竟是卓瑞亚！

这个被所有人都指责唾骂的坏女人，竟是……

第二十六章 形势突变

“别在那发愣，快过来帮忙!”看着军刀呆愣在原地，卓瑞亚无奈地叫着，似乎刚才车内发生的一切都和她没有任何关系。

先是娜丽亚，后是卓瑞亚，两个人仿佛瞬间就交换了彼此的身份，这突如其来的变化让军刀感觉到非常不适应。

他没有时间再犹豫了，不管怎么样，卓瑞亚现在是他的友军。于是，他朝卓瑞亚身后看去，还有一挺 AK47，立即捡起它和卓瑞亚并肩朝冲上来的人群射击。

“你来把着机枪!”卓瑞亚让出机枪，自己却朝身后走去，“岗哨后有一个偏门，我先下去开门，你听到声音随后跟上来!”

军刀迟疑了半秒，有了娜丽亚的前车之鉴，现在的他不敢盲目地选择相信或者是不信。

“听我的! 如果你见到了娜丽亚，就应该相信我!”卓瑞亚明显猜透了军刀的心思，没有在意他眼底的怀疑，诚恳地说。

军刀重重地点了点头，现在的情况已容不得他过多地考虑，想到刚才娜丽亚所说的话，他选择暂时相信卓瑞亚。重新回到战斗岗位，军刀疯狂地扫射着，子弹横飞，士兵一片片地被冲散。在枪声中，他隐约听见大铁门打开的声音，于是抱着沉重的机枪，一边不断地进行火力压制，一边小心地避开对方的火力。

找好安全通道后，军刀毫不犹豫地扔下机枪，迅速地朝岗哨下跑去。

卓瑞亚立即打开门，放军刀出去。就在这时，娜丽亚也追了过来，卓瑞亚和她远远地用眼神注视着彼此……

“追!”娜丽亚气急败坏地吼着身边的士兵，“不管死活!”顾不得那么多了，她狠毒地下了命令。

见状，卓瑞亚快速把大铁门旁的汽油桶推倒，带着军刀朝远处跑去。就在士兵们冲到铁门之际，卓瑞亚回身掏出手枪对准油桶的位置连续开了几枪，油桶猛烈地爆炸后蹿出一条火蛇，将通道染成了白天。

军刀脸上赞赏地一笑，对于卓瑞亚的机敏在心底暗暗地称赞了一下，拉着她跑了出去。可没过多久，军刀突然发现卓瑞亚的身上不断地有血珠滴落在地上，赶紧停下脚步看了一眼，这才发现她受了枪伤，伤口还没有做任何处理。

来不及做细致的处理，军刀迅速为她做了简单的包扎，无奈流血过多，卓瑞亚还是晕了过去。

带着这么一个伤员，军刀前进的脚步慢了许多，即便训练有素，可经过如此长时间的战斗，他的体力也在迅速下降，步履愈加沉重，可又不能就这么扔下她不管，只能有点吃力地背着她朝车的方向走去。

就在这时，“轰”的一声巨响传来，一颗手雷在他们身后炸响，随即听到身后不远处一个男人急切的吼声：“快撤!”

那声音，让刚刚恢复了一点知觉的卓瑞亚感觉有说不出来的熟悉，可又不是那么确定。就在她想抬头去看时，那人早已冲到很远。卓瑞亚的精神逐渐开始好转，就这样被军刀背着朝汽车跑去。

身后继续传来枪声和手雷的轰鸣声，卓瑞亚看到了车子，已经越来越近……

终于到了！卓瑞亚被军刀放到车上，终于有机会朝刚才的地方看去，视线里却只有一排排的尸体，根本见不到刚才救自己的人。“是谁？究竟是谁呢?”卓瑞亚在心里画了一个大大的问号，却不知如何去解答，这个人的声音仿佛就在耳边，真的很熟悉，但却怎么也想不起它的主人。

军刀一边开着车，一边将手放在卓瑞亚的鼻尖探着她的呼吸。虽然看到她已经醒来，但军刀知道她伤在那里，心里清楚地知道这样的伤口有多难处理，生怕自己没有足够的时间去好好处理。就在这时，他突然摸到了兜里的耳麦:“对了，就是它!”

“有人吗?”他快速戴上耳麦呼叫道，声音有些疲惫。

独狼听到呼叫声，立刻放下手中的东西，问道:“军刀?你现在在什么地方?”

“事情紧急，我的位置也随时在变。有人重伤，赶快过来救她!她在流血。”军刀有些焦急地看着卓瑞亚胸前的伤口，虽然经过简单的包扎，但仍然有丝丝殷红的血液透了出来。

“好!”独狼立即挂断通讯器，快速命令道，“打开定位器，然后出发，到军刀的方位去!”军刀的状态让他有点担心，不知道他遇到了什么危险，受伤的人又是谁，难道是娜丽亚?

火枪没有说话，只是迅速打开定位器，开动直升飞机朝军刀的方向飞了过去。几分钟后，直升机落在军刀面前，独狼快步走下来。可看到与军刀在一起的女人时，他和火枪愣住了。

火枪放下手中的直升机操纵杆，迅速拔出手枪对准了车内的卓瑞亚。独狼则快步走上前盯着卓瑞亚的眼睛，挥手示意火枪不要开枪，询问军刀:“她怎么样?!”

军刀打开车门跳下来，对于火枪迎接自己的方式有些不满:“别拿枪指着我!她这会就快没命了，赶紧救人，事情一会儿我详细解释。”

独狼一听这话，上前打开车门将卓瑞亚抱了出来，也顾不得什么忌讳，直接撕烂了她的上衣，细细地查看伤口。卓瑞亚在几个大男人面前裸露着上身，好一阵脸红。子弹打的位置极其刁钻，还好偏开了致命的位置，所以没什么生命危险，但却很可能伤到了肺叶。她左侧乳房下有一个深陷的血坑，需要紧急包扎。由于流血过多，卓瑞亚十分虚弱，只能静静地接受摆布。

火枪从直升机上拿下绷带和消毒药水送到独狼手中。独狼细心地擦拭着卓瑞亚胸前的伤口，将溃烂的肉用匕首小心地一点点剃掉，终于发现了嵌在肉里的子弹头。惊喜之下，独狼迅速将子弹取出，用绷带将伤口绑了起来。

十分钟后，独狼终于站起来长长地吁了一口气：“幸好只是打碎了肋骨……”他的动作虽然很细心也很温柔，仍然疼得卓瑞亚满头冷汗，但她却倔强地咬紧嘴唇，不肯叫出声来，不过好在没有什么大的危险，总算是保住了性命。

随后，独狼把脸转向军刀，笑容却瞬间凝结，严肃地询问：“对了，军刀，为什么是你救的卓瑞亚？这到底怎么回事？”卓瑞亚的出现让他们都有所顾忌，必须问清楚。

于是，军刀把独闯发射基地的事跟独狼从头到尾说了一遍。

“等等，你说是我命令你去发射基地的？”听完军刀的话，独狼非常诧异。

军刀点了点头，独狼的反应让他觉得有些奇怪：“怎么？你记性变得这么不好了？”

“通讯器给我！”独狼没有解释什么，而是把手伸给军刀。

从军刀手中接过通讯器后，他交给了火枪。火枪放在耳边摇了摇，立刻发觉有些不对劲，脸色一沉，快速打开盖子，竟然在中间找到一个黑色的塑料方块。火枪小心翼翼地将它取出来放在眼前仔细辨认，一会儿神情无比凝重地对独狼说：“队长，很明显是一个小型窃听器。”

听到这话，独狼脸色大变，如果这东西一直藏在身边，那不就等于自己所有的行动都在对方的监视之下吗？这太可怕了！火枪随后又仔细查看了自己和独狼的通讯器确认没有问题后说道：“只有军刀的有。”

独狼一下子就猜到了问题出在哪儿，语气有些森寒却依然平静地问道：“娜丽亚是怎么回事？”

军刀摇了摇头，提起娜丽亚他心情就跌入了谷底，有些厌恶地说：“我们被骗了，她说她才是皋本最信任的女人。看来她接近我们，本来就是一个阴谋！”回想起在发射基地看到的一幕，军刀心里就不禁一冷，那个蛇蝎一般的女人居然曾经就在他们身边，想想就让人一身冷汗！

“没有人比我更了解她，能对付她的也只有我！我必须迅速离开，否则事情的发展绝对是我不想看到，也不是你们想看到的。”伤口被处理好，卓瑞亚也渐渐恢复了元气，缓缓地站了起来，对独狼说。

“给我一个理由，说服我。”独狼看着表情凝重的卓瑞亚，很严肃地说道。

“好吧！”卓瑞亚接下来的话只是贴在独狼耳边说的，其他人都没有听到。不过，独狼听完后，努力地点了点头：“好，你走吧！”

火枪重新举起枪，扣住了扳机，有些难以置信地看着独狼：“队长，不能就这么放过这个女魔头！娜丽亚那里我们吃过亏了，这次我想也是一样的。”娜丽亚的事情让火枪十分震怒，对卓瑞亚他一点也不相信，谁知道这会不会是另一个阴谋。

卓瑞亚停了下来，没有理会火枪，转身跟独狼挥了挥手：“忘了告诉你，我们回来的路上遇到一个人，是他救了我们。”

独狼转头看了看军刀，军刀点点头，认可了卓瑞亚的话。

“是谁?”独狼有些疑惑地询问。

军刀摇了摇头，表示自己也不清楚。

卓瑞亚也摇了摇头，虽然那个人的声音让她感觉无比熟悉，但她却怎么也想不起是谁：“不知道，不过他是个中国人。”

独狼愣在那里，有些不敢相信：“不可能，这个岛上有这个能力的中国人已经没有了！”

就在这时，一阵山风吹过来，一股汗臭味钻入卓瑞亚的鼻子，这是这几个男人身上都有的味道。

“等等。”卓瑞亚突然想了起来，“对，就是这个味道。跟你们身上的味道一模一样，是野狗！”脑海里的想法一闪而过，卓瑞亚大叫出声。

卓瑞亚的话让在场所有的人都大吃了一惊，尤其是军刀，更是瞪大了眼睛。

因为军刀本来已经确认，野狗死在了自己手上。

而另一边，曾华清的再次到来让皋本顿感希望倍增，他知道这个人一定会给自己带来好消息。果然不出所料，他一进屋子就说：“我的飞机大了点，所以有些慢。”语气很轻松，听起来还有些抱怨的成分。

“哦？你是坐什么来的?”听了曾华清的话，皋本有些好奇。

“运 12。”曾华清笑眯眯地说。

所有人都知道，运 12 是军用运输机并非是私人飞机，虽是老机型可到目前为止拥有的国家并不多，属于十分珍惜的机型。皋本心里更是一惊：“曾，你带来了什么东西？”

曾华清哈哈大笑，十分满意皋本的反应：“将军就是将军，嗅觉真灵敏啊！我给你带来了你最需要的冷冻机械。”

皋本一听，拍着大腿叫好：“卓瑞亚，快来倒酒！”

“卓瑞亚？”没有人应和，皋本再次叫道。

“将军，小姐她出去了。”管家听到皋本的叫喊，赶忙出来应道。

皋本有些纳闷，不过现在他很开心，暂时管不了那么多了：“出去了？算了，不管她了。给我们拿些酒来，我要跟曾喝一杯，哈哈！”

CRII 的冷冻问题如果得到解决，皋本就不会再为时间担忧，更重要的一点还在于，冷冻设备也可以为新武器的研发做好准备。此时的皋本有些得意忘形，甚至忘了卓瑞亚。

午饭后，皋本与曾华清坐在一起喝咖啡：“曾，你想要多少钱？”他很快将话题带到冷冻设备上面。

曾华清喝了一口咖啡，笑眯眯地回答：“不多，两个亿。”

皋本想了想，点点头，两个亿的价格算是合理的，于是说道：“我可以先给你五千万作为订金。对了，为什么你会知道独狼特遣队？而且知道我现在需要的是什么？这都是巧合吗？”皋本的心里有些疑惑，曾华清的消息到底是从哪里得来的。

曾华清自信地一笑：“将军是见过大世面的人，您所有的举动都在全世界人面前。谁能不知道呢？至于独狼特遣队，我也只是顺道从朋友那里打听到的。对了，你解决他们了吗？”他没有正面回答这个问题，而是避重就轻地将话题轻松转移了。

皋本摇了摇头：“没有，我至今对他们毫无办法！从来没有遇到这么强大的对手。你知道的，我身边三大保镖，野狗、索伦还有那个俄罗斯人。结果呢？现在除了索伦狗一样被关着之外，那两个都没了踪影！”对于独狼特遣队，皋本也有诸多无奈，他们的出现简直就是他的恶梦。

“将军可否将这事交给我来办？也许我能为将军排解这个不顺心的小麻烦，当然如果您足够信任我的话。”曾华清似乎早有准备，就等着皋本的话呢。

他的想法正和了皋本的意，独狼特遣队确实让他不胜烦恼。“好！这事交给你，我一百个放心！不过话又说回来，你有什么办法能治得了他们？”独狼特遣队的能力皋本心里还是有数的，免不了好奇曾华清的手段。

曾华清没有直接回答，转身叫进三个人来，一一向皋本介绍：“这是泰瑞、萨罗和缪撒，三位都是泰拳高手。”

皋本看了看三个身形黑瘦的男人，不禁大笑：“曾先生，你不会让他们去跟独狼特遣队拼吧？那简直是送死。就凭他们？”独狼特遣队的人物他可是知道的，个个都是硬汉子。

曾华清没有在意皋本的反应，而是自信地笑了笑：“将军有所不知，这三位泰拳高手其实是‘金三角’坤沙的手下。在对坤沙围剿之前，他们曾是他最得力的助手。而那时候，坤沙围剿中的主力你知道是谁吗？”

皋本自然不知道。

“正是独狼！”曾华清笑着抛出了答案。

曾华清的话让皋本再一次将眼光放在三个人身上，上下仔细打量着，仍然有些疑惑不解：“除了身材精瘦之外，我看不出有哪些长处。”

“如果将军舍得，他们三个人可以在五分钟之内将这官邸内所有的守卫杀死！”曾华清的话说得很有说服力，脸上自信的笑容一直不曾退去。

听了这话，皋本的眼睛不易察觉地猛然收缩，然后重重地鼓掌：“有这样的勇士，曾先生果然有对付独狼特遣队的把握！”他语气很轻松，看来选择了信任曾华清。

卓瑞亚的离去让独狼一下子陷入沉思当中，这些天他似乎一直在某种困顿中徘徊着：“娜丽亚、卓瑞亚、皋本，还有其他人，这里面的关系究竟如何？娜丽亚与卓瑞亚，到底谁才是值得信任的人呢？”这些事情不断在独狼的脑海里徘徊着，让他怎么也想不通。

同样的困惑，也在军刀脑海里萦绕不止。

独狼突然想到一个人，真或假也许这个人最清楚不过了。“火枪，把直升机藏起来，我们去见一个人。”他立刻吩咐道。

“谁？”火枪回头看着独狼，疑惑地问道。

“迪塞罗。”军刀回答了火枪的疑问，独狼点了点头表示同意。看来，军刀的想法再次跟他不谋而合。

没错！就是他，也许只有他最清楚这里面的原委了。

于是，独狼一行三人加上博罗诺夫再次来到迪塞罗的洞穴外。蛇头据点已恢复了原有的警戒，与上次来时完全不同。独狼和军刀绕过岗哨，轻而易举地将几个哨兵搞定，随后把火枪和上校叫上，几个人换上衣服进了洞穴。

独狼等四人悄无声息地潜入洞穴，想要看个究竟。迪塞罗此时正和几个相熟的手下喝着酒，洞穴里不时地传来阵阵笑声。

“真不知道这些中国人有什么厉害的，这么简单就被骗了，哈哈！”迪塞罗一口喝干一杯烈酒后大声说道，语气里包含着些许轻视。

“那是，在R国混的人谁不知道您是老狐狸？也就是这些没见识的中国人才会信娜丽亚那小狐狸的话，来到您老面前乖乖受骗！”一个手下的马屁拍得迪塞罗舒坦不已。

虽然用的是当地的土语，但这丝毫难不住独狼。

迪塞罗狂傲的笑声催紧了独狼的拳头，他强压下心底不断升腾的愤怒，压低声音说：“看来事情很清楚了！火枪、军刀，你们两个绕到后面，看有什么地方可以放置炸药。这里绝对不能留，万一第七舰队的人钻进人家设好的圈套，可是我们独狼特遣队的失误。我们把这里炸上天，也能减损皋本的实力！”冷静地决定了行动后，独狼想到这里很快就会消失，心里的怒意减轻了不少。

火枪和军刀两个立即朝身后的洞穴走去，刚走几步火枪又退了回来：“队长，这里有个女人，你最好来看看。”

独狼顺着火枪指的方向走过去，看到地上一片狼藉，正躺着一个浑身是伤的裸体女人。女人的身子颤抖着，虚弱的几乎没有一丝生息，但是仍然活着，黝黑的眼眶里有些泪水：“救我，拜托了。”

声音十分微弱，但独狼依然能从她口型中判断出她说的是J语。

就在这时，一个巡逻的守卫走过来，看到洞穴外探头的独狼刚要开枪，就被他用匕首锁喉一击，倒在地上。

无视地上守卫的尸体，独狼重新探头朝迪塞罗的方向看了看，目测着敌人应该在十几人之内，如果单凭冲击，由于空间有限，很有可能失败。不如暂时先退出去，来日再杀。

于是，独狼吩咐火枪抬起那个女人，朝洞外走去。

来到外面的一片草地，火枪脱下自己的衣服给女人盖上，又从背包里找出压缩饼干和水慢慢喂给女人吃。

“这帮不是人的东西！怎么能这么对一个女人呢?”火枪第一次说出怜悯的话，跟他光秃秃的脑袋极为不衬。对于这个女人的遭遇火枪深表同情，因为在他的认知里，男人不应该如此折磨一个女人。

“她应该是货，就是他们所说的货。”独狼似乎能猜到她的身份，可转念一想，又有些不可理解，“为什么之前从未见过这个女人，而受委屈的又仅仅是一个女人呢?”

女人在食物和水的作用下，脸上慢慢地恢复了一些血色：“谢谢你们。”

“你究竟是什么人？为什么会在这里?”看到女人已经恢复过来，独狼警觉地用J语问道。

听见独狼说J语，火枪与军刀立刻明白了这个女人的身份，脸上随即浮现出明显的憎恶。只有博罗诺夫的神情毫无变化。

女人的眼神有些恍惚，只是摇了摇头，又倒在原地。独狼不再继续追问，却依然高度警惕着。

天色渐渐暗下来，女人躺下去后睡得很香。独狼从背包里取出食物一点点吃起来，嘴上也不闲着，开口问道：“你们对这个女人怎么看?”

“不知道，不过看面相应该不是坏人吧？我猜是被绑来的性奴。”火枪看了一眼女人，有些同情地说。

“不清楚，看她的身体素质不是一般人。”军刀有些谨慎地说。在那么恶劣的环境下，明明虚弱得随时可能丧命，居然那么快就能恢复，这让他有点怀疑。

上校也摇了摇头，小心地说道：“亚洲女人，我不懂。”

“你们都错了，我是问你们，对女人的看法。”独狼摇摇头，他的问题跟他们的回答驴唇不对马嘴，这让他觉得有些好笑。

“哦，太简单了！不过就是区别于男人的另一半，我对女人没啥研究!”火枪抹着嘴上的饼干渣子，对于独狼提出的这个问题没有什么深入的想法，只是有些好奇。

“女人？上天赐给男人的礼物吧？不过像这样糟蹋女人的，简直就是畜生!”上校说的话好像永远跟他的天堂和上帝脱不了关系。

独狼摇了摇头："你们都错了。"说着把眼光挪到那女人的身上，眼神里包含着不屑："小姐，你可以起来了吧？"

而当火枪和上校用怀疑的眼神看过去时，旁边原本脸色惨白、随时都有可能晕过去的女人竟然真的站了起来。

火枪把光头尽量朝后靠，眼睛里装满了愕然，惊呼道："你是人？是鬼？"

独狼却稳如泰山，对这个女人的举动丝毫不感到意外："好了，靠这套伎俩蒙不住我们。你老实交待吧？"

女人哼了一声，知道自己已经被识破，也不继续掩饰："不愧为独狼队长，这点伪装功夫在你眼里还真藏不住！"

"倒也不是，你不是把他们俩都骗了吗？"独狼喝了一口水，语气里带着嘲讽的味道。

"那你是怎么看出来的？"女人有些好奇地问道，声音森冷无比。

"刚才火枪喂你吃东西的时候，我见你的舌苔鲜红而有血色，就觉得有问题。然后我仔细查看了你脖子上的脉搏。没错，你身上的伤不是假的，但你现在的状态却是假的。一个训练有素的间谍，不可能承受不住这些吧？"独狼很大方地解答了这个女人的疑惑，冰冷的眸子紧紧地锁着她。

女人不禁鼓起掌来叫好，啧啧赞叹："不愧是队长啊，这些破绽全都让你看出来了！没错，我是个间谍，J国人芳子。"既然被识破了，芳子也就没什么好避讳的了，大方地承认了自己的身份。

火枪一听"J国间谍"几个字，火就从光头上冒出来照亮了草坪："J国人就算了，还她妈的是一个J国间谍？我第一讨厌的就是J国间谍，第二讨厌的就是不知悔改的J国人！我咋能救你这垃圾货！"火枪愤怒无比，对自己将这个人救出来的举动觉得十分后悔。

一旁的军刀也说："我也讨厌J国间谍，尤其是女间谍！"娜丽亚的事情真是在军刀心里留下了阴影，他现在对"间谍"这两个字很敏感。

愤怒的火枪还想说些什么，却被独狼打住了："芳子，不管你为谁工作，也不管你之后将做什么，都与我们无关。我们只想知道你在那里做什么，为什么迪塞罗要将你抓起来？"独狼冷静地问道，芳子这件事绝对不是表面上看起来那么简单。

"这个……"芳子开始回忆这些天发生的事情。

离开卓瑞亚的商船后，芳子试着去寻找 CRII 控制器，却遇到一个自称是娜丽亚的女人。芳子起先并不信任她，但娜丽亚却告诉她遥控器在什么地方。芳子在将信将疑之间，朝那里走去。娜丽亚没有跟去，芳子却在刚进屋之际被卓瑞亚再一次抓住。之后，她被卓瑞亚带到这里，受尽折磨。

“又是这两个女人。”独狼再一次陷入沉思，“难道这两个女人，就那么难界定吗？”事情一旦牵扯到了这两个女人就变得愈加难以琢磨起来。

其实，事情远没有独狼想象的那么简单，一切都在不经意间变幻得出乎所有人的意料。

就在所有人都认为核战争即将开始之际，一个突然的消息让一切都变得不可思议起来——曾华清居然轻而易举地将皋本软禁起来，自己随即成为新的全军统帅。

这一切来得太突然了，所有人一时间都没了主意。

不久，安塔尔就在办公室接到了曾华清从 R 国发来的传真，上面要求世界安全组织给予他们经济上的支持并点名让一个并不是很有地位的官员去谈判，如果答应，他们将停止此次军事行动。

安塔尔拿着文件，在桌前走来走去，事态的这一转变让他不知是该高兴还是该悲伤：“这个曾华清究竟是何许人也？这究竟是怎么回事？为什么皋本会那么容易被这个人软禁起来？难道这场惊世风波就这么轻易过去了吗？还有，调查一下这个杰斐尔，为什么对方点名要他去谈判？”安塔尔对于事件的突然转变显得有些无措，只好从最近的官员着手进行调查。

曾华清控制皋本的消息很快传开来，最受震动的自然是独狼特遣队。

“特遣队的任务就是针对皋本，此时皋本被取缔，那么特遣队的任务是否该暂时停止呢？如果停止了，那么手中这个受伤的 J 国女间谍又该如何处置呢？”独狼的心情前所未有地复杂，似乎一切都在一夜之间变得乱七八糟。

娜丽亚在接到皋本被软禁的消息时，心里只是微微一惊，之后立刻变得坦然起来，因为自己手握兵权，发射基地所有的雇佣兵都在她的控制范围内。不管皋本的官邸如何，B 岛暂时不回去，他曾华清也不可能突破工事朝这边打来。

而另一边，皋本的落败也让迪塞罗喜上心头，蛇头生意没了他的干扰又可以恢复正常了。皋本的陨落可以说是皆大欢喜。

第二十七章 反戈一击

独狼在接到消息后的半个小时里，一个人坐在草地上看着天上的星星，思绪万千，事情的突然变故总是让人不容易接受。

火枪走了过来，问道："队长，我们是不是可以回家了？这个任务做得虎头蛇尾的，真不甘心，可又没什么办法。"他有些无奈，突如其来的消息也让他有些不知所措。

"回去的可能性不大，但还是有那个可能。只要 CRII 没有被摧毁，我们的任务就没有真正停止！"独狼说道，虽然他们的任务目标是皋本，但最终仍是为了 CRII。

"那倒是！说实话，真的很想见识下 CRII 到底是什么东西，值得皋本花那么大的代价、那么多的人命。"火枪对独狼的分析心悦诚服。

"野狗让军刀传话，说我跟他有仇，还想问问是怎么回事。这个野狗真怪！"独狼提起了这几天一直藏在心底的事情，对于野狗的问题，他一直耿耿于怀。

"只要我们还在岛上，见他是早晚的事情。如果他跟你真有仇，你怎么办？”火枪说道，对于野狗这个人有些无奈。

“既然他成了任务的障碍，又是敌人，我们的确应该除掉他。但我怕，怕与他的关系是与恩情纠缠在一起的仇恨。”独狼幽幽地说道，很害怕心底的担心真的会变成现实，那是他最不想看到的。

“哈哈，真没想到！队长还有害怕的事情，我以为你什么都不怕呢。”火枪打趣道。

“经过那么多次战斗，做了很多不愿意做但又不得不做的事情。很多战友的牺牲，其实都是我的缘故。但我由于必须完成任务，又不得不放弃救援。如果那些战友的亲人怪到我头上，你知道我根本无法解释清楚。”独狼说出了自己的想法，心底也因这个想法而抽搐了一下。这是他自己无法选择的，他必须完成任务，哪怕会有牺牲。

“战场上的事情，比这更残酷的有的是！大家都是职业军人，对于这些事情早已有准备。那些不明白真相的人，他们的想法真的不重要。队长，你多虑了。再说哪里有那么凑巧的事情，碰见一个人就是旧部的弟弟？一定是你杀的毒贩太多，对方的家属找上来了！”不忍心看独狼过于烦闷，火枪调侃道。

“可能真的不是毒贩家属呢？”独狼自言自语，心底的困惑缠绕在一起，怎么也解不开。

“那也没办法，我们在执行任务，对方又站在敌对的立场上阻碍了咱们。杀掉对方是最好的选择！”火枪干脆地说道。这的确是最好的选择，也是唯一的选择，身为军人，断不能因私人情绪妨碍到执行任务。

“但愿不是。你想想，如果有一天，出生入死的兄弟牺牲了，自己却还要跟他的亲兄弟刀枪相见，那是多么残忍的事情啊！”独狼无奈地感叹，真不希望事情朝最坏的方向发展。

“是啊，希望不会！”说完，火枪回头看了一眼正在收拾东西的芳子，杀机一下子变得浓重，“就那么放过那个J国女人吗？”

“战争结束不说，即使不结束，对方没有站在敌对的立场，我们真没有权力对她怎么样。”独狼回答道，对方不是敌人，他真的下不去手，每个人都有存活的权利。

“我恨J国人。他们杀了我的爷爷奶奶，虽然我没见过他们，可心里依然恨他们。他们该为此付出代价!”火枪愤愤地说道，民族情结在这一刻袒露无疑。

“希望他们有一天能够悔改吧，如果不能就是人类的悲哀了。”独狼期盼着，虽然自己也没有什么把握，不过有希望总是一件好事。

“这个妞知不知道她的祖先有多残忍？让我一枪崩了她，队长。”回想起J国人曾经犯下的斑斑劣迹，火枪的胸口愤怒得发紧。

“既然对方没有敌意，又没有对任务造成障碍，就只能以政治的手段来解决问题。如果以敌对的身份站在战场上，我下手一定比你快、也比你狠，但现在不是。目前从人道上来说，我们除了保护她之外，不该有更多的想法，你明白吗?”独狼劝阻道。

博罗诺夫看着独狼与火枪的这一番表现，心里突然有一种怪怪的感觉。自己来到这里也是为了同样的任务，但皋本失去了权力，自己的任务也就突然中止了。

虽然这正是自己期盼的，但这种无奈的结果却让人有点难以接受，有始无终的感觉真让人无法忍受。

此时芳子已收拾好东西，提着并不大的箱子站在独狼面前。

一袭破旧的军装穿在身上，让她确实有了一些军人的气质。“独狼，我该走了。”芳子伸出手，大方地说道，“中国军人，你们是最出色的。”

独狼没有伸手，只是说：“希望你这话是真心的，而不只是为了博取好感。”对于芳子，独狼虽然不想伤害她，但却完全不相信她。

芳子没有说什么，只是看了火枪一眼，眼神里有一种极为明显的胆怯。很明显，她怕火枪暴起发难，因为火枪看向她的眼神充满了仇恨的光芒，这让她惊惧莫名。在这个岛上，不管死的是什么人，凶杀的真相都别想被揭露出来，所以她并不想死。

目送芳子离去，博罗诺夫眼神有些呆滞的看着远处：“我要回去了，这里不再有我存在的理由。虽然我的国家将以我为耻，但我还是必须回去。”他显得有些悲哀，但这是他唯一的选择。

独狼与火枪什么都说不出来，只是目送这个战友渐渐地离去。

一切的一切似乎都已经结束，但是感觉一点也不美妙。

这时，通讯器响了起来：“独狼，报告你们的情况!”大熊猫的声音从通讯器里传了出来。

独狼立刻将现在的处境向大熊猫详细汇报了一番，然后静静地等待下一步任务的指示。

“有一个重要的人物杰斐尔要去跟曾华清进行谈判，这个人是对方点名要的。我想这个事情一定不单纯，另有隐情。”大熊猫只说了一个开头，耳机就传来明显的饮茶的声音。

看来事情出现这种变化，大熊猫的压力也减少了不少。之前每次通讯声音都是十分急迫的，这次居然慢条斯理地喝起茶来。

独狼看了看火枪，又朝远处的博罗诺夫打了个响指，再次接到任务，看来博罗诺夫暂时不需要离开了。

大熊猫的指令很简单：“这个杰斐尔将乘专机到达R国，对曾华清进行密访。独狼特遣队的任务就是作为杰斐尔的护卫，保证他在R国的安全，并探清楚曾华清到底在打什么主意，背后隐藏着什么阴谋。”他们对于这个曾华清的探查一直没有进展，只好从杰斐尔和他的这次见面着手了。

“如果有机会接触到CRII，该如何行动?”独狼问道。对于让自己来到这里的超级武器CRII，独狼一直耿耿于怀。

“那种不应该存在的东西，为了世界的和平还是毁掉的好。具体怎么做，你们比我更有发言权。”大熊猫的话语表明了中国军方的态度——再厉害的超级武器也不能打破世界的和平格局。独狼有绝对的指挥权，他相信他不会让自己失望的。

独狼挂掉通讯器，眼神停留在上校脸上，带着询问的意味：“上校?”

“不用说了，我愿意跟你们在一起。我现在回去也是一无所获，不如留下来做些什么，你说呢?”打断了独狼的话，博罗诺夫恳切地说。

独狼一笑，伸出手与上校紧紧地握在一起。

凌晨七点，太阳在淡淡的雾气中升起，空气中潮湿的感觉慢慢滋润了脸庞，让人觉得十分舒服。独狼特遣队除了军刀之外，全都站在机场静静等待着。没多久，飞机降落，已经满头白发的杰斐尔在风中慢慢地朝独狼走过来，安详地看着他们。这位老人与其说是一个官员，倒不如说是一个资深的科学家，一身的学者气质引得独狼他们一阵侧目。

站定后，杰斐尔伸出手臂友好而亲切地微笑着：“辛苦了。”

独狼庄重地敬礼：“谢谢，杰斐尔先生。这次由我们一行负责你的安全，合作愉快。”杰斐尔的身份特殊，这段期间独狼必须密切注意他，断然不会因为他形象看起来温和就有所疏忽。

杰斐尔扶正了鼻子上的金丝眼镜，似乎对独狼的表现很满意，脸上的笑意越发浓厚：“合作愉快，能在这里见到闻名总部的独狼特遣队真是荣幸！”

就在这时，曾华清的车子也赶了过来。

曾华清一袭白色西服从车上下来，一路微笑着走到杰斐尔面前：“杰斐尔先生能够光临，不胜荣幸。快请！”说着让杰斐尔先上车，完全没有拿正眼看身后的独狼和火枪，径直走向车内吩咐：“开车！”

曾华清的这一套做派，让独狼一行有些惊讶。从大熊猫那里得来的消息得知，这个杰斐尔只是一个名不见经传的中层官员，按说根本不可能享受如此高的礼遇。看来这个杰斐尔真的不是个简单的人物，这中间难保有些问题。

杰斐尔立即止住司机：“等等，他们是我的人。这样做是不是太不尊重我了？”他的语气有些冷然，似乎对曾华清的举动有些不满。

曾华清马上褪下一脸的严肃，谄媚地回头跟杰斐尔小心翼翼地解释：“对不起，他们可以坐后面的车，至于您的安全我会全权负责。”

就这样，独狼和火枪憋着一肚子气来到B岛，曾华清的态度让两人心底充满了不满，但是为了保护杰斐尔只能忍气吞声。没有人知道进出B岛的道路，包括杰斐尔在内的所有陌生人都被蒙上了眼睛。就在黑色手帕被解开的一瞬间，独狼和火枪同时发出由衷的赞叹：镶金的石柱、高耸入云的厅堂以及大厅中间耀眼的喷泉。这里完全是一派帝王府邸的样子，看起来这个曾华清真不是一般的富有，不但富有而且极其懂得享受。

杰斐尔被曾华清请到客厅坐下，随后他一拍手招来一群美艳的女人，态度十分客气地说：“杰斐尔先生，您可以随意挑选。到了这里，我会让您把这里当作第二个家的。”

这样的话已经是赤裸裸的收买，独狼实在想不明白：这个杰斐尔有什么值得曾华清如此拉拢的？他暗自沉思着，静静地观察着两人的互动。

杰斐尔摇了摇头，没有说话。

曾华清一摆手让所有人退下去：“好，既然是密谈，什么人都不要在这里。”明显是下了逐客令，独狼的脸色顿时有些不好看。

“不行！我们是杰斐尔先生的护卫，你没有权力让我们离开。”压下心头的火气，独狼上前一步生硬地说。

“放心，对杰斐尔先生我比你更熟悉，如果我想加害他，一对一真的没有足够的把握。”曾华清看了看独狼，又看了看杰斐尔说道。

“你们先出去。”杰斐尔朝独狼使了个眼色。独狼一行四人只好无奈地转身离开了。

屋里只剩下曾华清和杰斐尔两个人。

“我连夜赶来，希望你有一个对世界和平有益的想法。”杰斐尔立刻说到正题，脸上的表情仍是温和的，语气却很严肃。

曾华清也不再继续客套，干脆地摆出了自己的条件：“杰斐尔先生，你知道我为现在的一切付出了很多。皋本是腐败官员、社会的渣滓，而我不同。也许你也看到了，不论是你还是中情局，没有人能查到我的底细。没错，在你们看来我就像个透明人一样，我的历史是一片空白。但我的脑子不是，我有许多别人没有的东西，我的伎俩、我的计谋都是我拥有现在这一切的资本！杰斐尔先生，我了解你，但你不了解我。不要把我当成一个疯子，我不是！正相反，我在努力朝一个好的方向发展。”他的语气里包含着百分之百的自信。

“哦？我有兴趣听听你所谓的发展。”杰斐尔并没有对他的话做出什么反应，仍然平静地看着他，等着他说出自己的宏大抱负。

“这个世界经历过两次世界大战，人类从20世纪开始就从未停止过在资源领域的争夺。资源这个词语，在政治家脑海里是影响力，在资本家眼里则是金钱。没有人能够忽略资源在这个社会当中的作用，但却没有人真正懂得如何运用资源。看看吧，睁开眼去看看这世界，人类除了屠杀、砍伐、污染还有没有节制地浪费资源，还做了什么？什么都没有！自然正在一点点地惩罚我们。大自然是公平的，上帝正在一点点地收回赋予人类的财富。陆地物种一个个濒临灭绝，草原在消失，土地在沙化，甚至曾经被誉为大地母亲的海洋也在一点点地被水母侵蚀着。这一切都是谁造成的？是人类，是人类的贪婪。愚蠢的人类必须为此付出代价！新的世界秩序必须建立起来，而我们的使命就是毁灭这个肮脏的物种。”曾华清的情绪有些激动，话语也越来越疯狂起来。

“你的想法太可怕了。上帝造人是为了让人来到这个世间受苦的，人们都在自己的灾难中磨练成长，灵魂早已担负了许多许多，你又怎么忍心让人类再去承受更多呢？如果上帝能够睁眼看的话，那他一定会指出你的问题所在。”杰斐尔说着，语气里也有了一些波动，显然曾华清的论调在他心里产生了些许影响。

“哈哈哈！”曾华清笑得格外奸诈，“诚然，这个世界上有太多野心家想要独占这颗星球，这整个太阳系唯一的一颗蓝色星球。但我要告诉所有人，你们都不可能得到。皋本给了我太好的机会，我一定会好好加以利用。现在的我不会再像皋本那样软弱，我会比他更狠，更有霸权！”他的话语越发疯狂，如果有第三个人看到一定会毫不犹豫地认为他的精神有问题。

“你想要什么？”杰斐尔愤怒地看着他，曾华清的话已经超乎了他的想象，他万万没想到他居然有如此野心，比皋本还要可怕得多。

“我想要的，我会自己拿。不过我要告诉你，为了表示对你的尊重，我会让你成为这个世界上最后一个幸存者，看着我将这个世界毁灭。因为我知道，我需要你。哈哈哈！”曾华清并不在意杰斐尔愤怒的表情，仍然十分狂妄地说着，精神似乎陷入癫狂的状态。

“需要我做什么？”杰斐尔对曾华清的话有些不解，脸上浮现出疑惑的神情。

“别人不知道，我还不知道？你虽然只是一个名不见经传的小小情报官，但有几个人知道你还是世界上少有的解码人才？还记得几年前的这个小玩意吗，只有你解开了。虽然领功的是另外一个人，但我知道动手的人是你。”曾华清手上拿着一个精致的小盒子，里面是一个电子芯片。看样子，曾华清早就摸清了杰斐尔的底细。

听了这话，杰斐尔咆哮起来：“你这混蛋，原来花费我半年时间的这个废物芯片就是你下的！”

对于那个难缠芯片里与之极不相称的信息，杰斐尔是记忆犹新的。因为这件事情浪费了他半年时间不说，还让他为此失去了家庭。至今，杰斐尔仍然记恨着这块芯片，此时突然看到它出现，情绪顿时失控。

曾华清止住他：“不要乱叫，我让你看一样东西！”说着打了个响指，几名士兵将一个透明的器皿端到桌上。

随即，他语气平稳地说道："箱型水母，相信杰斐尔先生不会感到陌生。这种夏威夷海滩上最为剧毒的动物，至今它的毒仍无药可解。这是大自然派来的杀手，它们从深海而来，亿万年间人类与大自然和平共处之际，它们也平静地躺在海底。而现在不同了，人类越来越多的垃圾和排泄物污染了环境，更多的紫外线造成海洋环境的恶化。于是箱型水母成了使者，接受上帝的召唤，重新占领海洋，之后它们还会占领水域，再之后一切都将被它们净化。"曾华清的话十分疯狂，听起来却像是维护世界和平的使者一般。

透明的水母在水中慢慢游着，曾华清扔进一尾小鱼，就在碰到水母触须的一瞬间，小鱼抽搐着慢慢死去。对于箱型水母的毒性之烈，杰斐尔并不怀疑，作为海洋杀手，它绝对不可小觑。

曾华清叫人把水母撤了下去，并不在意杰斐尔没有答话，接着说道："杰斐尔先生，我跟皋本有着本质的不同。皋本拥有 CRII 是想成为旧秩序的霸主，而我不同，我要成为新秩序的领袖！CRII 所产生的能量，会帮我将这些小宝宝发到全球各地。不用一个月的时间，全世界都会变成水母的世界，而人类的文明即将结束，很快新的物种就会降临这里。"曾华清自顾自地发表着惊世骇俗的论调，企图诱惑杰斐尔跟他一同深陷。

听到这，杰斐尔站了起来："你应该明白，在矩阵的对立当中，会有矛盾的统一体，不论是正义或者邪恶都不得超越自己的能量范围去占有对方。一旦打破了这种平衡，世界就会大乱。水母的入侵不仅是你我正在研究的课题，也是所有人关注的问题。你不能用它来作为结束人类文明的工具。人类是犯了许多错误，可作为这颗星球上最为发达的物种，人类也在想尽办法解决这些问题。我希望你能从乐观的角度来看待这些问题，而不是将所有的问题都归结到人类身上！"他的情绪有些激动，因为曾华清的疯狂让他十分震惊，如果这个疯子真的这么做，那么对整个世界来说将是一场莫大的灾难。

"这就不是你能关心的事情了，我需要你做的不过是解开 CRII 控制器的系统密码而已！虽然皋本搞到了控制器还有芯片，但偏偏只能用最最简陋的方式使用 CRII，这样的宝贝只能被粗鄙地使用，相信 CRII 如果有灵魂也会哭泣吧！而我现在有了杰斐尔先生，事情就会变得完全不一样了！"曾华清自信地说道。

“我是不可能帮助你的，你还是趁早死心吧。”杰斐尔斩钉截铁地说，对于曾华清这样疯狂的人，他自然不可能妥协。

“杰斐尔先生，先不要急着下结论。如果你见到你的妻子还有儿女，就不会这么急躁了。”曾华清对杰斐尔的不配合早有准备，没有一点意外的表情，缓缓地说出了威胁的话语。

“休想拿我的亲人要挟我，如果我帮了你，一定是我们全家遇难的时候!”杰斐尔清醒地说道，他知道就算帮了曾华清也只能为家人谋得一时的安全，一旦他成功了，他和家人仍然避免不了死亡。

听了这话，曾华清怒不可遏，挥手叫来士兵，怒气冲天地吼道：“把他给我关起来!”

杰斐尔被关押了起来，而这边独狼他们也知道了个大概。对于曾华清的疯狂，他们几个很震惊，但却更关心杰斐尔的安全。

“我把监视器放在杰斐尔身上了，你快打开来寻找目标!”独狼说着，一掌将看守打晕。

火枪立即打开跟踪器寻找到杰斐尔的信号：“糟了，信号在往下移动，好像是被转移了。”

几个人赶紧四处观察，终于发现天花板上的散热孔。“跟我走!”独狼毫不迟疑地下了命令，随后身子凭空一跃，将通风口的栅栏撞开，跳了进去。军刀和火枪随后跟上，又拉上了身手不够灵活的博罗诺夫。

这时，监控室里的卫兵看到了监视屏里的几个身影，随即大叫着拉响警笛，B岛迅速进入紧急戒严状态。

第二十八章 魔窟逃生

杰斐尔被士兵铐了起来，前三后三地带向地下室。就在去的路上，他听到警笛响了，猜到是独狼他们几人在行动，不由自信地一笑。而他身边的士兵竟有些胆寒，毕竟对手曾经令他们的大部队闻风丧胆。

曾华清听到这边的警笛声，并没有什么意外的感觉，他早已猜到独狼会有所行动，立刻招呼泰瑞、萨罗和缪撒三人出去对付独狼。三人点了点头，朝监视中心走去。士兵将画面调到跟踪模式，密切注意独狼几人的行动："他们在 A9 区的通风管里。"

"将散热器的热风全集中到 A9 区那根通风管里!"三人中的一个命令道。

不一会儿，通风管里的温度骤然升高，高温度的风从几个人身后吹过来，手掌撑住的铁皮很快就灼热起来，手掌隐隐地有些发烫。"这里不能久留，我们要下去才行!"独狼很快洞悉了对方的伎俩，快速吩咐道。

"前面不远处有一个通道，似乎是通向一个实验室的。”火枪仔细观察了一下，随即建议。

“就走这边吧。”独狼点点头认可了火枪的判断，现在他们必须尽快离开这个通道。

“快点，博罗诺夫！”军刀催促道。

“上帝，这里快变成烤箱了！”博罗诺夫抱怨着，没有经过什么训练的身体已经有些支撑不住了。

就在火枪和独狼率先跳下通风口之时，三双眼睛已经死死盯住了他们。独狼和火枪对视着苦笑了一下，知道一场殊死的战斗在所难免。

而博罗诺夫在上面挡住了军刀的去路，两人一时被困在通道之中，满脸是汗，却又无可奈何。

这时，萨罗向后退了三步，双手一摊：“六十秒时间。”

泰瑞首先挑选了独狼，缪撒则朝火枪扑了过来。泰瑞一出招，独狼就从他的架势中看出泰拳的影子，心里顿时有了底。

兵法云：“知己知彼，百战不殆”。与泰拳交战首先要了解泰拳、研究泰拳、分析泰拳和中国武术散打各自的优点与不足。泰拳与散打可以说各有千秋。力量猛、杀伤力大是泰拳的长处，其横踢腿的发力原理是整体旋转，腿起来后靠身体旋转产生的惯性来发力，发力点是前胫骨。泰拳在训练的概念上、心理上要求全力以赴。它的每一击必狠，要竭尽全力，比赛中只有一个意念，就是击倒对手。在训练上也比较有特点，也很苦，如踢橡胶树。他们一般从几岁就开始训练，因此身体素质、心理素质都比较好。在战术上，泰拳手很少躲闪，而是以打还打、防中有打，战术思想就是一个进攻。所以泰拳选手的身体大多以精瘦为主，并且抗击打能力非常强。但正所谓尺有所短、寸有所长，泰拳的长处也恰恰是它的不足。由于注重力量，速度自然比较慢；由于每击必狠，所以缺少变化。拳论讲：“猛者无缓，实则易破，烈必难存。”泰拳的缺点正是在此。对于泰拳，独狼有几分了解，心里自然踏实了许多。

于是，独狼看准了泰瑞的拳脚，对他所有的进攻都见招拆招。几番进攻后，泰瑞竟没有占到一点便宜，立即觉得在同伴面前有些丢脸。于是，他憋足了气，高高跃起，将长腿从空中甩向独狼，速度之快让人猝不及防。不过这次的对手是独狼，情况就大大不同了。独狼看准他出招的漏洞，抬起手臂，“咔”的一声挂住他的大腿。伴随着一声脆响，泰瑞顿感大腿根部传来一阵撕裂般的疼痛，一时失去重心，扭曲着身子重重地摔在地上。身后的萨罗急忙上前扶起他，却被固执的泰瑞一把推开。

“我没事!”泰瑞的眼中冒起了火，斗志昂扬。

许多年了，还从没有人能让他感到疼痛，独狼给他的感觉顿时激起了他的兴奋——高手只有在遇见真正的对手时才会兴奋。

泰瑞沉下身子，尽量减缓大腿传来的酥麻感觉，挥拳朝独狼打了过来。独狼身子轻盈地一侧，躲过这一招，手立成刀型猛地朝泰瑞腋下砍去。这一招果然重创了泰瑞，只听见他“啊”的一声惨叫，整个人蹲在地上站不起来。独狼见机加快了攻击的频率，招式不停，挥动拳头砸到他太阳穴上，又准又狠。泰瑞连叫一声的机会都没有，就一下子闷趴在地上起不来了。

萨罗和缪撒在后面看呆了，中国竟有如此之人，其实力绝对跟自己不相上下。情急之下，两人再没有心情狂傲，一个眼神晃过去，一起跳到独狼面前。萨罗刚要出手，却被缪撒拦在身后。

缪撒站到独狼面前，恭敬地行了一个泰国礼：“我们都是学泰拳的。这些年来，泰拳与中国武术交手多次，可以说是平分秋色。不过这次不同，实战中我们只认生死。如果你们生，我们自然不可能留你们。但如果你们输，一定是要留下性命的。”话语听起来彬彬有礼，实际上却暗藏杀机。

缪撒摆明了要进行搏斗战，这对他们一方的行动是十分有利的。

独狼点了点头，摆开架势：“来吧!”对于缪撒的话他并不在意，这些人耍的伎俩他心里再清楚不过了。

缪撒一笑，突然朝火枪冲了过去，指尖死死地掐住他的咽喉。

“你!”事情的发展完全出乎独狼的意料，他没想到这个缪撒居然会耍这种卑鄙的手段。

“认输吧，我说了，你们必须死。这里不是比赛，只有生与死的规则。”缪撒死死地掐住火枪的喉咙，令他说不出话来。

独狼见状只好收起架势，脸上带着森然的冷漠紧紧地盯着缪撒：“好，你说要怎么样才能放了他。”

看到独狼妥协，缪撒兴奋地哈哈大笑起来，有些狂妄地说道：“为了表示对你的尊重，我同意你自尽。”

火枪一听这话，急了，费力地高喊着：“队长，不要！别听他们的，跟他们拼了!”

缪撒的身后有一排玻璃水箱，里面盛满了透明的东西。火枪心里突然想到完美的办法，于是趁着缪撒得意之际，突然蹲下身子。缪撒本能地以为他要逃脱，随即沉下身子要抓住他。就在这时，火枪猛地将身子向后弹去，一下子就把缪撒撞进了水族箱里。“哐”的一声，缪撒掉了进去，一群细小的水母立即蜂拥而至，爬满了他的脸，尖锐的触须箭一样射向他脆弱的眼球。

缪撒避无可避，逃无可逃，毒素迅速地向他的脑部细胞发起了进攻，让他在极其痛苦的抽搐中丢掉了性命。唯一剩下的萨罗顿时惊了魂，不知该如何应对，愣在那里看着死去的两个同伴，只能惊慌失措地大叫一声，夺路而逃。

这个时候，博罗诺夫与军刀才从上面下来。

一直在监视器旁观战的曾华清一副气急败坏的样子：“我的宝贝！天哪，他们怎么敢动我的宝贝。都给我上，把他们给我杀了!”

“还是我来吧!”一个女人走到曾华清面前，低声说道。这女人不是别人，正是芳子。

“独狼，我们又见面了!”随即，一个声音从实验室外传来。

独狼把这个声音在脑海里重新提炼了一遍，心里不免觉得有些诧异：“怎么会是芳子?”

“独狼，谢谢你放了我。不过我不会报答你们，相反要杀了你们。”芳子的嘴角带着一抹阴险的微笑。

“你个不要脸的东西，我真后悔没有一枪崩了你!”看到芳子，火枪再也无法压制心头的怒火，跳起来大声吼道。

“火枪，为这种人生气不值得。”军刀逼迫自己冷静下来，回头对着摄像头说道，“既然给脸不要，那我就亲手杀了你这个女疯子!”

“哈哈，要脸的是你们男人。我要的是荣誉，我现在所做的一切都是为了我的国家。独狼，把命给我吧!”丝毫不在意军刀的怒骂，芳子恬不知耻地说道。

“等等!”独狼站了起来，“我想搞清楚一件事情。”

“下了地狱，上帝会告诉你的!”没有理会独狼的话，芳子手一挥，外面的士兵就冲了进来。

独狼见机朝电源的位置开了一枪，实验室一时间陷入一片黑暗中。独狼和火枪他们立刻屏住呼吸，不发出一点声音。这时，突然有士兵打开手电筒朝里面照，却传来一声枪响，这个士兵瞬间在黑暗中倒下去。

在黑暗里，擅长狙击的军刀才是杀人王。

等芳子反应过来，朝声音传来的地方一阵乱扫之时，独狼他们早已转移了位置。

独狼在黑暗中迅速靠近火枪，从他身上取下闪光弹然后闭上眼睛凭记忆朝实验室玻璃门的位置冲过去，同时拔开安全栓，“砰”的一声，黑夜骤变，所有人都被突如其来的亮光闪得睁不开眼。独狼一边叫着火枪的名字，一边冲向人群撞开一个缺口。火枪早已经做好突围的准备，十分默契地配合了独狼的行动，迅速向实验室门口靠拢过来。

军刀则与博罗诺夫一起，给火枪与独狼做着警戒。

独狼掏出一颗手雷，拆开里面的引信，轻巧地将它放在走廊上的灯泡处，然后点了一根烟放在手雷旁。火枪一开始有些不明白，过了好一会儿才反应过来，怪笑地看着独狼说道：“队长，你的主意比我还坏啊！”

独狼笑着拍了拍他的光头，回头对军刀他们说：“撤！”

芳子的队伍被闪光弹袭击后，半天才缓过神来。芳子更是气急败坏，赶紧带着一群人转头朝外追去。就在这支队伍冲到门口之际，突然传来一声巨响，冲在最前面的几个士兵顿时被炸成了黑灰。芳子也被这爆炸声震得阵阵耳鸣，等她反应过来脱口而出的第一句话就是要亲手杀了独狼。

独狼很快在电梯口处成功解救了即将被送到地下室的杰斐尔。

“杰斐尔先生，受苦了。”

独狼正准备用钥匙打开手铐，却觉身体一阵酥麻，一股强大的电流从手铐上面传出来，瞬间将他击倒在地。

火枪一见独狼倒下，心里十分着急，立刻就要上前去救，却在不经意间发现这个“杰斐尔”原来只是一个身形与他相似的壮汉。火枪立刻明白了其中的原委，顾不上独狼，冲上去就跟假杰斐尔打了起来。不过，出乎意料的是，这场打斗中火枪竟然落了下风。

军刀与博罗诺夫还在与对方枪战，一时之间无法顾及这边，火枪只好自己想办法。

“看来我得给你点颜色看看!”说着，火枪从兜里掏出一个瓶子。看到他的举动，壮汉有点不明所以，顿时愣住了。

火枪狠狠地将瓶子砸到了对方脚下，壮汉试图闪避，无奈身后是墙壁，无处可躲，只得有些无奈地闭上眼睛等待冲击的到来。

过了一会儿没有任何异状出现，壮汉看着脚下的一摊粘液，一时搞不明白火枪的真正意图。火枪却掐着腰在一旁得意地笑着：“有本事来揍我啊!”

壮汉被火枪嚣张的样子气得失了方寸，哪里管得了那么多，迈出步子就要揍他，可脚底下却被什么粘住了，努力想要把脚抬起来却没有成功。无奈之下，壮汉蹲下身子将鞋脱了下来。早就料定壮汉会有这样的举动，于是火枪看准他跳起来准备落脚的地方又扔了一瓶粘液。壮汉这一次完全无计可施，人已赤脚被粘在地上，动弹不得。

“看我的!”见状，火枪说着，退后好几步，猛地冲了起来，一脚踹在壮汉脸上。

这一下可来得不轻，壮汉“啊”的一声倒在地上，将整个身子都粘了个结结实实，完全失去了活动能力。火枪拍了拍手，满意地盯着自己创造的成果，眯着眼睛阴险地说道：“你好好睡一觉吧!”

这时候，被电击晕的独狼也醒了过来，看着眼前的景象有些诧异的问道：“发生什么事情了?”

火枪忙赶过来扶起独狼，解释着他的疑惑：“刚刚你被这个手铐暗算了，队长!”

独狼立刻明白了当下的情况：“这里不是说话的地方，我们快撤，先找到杰斐尔再说。”

刚才的那下电击虽然让独狼很不好受，不过他很快就恢复了行动能力，带着火枪寻到地下室，从一个隐蔽的角落救出杰斐尔后，三人立即朝出口的方向逃去。就在这时，芳子也赶了过来。大门外敌人的火力让独狼他们无法靠近，而身后追兵也越来越近。就在这万分紧急的时刻，一辆军车突然从门外冲进来，一时间冲散了所有人。

“快上车!”开车的人竟然是卓瑞亚。

独狼愣了一下，对于她的出现显然有些意外：“怎么是你?”

“没时间解释，快上车!”卓瑞亚催促着。

“军刀还在里面!”

“来了!”话音刚落，军刀与博罗诺夫就跑了出来，迅速地跳上车。

见状，火枪赶紧推着杰斐尔上了车，独狼这才跳上车子。卓瑞亚立即掉转车头冲了出去。身后的追兵这才反应过来，也发动车辆快速追了过来。

“卓瑞亚，把好方向盘!”独狼一边提醒，一边打开车门朝身后的车辆开枪。

身后追兵的火力越来越强，眼看就要追上来了。独狼回到副驾驶的位置，突然看到远处一座光秃秃的山上，一颗松动的大石头正在半山腰悬着。

很明显那是一块风动石，只要打破了平衡很快就会掉落下来，而这也许就是他们的救星。于是，独狼让卓瑞亚放慢车速，自己则将准星降低三个，把枪膛里的一梭子子弹都打到了石头下部细碎的石块上。

果然不出所料，石头立刻松动起来。就在石头即将滚下来之际，独狼大喊一声：“加速!”

卓瑞亚闻声把油门一踩到底，车子“噌”的一下蹿了过去。石头随即不慌不忙地落到车子身后的山路上，恰到好处地拦住了追兵的去路。独狼开心地与卓瑞亚击掌相庆，车子很快就开回了机场。

杰斐尔跳下车子，与独狼等人一一握手：“独狼，看来你们需要继续坚守在这个阵地上。我们的敌人非常强大，你们一定要小心。”

“放心吧!”独狼一脸的自信。

“卓瑞亚，你过来，我想跟你说几句话。”杰斐尔突然把她叫到一边，微微思索了一下说道，“不管你是敌是友，我希望你能在适当的时刻帮助独狼。所有胜利的战争都是人民的战争。我听说过你儿时的一些故事，也十分同情你的遭遇，但你应该有自己的立场，是非善恶需要你自己去辨别。”

“我自己心里有数。杰斐尔先生，我所要做的事情关系到我家族的荣誉，这个国家的振兴需要我。我只能说这么多。”卓瑞亚面色凝重地说道。

杰斐尔长舒了一口气：“以国家为己任！这是我在许多男孩子身上都看不到的东西，历史的渊源造就了你这么一个优秀的女子。相信我，这片土地终将回归和平!”他显然很满意卓瑞亚说的话，一阵感叹。

就这样，杰斐尔在一片夕阳的照耀下登上了回去的飞机。

独狼走到卓瑞亚身边：“杰斐尔先生和你说了什么?”

卓瑞亚没有理会他，低下头，一个人走向车子。

“卓瑞亚!”独狼叫住她，忍不住问道，“你和娜丽亚到底是怎么回事?”

卓瑞亚转过身看着他，眼神里包裹着看不清的痛苦：“队长，娜丽亚是我的好姐妹，我从未想过要害她。可就是这么一个人，一次又一次地将我推向深渊。关于她，我不能再说什么了。我们家欠她的一辈子也还不清。但是我有自己的原则，为了使这片土地回归和平，我愿意努力去做任何事情!”卓瑞亚的语气十分坚定，眼神似乎不再那么痛苦了。

独狼点了点头：“我相信你!”

这时，军刀与博罗诺夫发出一阵掌声：“很不错，我们特遣队又多了一员大将!”对于卓瑞亚的回答，大家心里都感到很安慰。

不过，紧接着身后的博罗诺夫却一阵摇头，语气有些哀怨地叹息道：“哦哦哦，上帝啊，太不公平了，为什么我付出那么多，就没人来给我鼓励呢?”

卓瑞亚听了这话，笑了，跳过去在大胡子的脸上狠狠亲了一口。见到这一幕，所有人都开心地笑了。

然而，战争并未结束，新的任务即将到来。

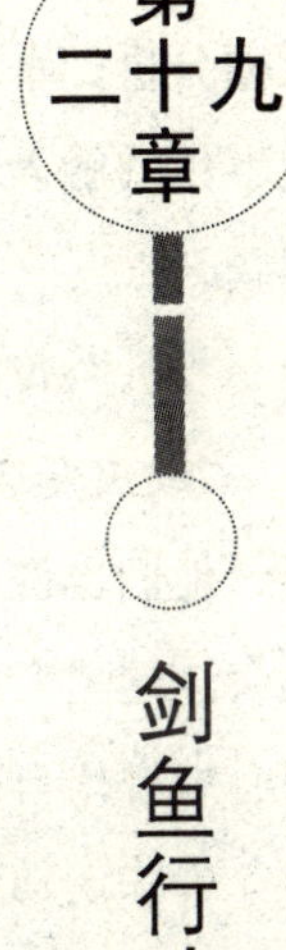

第二十九章 剑鱼行动

"混蛋，一群废物！"曾华清在大厅里不断地踱着步子，嘴上不停地念叨着，显然正生着闷气。

这时，芳子走了过来："真是的，怎么就没有一次顺利的！"

芳子的抱怨让他有些烦躁，忍不住呵斥道："芳子，从来到这里之后，你做过一件像样的事情吗？你真的要让我把你带回国内吗?!"

芳子一听这话，立马站起身毕恭毕敬地行礼："对不起，小野长官，是我不对！"

"别叫我小野！你生怕没人知道我真正的身份吗?"芳子的话让曾华清更生气了，他狠狠地抽了她两个耳光，怒气冲冲地吼道："随我来！"

随后，曾华清带芳子来到J博士的实验室："这是J博士，也是皋本花重金买来的，不过现在是我的人了。"他的口气里不无骄傲，似乎以抢夺了原本属于皋本的东西而自豪着。

J博士满脸堆笑："小野先生，研究正在按照您的想法进行。说实话，您的研究远远超乎我的想象。这也许是本世纪最大的生物化学研究！"J博士谄媚地拍着马屁，脸上的笑容挤得眼睛都快消失了。

“我不是皋本，不喜欢听恭维的话。跟我说研究进展吧！”曾华清打断了他的话。

J博士依旧扶着自己的眼镜，小心地点着头：“是。情况是这样的，CRII在睡眠状态下一直产生着一种高温的非物质垃圾。当然了，在我研究的领域中我们称之为垃圾，但对于水母来说却是最好的养分。我在显微镜中进行了数据分析。平均每秒水母可以产出大约八千万单位的受精卵，而受精卵在突发事件的触及后，生成幼虫的时间也缩短了将近十分之一。但是有一个问题。”

“说。”曾华清看着J博士，示意他继续说下去。

“幼虫变成成虫的速度太快，速度跟发酵差不多。如果我们没有足够的容器，他们也许会像泉水一样迅速充斥整个环境，而受精过程中所产生的大量热会让这里变成火锅，死亡会以超乎想像的速度吞没整个世界。”J博士有些担心地说出自己的想法。

曾华清却不以为然地摇了摇头：“继续你的研究，这正是我想要看到的。”似乎对J博士的成果很满意，他没有多说什么，转身离开了。

曾华清离开后，J博士一个人看着玻璃器皿中正以恐怖速度增长的透明杀手忏悔着：“但愿上帝能原谅我的过错！”

离开实验室后，曾华清驱车来到发射基地。这时，娜丽亚早已得知皋本落入他手里，一见他到来，便迅速开始布置防御。

随后，娜丽亚走到曾华清身前，很不屑地问道：“你是?”说着上下打量着这个瘦小的男人。

“曾华清，我现在是B岛的新主人。你应该听说过我。”曾华清的自我介绍很专横，显然不把娜丽亚放在眼里。

“不过就是个书生样子的人。真搞不懂，那老东西也算是个人物，怎么会败在你手里，或许他真的老了。”娜丽亚若有所思地猜测着，满不在乎地在他面前磨起了指甲。

“我是来谈判的，不是来跟你谈情的。皋本注定失败，不如与我一起建立新的秩序，如何?”对于娜丽亚的举动，曾华清有些不满，但是仍然冷静地看着她。

娜丽亚把手放了下来，口气更加不屑："呵呵。样子不大，口气倒不小。你有什么本事？说什么建立新秩序，就连皋本都不敢说这话，你一个个头没车高的家伙还敢说这么大的话。"说完更加戏谑地盯着眼前这个矮小的家伙。

娜丽亚的话没错，曾华清确实没有自己开的越野车高，不过这并不影响他有野心："我说了，我是来劝你投降的。发射基地在你手里，跟一堆废铁一样，没有弹头，它只能是一堆废铁。"

"那又怎么样？我凭什么拱手将自己的东西都交给你？"娜丽亚自然明白曾华清的话，但是明白不代表她认可。

"理由很简单，我才是世界真正的主导。顺我者昌，逆我者亡！"曾华清眼中流露出一丝杀气，"你要想活着，只有与我合作这一条路。"

娜丽亚这才有些吃软了，收起话里的不屑，有些不情愿地说道："那我能得到什么？"

"作为交换，我可以将整个地中海给你！"曾华清并不意外娜丽亚的反应，他早已有所准备。

"听起来很诱人，可你实现得了吗？"娜丽亚有些动摇，不过说大话谁都会，她并不相信。

"如果你想的话，我可以让你手下的人在一瞬间变成死人！"曾华清的话很有道理，而这道理却是他亲手演示出来的。

只见他从车里拿出一瓶水，扔到路边的一个池塘里。奇怪的事情发生了，水里突然冒起了泡，不一会水里的鱼就翻腾着跳了出来，一分钟后便死死地躺在水面上再也不动了。

"这不是戏法，而且我想告诉你，这玩意对人同样有效。"曾华清的话里带着一点威胁，丝毫不掩饰脸上疯狂的表情。

曾华清的话让娜丽亚大吃一惊："好，我听你的！"

娜丽亚的投降让曾华清更加得意起来。

与此同时，曾华清还秘密绑架了从事生物研究的约翰教授。

当时，他神不知鬼不觉地出现在教授面前："你好啊，教授！"对约翰教授还是显得很有礼貌的。

然而，他的出现却令教授始料不及，后者呆愣了一下才疑惑地问道："我怎么在这里?"

"当然是我请你来的!"又一个理所当然的回答，曾华清自然不觉得这有什么问题。

"你是?"约翰教授依然有些不解。

"别装傻了！我就是你一直在研究的那个人。"曾华清戏谑地看着眼前的教授，准备欣赏他惊讶的表情。

"你？怎么会是你?"教授被曾华清的话惊呆了，一时间，无法反应过来的面部肌肉统统都僵住了。

"怎么就不能是我呢？老人家辛苦了，欢迎来到R国！希望您在这里可以安心地生活，当然还有工作!"曾华清自认为有礼貌地说道。

"什么？我不明白。你想要我为谁工作?"约翰教授这才反应过来，一连串的变故让他显得有点呆滞。

"当然是我了！哈哈。"曾华清奸笑道。

听了这话，约翰教授低下头："这不可能，我不能为你工作。"

"你没有选择，我也不想听你跟我讲条件，带他下去!"

就这样，约翰教授被士兵们带入曾华清B岛的官邸，捆进了实验室。

"我很欣赏您在箱型水母领域的研究。你和我的研究也许步调一致，但目的却不同。对于箱型水母的能力，你怎么看?"曾华清询问地看着约翰。

约翰缄口不言，只是低头看着地面。

"真就那么坚持你的原则吗？你有没有想过，水母为什么会越来越多？这些都与人类的活动有关。我所要做的就是改变这个世界，难道你不想帮我吗?"曾华清定定地看着约翰，脸上带着蛊惑的表情。

"你只是一个科学疯子，我不屑于跟你谈论这些!"约翰仍然十分坚定，对于曾华清的理想不做任何评论。

曾华清把双手背到身后，一脸的愤恨，却不知该如何应对这块硬硬的石头。

"那好，我给你看一样东西。"他走到电脑前，将前一天晚上废墟中发生的一切通过录像重现在约翰眼前。

"你真是畜生!"约翰有些歇斯底里地喊道，对于曾华清的行为完全不能认同。

“呵呵，不要说我是畜生。先告诉我，你对我的研究有什么想法?”并不在意约翰的怒骂，曾华清仍然愉悦地说道。

约翰摇着头，嘴里不停地念叨着：“太可怕了！太可怕了！这根本就是灭绝性的灾难。你杀了我吧，我根本无法阻止你前进。”

曾华清大笑着挥舞起拳头，对约翰的说法感到非常得意：“我即将成为世界之王，所有的人都将臣服在我脚下!”

约翰站在曾华清背后默默地想着什么，突然发现他腰间别着一个绿色的小瓶子。就在他转身之际，老人收回了自己的眼神，重新抬起头看着周围的东西。

“你对我的研究，真的就不发表意见吗?”曾华清又问。

约翰摇了摇头。

无奈，曾华清只好点了点头：“你还是去休息吧，我曾经想让杰斐尔来这里为我解码，作为我称霸世界的见证人，只可惜他不接受我的邀请自己跑了。”语气有些惋惜。

“杰斐尔？你们怎么知道他会解码?”约翰对于这个消息极为震惊，即便在科学界知道这件事的人也极其少。

“我们的能量，不是你能够想象的！约翰教授，我再给你一次机会!”曾华清志得意满地说道。

约翰教授被绑架的消息，独狼也通过大熊猫得知了。“独狼，能听到吗?约翰教授正是我们要找的人，竭尽全力营救他！不惜一切代价，将老人抢回来。行动代号——剑鱼行动!”显然，大熊猫的语气不那么轻松了，快速交代了任务。

独狼坚定地回答“是!”

随后，一行三人重新整装，准备又一次行动。卓瑞亚和博罗诺夫作为后备力量，随时给予支援。

独狼凭着记忆，从原路朝B岛进发。

“只有这一条道吗?”火枪有些疑惑地问道。

“也许后山会有。”军刀的想法又一次和独狼不谋而合。

“没错，我们可以试着从后山过去，看看那边会不会有什么发现。”点点头认可了军刀的说法，独狼吩咐道。

三个人带好武器朝后山绕了过去，可这山竟然那么奇怪，白色宫殿的后方竟是立壁万仞的悬崖，下面就是大海。整个宫殿都在悬崖之上，高不可攀。独狼定睛朝上看去，竟然发现半山腰上有一根半人多粗的管子顺下来，不时地排出一些肮脏的东西。

“就是这里了。”定了定心神，独狼果断地选择了这里作为这次行动的入口。

火枪顺着独狼的手看过去，脸上溢满了难以置信的表情：“不会吧？厕所？”

“只有这里是最合适的入口。军刀准备器械！”独狼点了点头，不理会火枪有些惨痛的表情，命令道。

“是！”军刀立即打开背包，将绳索盘起来挂在管道上，三个人很快顺着绳索爬了上去。快到管道出口时，走在最前面的火枪最先闻到臭味，脸上的五官难耐地堆在一起，一脸的受折磨状：“队长，换条路行吗？”

军刀在下面用力地拍了拍他的屁股：“不就是臭点吗？又不要你的命，别那么多废话！”

火枪硬着头皮爬了进去，出来的时候憋得满脸通红：“幸好这会没人来，不然哥们就该遭炮击了。”他一边说，一边使劲蹭着身上的污物，嫌恶极了：“这辈子我就干这么一次，打死我也不再爬这种地方了！”

独狼最后上来，制止住不停唠叨的火枪：“小声点！还不快去安装探头。”

火枪撅着嘴，显然有些不满，一路小跑到厕所门口，从门缝里将软管插了进去，然后退回到独狼身边打开显示屏，仔细地观察门外的环境。显示的图像非常模糊，似乎受到了什么干扰。

“队长，这里似乎加入了电子干扰。我们可能无法探明原因。”看到显示屏上模糊的画面，火枪有些无奈地说。

独狼沉思了片刻，对军刀说：“军刀，跟我来，掩护火枪进入敌人机房。这样的话，也许我们有机会直接捕获他们的视频信息。”没有更好的办法了，独狼只能选择冒险。

军刀点了点头，跟在独狼身后朝厕所外移动。

独狼和军刀都是徒手攻击能力超强的军人，在通往机房的道路上，两个人互相配合，杀掉了几个守卫士兵，却没有发出一点声音。火枪跟在他们身后，悄悄地寻找干扰信号的来源，突然显示器猛地一闪。“就是这里！在前面。”捕捉到了显示器瞬间的异状，火枪低声说。

独狼掏出一面镜子放在脚下，悄悄地朝十字路口两侧看去，一边各一个守卫。他朝左手指了指，示意军刀从左边冲，自己则从右边攻入。接着，他作出数数的手势：“三、二、一，冲！”

话音刚落，军刀猛地跳到走廊，朝守卫甩出匕首，刀子不偏不倚地扎入守卫的咽喉处。而几乎是同时，独狼对付的守卫也倒了下去。可见两人的默契程度相当高。火枪趁机迅速进入机房，将数据线插入机房服务器内。不久，显示器中的画面出现了。火枪试着调整镜头，寻找着约翰教授。

“队长，快看，这个就是约翰教授了！”很快，火枪就有了发现，低声叫着独狼。

独狼探头看过去，一间幽暗的屋子里，一个白发老人正坐在长凳上，一副若有所思的样子。

火枪边调整探头边确认：“在我们左手边不远的一个屋子里。”

“我们走！”确定了约翰教授的位置后，独狼决定立刻开始行动。

就在独狼提起武器要冲出去之际，却被火枪拦了下来：“等等，队长，你快看！”

另一个镜头里，芳子正带着一群人朝什么地方赶去。

“他们这是去哪里？”独狼有些疑惑地看着火枪。

火枪查看了镜头，声音顿时提高了两个分贝：“糟了！是教授所处的房间。我们必须马上采取行动！”

独狼三人相视一秒，迅速起身朝教授的房间冲了过去。芳子顿时被突如其来的攻击打乱了阵脚，立刻带着队伍撤到拐角的地方。

“独狼，你们真有胆量啊！这种情况下都敢来找死，今天你们是有来无回！”说着，芳子摁下身旁的紧急按钮，一阵轰鸣声响起，独狼三人所在的位置竟然被牢牢地锁了起来。芳子这才站回走廊，声音里含着无限的得意：“独狼，你现在就是老虎，也不过是关在笼子里的老虎，成不了气候了！

哈哈!”

而就在门锁挂下来的一瞬间，火枪却趁着一条细细的缝钻了出去。这会与独狼隔墙而处，突如其来的变故让他有些茫然：“现在怎么办?”

“别急，你去找教授。我和军刀会想办法出去的。”独狼贴着门与火枪低声交流，现在首要的任务就是救出教授。

芳子似乎对能够生擒独狼显得有些兴奋，还在不停地叫嚷着要与独狼对话。见状，独狼一边将特质的钢笔交到军刀手里，一边与芳子纠缠起来。

“独狼，别想着要心眼。这门虽然不结实但可不至于能用拳头砸开。活着就说句话，别装死人!”芳子的声音充满了得意，脸上也笑开了花。

“哈哈，看不见你我就很自在了。我只怕你在我面前会把眼前的东西都污染了。”独狼一边嘴上说着应付芳子的话，一边示意军刀将钢笔里的强力酸液喷到铝合金门上。

其实独狼完全可以用枪把这门打穿，可为了减少响动，他还是选择了这个办法。

“芳子，你为什么会为他卖命?”趁着这个时间，独狼想办法套着她的话。

“谁?”听了独狼的话，芳子微微有些不解。

“曾华清。”

“我和他之间不关你的事情吧?”对于独狼的探寻，芳子保持着一丝警惕，回避了这个问题。

“我已经是你的阶下囚了，要杀要剐还不都是你一句话吗？何必藏着掖着呢？再说了，我就要死在你手里了，你总该让我明白是为谁而死的吧?”独狼不断地说着自己的惨状，试图诱惑芳子吐露实情。

芳子骄傲地站起来，独狼的话恰到好处地满足了她的虚荣心。“既然这样，我也不妨跟你直说。曾华清其实就是小野，小野就是曾华清——我的顶头上司。我们这次的任务表面上看起来是依靠军方，实际上我和小野都脱离了国家的行政管控。政府，呵呵，让它见鬼去吧。”

“脱离政府？为什么?”芳子的话让独狼更加好奇。

“还能为什么！他们都是懦夫。我们曾经有机会建立新的社会秩序，可最终都功亏一篑。战后重建过程中，我们这股势力就一直被国内舆论所压制。

幸好小野是我们的带头人，他在党派间熟练运用自己的手腕占有了一席之地。听说皋本劫掠了CRII后，小野就找到了我，希望我能全力帮他。作为帝国的女军人，我在所不惜，于是来到了这里。”芳子似乎放松了警惕，很坦然地说出了实情。

“我明白了，然后你就成了男人们的玩偶。”独狼终于明白了事情的经过，也就不再继续恭维芳子了。

“你！”芳子对于独狼带有揶揄的坦率实在是有些不满。

“我什么？为了达到目的，你连自己的身体都在所不惜。我真不明白，你在这场阴谋里除了一身伤痕还能得到什么？”独狼丝毫不在乎芳子的愤怒，仍旧不断地刺激着她。

“混蛋！不许你诋毁我们的伟大圣战！”芳子被独狼的话彻底激怒了，端起枪朝那扇门“砰砰砰”地射出一梭子子弹，咬牙切齿地吼道，“看你还说不说！”

枪被芳子打得直冒烟，铝合金门也穿了许多洞。就在芳子顺着弹孔往里看时，竟然惊得目瞪口呆，原来另外一面铝合金门已经被融出一个大洞，独狼和军刀早已不见踪影。见状，她把手里的枪狠狠地砸到地上，对身后人大声命令道：“快给我追！”

火枪这时早已打开牢房的大锁，搀扶着约翰教授向独狼他们靠拢。独狼知道芳子一定不会善罢甘休，决定立刻离开这里。

“等等，有一样东西，你们必须拿到它！”约翰突然拦住独狼，“听着，我需要你们去做一件事情，不管现在有多么危急，我知道这是我们唯一的机会了。”

“教授，我们现在首先考虑的是你的生命安全。命令是这样的，我们不能违背。”独狼跟教授解释着，在他看来目前任何东西都比不过约翰教授的安全来得重要。

“听着，年轻人。我不知道你们叫什么，但我知道你们是中国人。美国人有一个说法，如果你想制服法师，就一定要抢到他手里的魔法棒。这是没有错的。我们现在要做的，不是逃跑，而是去面对。曾华清身上有一样东西，我相信那就是他的魔法棒。年轻人，求你把它抢来！”约翰有些乞求地看着独狼，尝试着说服他。

独狼沉默了，将目光投向军刀，询问道："你怎么想？"

"如果我是你，我就去那么做。"军刀的眼神冷漠而坚定。

"火枪，带教授离开这里。我和军刀去！"得到了肯定的答复后，独狼不再犹豫，立刻吩咐下去。

"不，我不想离开！"约翰教授依然坚持着。

"够了！"独狼突然怒了，"我答应你将东西抢来已经违背了命令。如果连最起码的任务都完不成，我们还算什么特遣队！教授，希望您能真正站在我们的角度去考虑。"对于他来说，完成任务才是最重要的，容不得有一点闪失。

教授不再说话，慢慢低下头真诚地道歉："抱歉，我可能太着急了。"

"火枪，带他走！"独狼喊道。

"等等。"教授又转过身子，拉住独狼的手，语气十分诚恳地说，"告诉我，你叫什么？"

独狼只是露出一丝微笑，淡淡地说："放心，以后我们还有机会见面。火枪，快！"

火枪点了点头，忍不住嘱咐两句："我已经在敌人的监控装置上做了手脚，他们看不到你的。多加小心，队长！"

独狼拍了拍他的光头，又揉了揉："知道了。"

目送教授被火枪带离后，走廊里只剩下独狼和军刀两个人。

"嗨，你猜他们这会在干嘛？"军刀忙里偷闲玩起了手中的匕首。

"八成是在找我们。"独狼语气也颇为轻松地说道。

"我能想象他们像一群蚂蚁一样，成群扑过来，之后在一阵打斗中倒得横七竖八。"同样的场面在军刀面前无数次出现过，早已成了他的一种娱乐方式。

"军刀，你受过多少次伤？我是说很重的那种。"独狼突然看着军刀问道。

"不记得了，应该在七八次左右吧。不过都是很久以前刚做特种兵时候的事了，这么多年受的伤多了，也就不怎么受伤了。"军刀的语气很平淡，受伤这种事对于他来说不过是家常便饭而已。

"战场是战士成长最迅速的地方，这话一点儿没错！"听了军刀的话，独狼发自真心地笑起来。

“是啊。”军刀点点头认可了独狼的话。

“我们去大厅？我想曾华清应该在那里。”独狼看着军刀询问着。

军刀点了点头，两个人随即走向楼梯间。就在这时，芳子带着一群士兵赶到了这里。见状，军刀把独狼推到身后，主动说：“我来。”

说完，他站到楼梯前朝冲上来的士兵大喊了一声。众人皆抬头往上看，却正中军刀的下怀。他取出早已准备好的闪光弹扔了下去。一阵惨叫声过后，士兵们都趴在了地上。军刀趁乱跳下去，一阵乱扫将他们都逼了回去。军刀见势又一个箭步跳回来，对独狼说：“我们走另一边。”

然而，当两人走到另一边时，芳子已经在那里等着他们。“独狼，你太阴险了，我差点被你骗了。作为惩罚，我必须亲手杀了你！”芳子愤恨地叫嚣着。

“也许你该想想你自己的处境。”

独狼说完朝她身后递了一个眼神，芳子立即顺着他的目光看了过去，却被一边心有灵犀的军刀毫不费力地夺走了手里的枪。芳子这才意识到自己上当了：“你们胜之不武，怎么这样对待一个女人呢？”

“带我们去见小野。”军刀表情冷冷的，看得芳子有些胆寒。

芳子的眼珠子却滴溜溜地转着：“不行，如果我带你们去了，小野一定会要了我的命！”

“呵呵，不带我们去，我们立刻就会要了你的命。”军刀冷然地说道，如果芳子敢拒绝，他会毫不犹豫地将她立刻击毙。

“那好，我带你们去！”芳子不再坚持，转过身，将身边的一群士兵推开，让出一条道，三个人走了下去。

士兵跟在独狼和军刀身后寸步不离，而挟持着芳子的军刀也不敢松手，他明白一旦松手，敌人一定会扑上来。

“等一等，我想先问问你们，真的决定去找小野吗？”芳子突然停下脚步，出声询问。

“是。”军刀的语气十分坚定。

“呵呵，那就见吧，至于后果你们自己承担。”听了军刀的回答，芳子并不意外，很平静地应了下来。

说完，她朝后挥了挥手："你们都退下吧，我会处理的。"随后看向军刀："你该把刀子放下，我说过带你们去就不会食言!"这女人毕竟是间谍出身，遇事竟然一点也不慌张。

军刀与独狼交换了一个眼神，一把将芳子推到前面，面不改色心不跳地说道："如果你要什么坏心眼，我敢保证你下一秒就是一个死人!"

第三十章 二次行动

曾华清，也就是小野此时正在大厅里正襟危坐，对于两人的到来没有表现出一丝惊讶。

“欢迎两位大驾光临！”看到被挟持的芳子，他竟然有些不快，“没用的东西，你能做点什么好事！快给我滚下去。”

芳子点了点头，想要退下却被独狼拉了回来：“她现在在我们手里，没有听你命令的义务。”独狼面色不善地看着曾华清。

“哦！对了，呵呵，我差点忘了这一点。那不如……”小野说着，突然从腰间甩出一瓶液体，泼到芳子脸上。

顷刻间，芳子挣扎着倒在地上，一股刺鼻的味道从她身上弥漫开来，仅仅几分钟的光景，她就化成了一堆白骨。

“这样更省心了！”小野似乎对这样的情景早已麻木了，冰冷地说道。

独狼却被眼前的一幕惊呆了，小野的残忍确实出乎了他的意料：“她是你最得力的助手，你都舍得杀，你还有没有人性？”

小野肆意地笑着："人性？何谓人性？不要跟我说这些鬼话！人是什么东西？这个世界上最肮脏的东西！包括你们，也是这世界上肮脏的东西。我发过誓要将这个世界变得干净。独狼，你杀了我不少人。我从不跟你计较，这一次你还想要来杀我，太不自量力了吧？"曾华清的语气十分冰冷，显然对独狼的行为很不满。

"谁赢谁输，还不一定呢。来试试吧！"独狼摆开架势准备战斗。

旁边的军刀则把手冷冷地挡在了他面前："你不是他的对手。"

这话从军刀嘴里说出来，实在让独狼有些诧异："为什么？"

"他不是人，想要赢他，除非你不是人。"

军刀的话越说越奇怪，而在小野看来似乎合情合理、可以接受。"呵呵，我的确不是人，我早已凌驾于人类之上，你说得没错。对于自我的进化和改良，我已经掌握了规律。在研究水母的过程中，我偶然得到了新的生物武器。而你和独狼将是它的第一顿晚餐。接招吧！"

说着，小野已经跳到独狼面前，手中的刺刀猛地插过来。独狼身子一侧，躲了过去。却不想小野突然手腕一抖，将刺刀转了一下，镜面一样的刀刃将日光反射过来晃向独狼的眼睛，旋即又把刺刀朝独狼一靠，在他脖子上狠狠地抹了一道。独狼"啊"的一声向后退了一步：好狠的刀啊！

然而，这一刀似乎不像平常的刀，除了划痕，独狼竟然发觉刀痕处剧烈地疼痛起来，犹如针扎一般，只得强忍着剧痛向后退了几步。军刀见事情不妙，快速向前冲了几步，迎上了小野的攻击。几招之内，军刀都在尽量避闪他手中的那把刺刀。小野却越砍越兴奋，嘴角的狞笑充满杀气。军刀沉着地迎战着，来来回回几个回合竟没让小野占到任何便宜。

"好小伙，身手不错啊！不过没那么简单，我要杀你，你根本没有选择的余地！"军刀的躲闪让小野更加兴奋，脸上的表情显得有些狰狞。

就在小野说话的当口，军刀的眼神却落在他腰间挂着的一排药水上："对，这也许就是小野依赖的武器，也是约翰教授想找到的东西。"心里顿时有了主意。

就在小野持刀再一次刺过来之际，他将脖颈挨得刺刀很近，几乎没了距离，然后迅速捂住脖子佯装倒下。小野一见军刀倒在地上，还以为自己真的刺到了他的要害，顿时爆出一阵狂笑："哈哈！原来鼎鼎大名的独狼特遣队也不过如此啊!"

就在小野得意忘形之际，躺在他脚下的军刀突然一个勾腿将他放倒在地，并趁他还没缓过劲来，将其腰间的药水抢到手里。

小野从地上猛地站起来，眼神阴毒地盯着军刀："我欣赏你，阴险的家伙!"

"彼此彼此!"军刀小心地将药水放进怀里，扶起独狼，语气里带着威胁说道："我们现在要离开，如果你想拦住我，最好想想自己还有没有别的本事。"

军刀的话似乎震住了小野，这种自信让他不敢轻举妄动，只能眼看着军刀扶起独狼慢慢离开。可他又不甘心就这样放他们走了，突然发现芳子尸体旁有一把枪，立即捡起来快速对准了军刀的背影。

"砰!"子弹打了出去。

军刀站在原地一动也不动。似乎什么东西在子弹飞行过程中挡了一下，他背后没有一丝伤痕。军刀立即抬起头朝天窗看去，没错，那里有一个黑影。他举起大拇指朝那个黑影摇了摇。这一切发生得那么诡异，站在大厅里的小野一时呆住了，满脸的难以置信，半天才惊讶地说道："这、这怎么可能?"

说话间，一群士兵追了上来。小野立刻恢复了狂妄的架势，命令道："快给我把他们抓起来!"

军刀却不理会，搀扶着独狼快速穿过大门。他知道，独狼一定是中了刺刀上的毒，要解毒，可能只有小野和约翰两人才能做得到。随着时间一点点地流逝，独狼的面色从暗红变成苍白，再变成紫色，越来越难看。时间已不允许军刀多想，他必须尽快冲出敌人的包围圈，找到约翰教授，这样才能救独狼一命!

军刀终于搀扶着独狼冲到B岛入口处，而此时这里已是重兵把守，要冲出去谈何容易。但军刀别无选择，他卸下身上多余的装备，小心地将药水放在口袋的最底部，又将独狼背到背上，嘴里则快速念叨着："是男人，就不要睡过去!"显然，独狼的状态让他十分担心。

独狼此时只觉得眼前一片模糊，时而红色时而蓝色，恍惚中军刀的声音也像是从天边传来的，却让他恢复了些许精神，他紧紧地咬着牙关，不断在心里告诉自己一定要坚持。

军刀随即打开通讯器呼叫火枪，火枪在第一时间给予了回应：“谢天谢地，你还活着。”

“火枪，想办法干扰入口处的敌人。我和独狼要从那里冲出去。”军刀的声音十分急促，独狼现在的状态已容不得半点耽搁了。

火枪此时正在半山腰处用望远镜盯着入口：“敌人兵力不少，我也想不出什么好办法，等等。”

就在这时，望远镜里突然出现一个黑影，正从入口的最顶处一点点往下顺。“我们好像有帮手！”火枪脱口而出。

军刀没听明白，有些不解地追问：“什么？”

“入口处有一个黑影，似乎是去救你们的。”火枪一边继续观察，一边快速回答着军刀的问题。

军刀不再多想，低下头擦了擦脸上的汗，把独狼往上顶了顶，一口气朝入口冲了过去。入口处的士兵不停地叫嚷着要他停下来。他在心里默默地一秒一秒数着，就在数到第十秒的时候，那个黑影从上面跳了下来，迅速与守卫的士兵对打起来。由于是近距离格斗，敌人的长枪短炮此时都成了废铁。军刀趁机加快速度，朝入口处奔去。

黑衣人又向入口处扔了一颗手榴弹，一声巨响之后，守卫们再也没了动静。这时，黑衣人一步上前，帮军刀扶住独狼，撤离入口。三个人跑出很远才停下来，军刀低声对黑衣人说：“你该回归了。”

黑衣人没有吭声，摇了摇头，转身钻进丛林之中。“等等！”军刀刚想叫住他，却听到身后传来火枪的叫喊声，心情顿时放松下来，突然觉得身上没了力气，一松手将独狼放在地上，大声对火枪喊道：“快找教授，帮独狼解身上的毒。”

教授闻讯过来蹲在独狼身边，把手放在他脖颈上微微探查了一下，说：“时间还够，可我没有解毒药品。”

军刀立即从背包里掏出药水递到教授面前：“我不知道哪个是解药，你应该明白吧？”

“这是什么？”约翰接过他手中的药水，有红色和绿色两种，觉得有些诧异，“你从哪里搞来的？”

“曾华清的。”军刀老实回答。

“哦。”约翰看着手中的药瓶，眉头紧皱着。

“快点啊，独狼快没命了！”见教授一动也不动，军刀急切地催促着，独狼的状态十分不好，他的心情根本平静不下来。

“你别着急，我还没有搞清楚哪个是解药，哪个是毒药呢。万一用错了，独狼真的就没命了！”对于军刀的催促，约翰也无可奈何。

这下可急坏了军刀，嘴里忍不住地抱怨：“你还专家呢，这点事也搞不定！”

“科学需要严谨的态度，我不能拿人命开玩笑吧？”没有在意他抱怨的话，约翰仍然盯着眼前的瓶子研究着，半晌才说，“就红色吧，但愿我是对的。”

军刀知道此时只能冒险了，立即抽出其中一根红色试管倒进了独狼的嘴里。

随着红色液体慢慢流尽，独狼的面色开始变得轻松起来，突然双眼圆睁地坐了起来，朝地上吐了一大摊血，又倒了回去。

“这是什么反应？正常吗？”见状，军刀十分焦急地问道。

约翰教授也皱着眉头，不敢妄自猜测，只能说：“我搞不清楚，这种药水的成分是什么我都不知道！”

军刀一时也没了主意，只能一个劲地把拳头砸在草地上哐哐作响：“难道就这么完了吗？”他心里格外急躁，但却无处发泄。

“咳咳！”突然独狼传来几声咳嗽声。

军刀赶紧转身把他扶起来，小心翼翼地观察着：“队长，你还好吧？”

独狼努力睁开眼睛，看着周围的一切，意识渐渐清晰，但仍有些模糊，嘴里说着胡话：“小、小虎！”

见状，军刀深深叹了口气，转身看向约翰：“教授，独狼他怎么样了？”

“我看看。”约翰上前摸了摸他的脖颈，约莫过了几秒，声音有些惊喜地低喊，“血液已经畅通。真是个奇迹！”

“什么？”军刀有些不解。

“据我了解，曾华清是研究箱型水母的，他所用的毒液一定是从箱型水母体内提炼出来的。这种毒素无药可解，可独狼却能够起死回生。”约翰不禁摇了摇头，“真是奇怪！”

一听这话，军刀爆发了，一把揪起约翰，大声咆哮着：“美国佬，这时候你还说什么风凉话？独狼要不是为了救你，为了得到你想要的东西，能落到这步田地吗？”

约翰摇了摇头，也后悔自己刚才所说的话，只好尴尬地解释着：“嗨，听着，我想我们之间有些误会。”

突然，一阵枪声响起，眼看飞来的子弹就要击中独狼，约翰把身子一侧，用身体挡住了子弹。“约翰教授！”军刀听到枪声，看着倒在血泊中的老人，心头一酸，立即放下独狼扑到他身上：“快！隐蔽！”

火枪赶紧扶起独狼躲到不远处的一块石头后，朝远处望去，突然惊讶地低喊起来：“竟然是她！”

火枪嘴里的她，不是别人，正是娜丽亚。军刀听火枪这么一喊，不由得站起半个身子朝前方望去，远远地看见娜丽亚带着一队人马正朝这边赶来。一时间，他心如刀割，手紧紧地攥成拳头，真有些不知如何面对这个女人。可转念一想，现在最重要的事情是将约翰教授送回机场，如果真的出了什么意外，自己没法交代。想到这儿，他只能恨恨地朝她吐了唾沫，带着火枪他们迅速朝机场进发。

身后的娜丽亚似乎不想就此饶过他们，距离他们已越来越近。火枪发现军刀不时地回头张望，霎时猜到他心里的想法，低声催促道：“任务要紧，回头再收拾那小娘们！”

话虽如此说，可眼看着娜丽亚的队伍就要包围过来，军刀抓紧了约翰教授，控制不住地大吼一声：“来啊！跟你们拼了！”

“军刀，不要冲动！我们必须完成任务！”火枪大声劝阻着，约翰教授的生命安全才是他们一定要保障的，他不得不让军刀暂时压制怒火。

可此时军刀心中的怒火已因独狼的受伤和娜丽亚的背叛而炽热地燃烧起来：“管不了那么多了！我自己去！”

追兵很快追到跟前，将四个人团团围住。为首的娜丽亚笑着看看军刀，妩媚地说：“几日不见，消瘦了不少。”

“你也还好吧？”军刀紧锁住心中的怒火，强自镇定着，眼中的恨意却表明恨不得掐死娜丽亚。

“还好吧！”娜丽亚上前几步，荡起满脸的阴险笑容，“既然来了，干嘛非要走呢？不如留在这儿好好待上几天。”

“恕难从命！”军刀的语气仍然十分冷硬，心中的滔天怒火燃烧得正旺，正要好好地发泄。

“哦，那就别怪我不客气了！”早已预料到军刀不可能合作，娜丽亚双手一挥，退到队伍后方。

军刀、火枪还有受伤的独狼和教授，随即面对着几十倍于自己的敌人背靠背地站在一起。

“哎，你一次最多能杀几个？”火枪突然问军刀。

“没试过。”军刀说道，语气生硬依旧，看来娜丽亚的出现给了他不小的刺激。

“我也没试过，要不咱今天就试试？”

“军刀，你们真的要顽抗吗？你要想想自己究竟有几条命。我劝你还是放下武器，乖乖地跟我回去。”娜丽亚这时的声音软化了不少，似乎有些不忍。

“哼，我的命？我的命早在发射基地就被你掳走了。我现在除了对你的恨，没有任何念想！”军刀撇撇嘴，娜丽亚的话又扯得他一阵心痛。

听了这话，娜丽亚脸上的神情几经变化，明显经过一番挣扎后说道：“好，既然如此，你们走吧，就当我没有见过你！”

娜丽亚的话让军刀大感意外，他却没有时间细想，点了点头，眼神不由自主地丰富起来，声音也柔软了许多：“谢谢了。”

就这样，军刀和火枪将两名伤员扶起来，蹒跚地向前走去。

“不许走！”四人还没走多远，身后突然传来一个男人的声音，是小野：“不许放他们走，给我追回来！”

随着喊声，小野带着手下一帮人赶了上来。军刀见事情不妙，连忙招呼火枪加快脚步。小野赶上来后，愤怒地朝娜丽亚大吼大叫：“为什么不拦住他们，为什么？”

娜丽亚却毫不动容，紧紧地逼视着小野：“这是我的事情，不需要你来插手！”

“你敢违背我的命令吗？”小野的语气很不友善，显然对娜丽亚的行为非常不满。

娜丽亚却不屑地将身子转回来：“我什么时候也没有说过要听你的！我来是想跟你谈判，路上遇到了他们，并没有说非要抓他们向你请赏。听你命令？

我不需要!”她的语气也不友善，很干脆地将他顶了回去。

小野气得直抓头发：“我现在不跟你计较！等这段时间过去了，看我怎么跟你算账!”说完阴毒地瞥了娜丽亚一眼，转过身子，指挥手下人朝军刀他们追了过去。

趁着两人争吵的机会，军刀他们已经逃出很远一段距离，无奈山谷之中只有这一条路，没多久小野的部队就赶了上来。军刀和火枪的体力不停地损耗着，身后的追兵却越来越近，两人都有点支撑不住了。

就在这时，两人面前突然竖起两盏高亮的大灯，随之而来的则是一阵气浪。火枪和军刀躲闪不及，更看不清面前是什么东西，猛地站住了。身后的追兵也被这突如其来的大东西吓得愣在原地。

“是直升机！是直升机!”被吹得东倒西歪的火枪，使劲朝军刀吼着，“一定是上校!”声音里满是惊喜，消耗的体力似乎一下子恢复了不少。

没错，这大家伙确实是上校开过来的。此时，他正驾驶着飞机朝小野的阵营冲过去，一阵机枪扫射后将敌人打散。见状，小野再也顾不得追击军刀等人，立即如丧家之犬般一溜烟跑了个没影。博罗诺夫这才把飞机降落下来，将四个人接了上去。火枪一跳上飞机，就兴奋地大叫：“上校，你怎么这么及时?”

上校指了指独狼，解释道：“是他，独狼刚才摁下了通讯器。我猜你们一定遇到了麻烦，于是就按照GPS的坐标朝这边赶了过来。”

火枪不禁赞叹：“队长，你太牛了，意识不清楚还知道拉响警报。我们怎么就忘了这事呢?”语气里带着崇拜，看来独狼的能力彻彻底底折服了他。

“真没想到你还会开飞机啊?”军刀一边弹着独狼的衣服，一边与上校开起了玩笑。终于脱险了，他心情轻松了不少，本已消耗干净的体力也逐步回笼了。

上校大笑：“这开直升机对我来说还不是什么难事。伤员情况怎么样了?”

军刀赶紧检查了独狼和约翰的伤口：“队长应该问题不大了，只需要一点时间恢复就能好。不过教授……”看着约翰的伤口，他有些迟疑。

“哦，枪伤应该不碍事。火枪打开通讯器联络上级。”博罗诺夫这时更像一个指挥官，飞快地吩咐着。

火枪立即联络大熊猫，得到了指示：“飞机两小时后到达预定地点，上级指示我们现在就赶到那里。要你和约翰教授也一同返回。”说完，却不敢看博罗诺夫，只是将坐标交到他手中。直升机随即调转方向，朝预定地点飞去。

不一会儿直升机降落在预定位置，教授再次看着独狼：“能告诉我你的名字吗？”

“呵呵，我们只有代号。我是独狼。”独狼的情况好了许多，笑着对约翰说。

约翰“嗯”了一声，望着远远的海，眼神里有着大家读不懂的深邃，语气也有些低沉：“独狼，你知道海洋有多大吗？”

独狼摇了摇头。

“不管你知道或者不知道，海洋都是那么大，你永远无法全面认识它。每一分每一秒它都在变化，就像活生生的人一样。这次事件之后，我更加明白生命的重要。你知道这东西对世界的影响有多巨大吗？一旦它落入水里，也许会像风暴一样席卷整个星球，可怕的灾难就会降临到这个世界。所以说，我该感谢你们所做的一切。”约翰教授有些感叹，一想起小野的疯狂念头，仍然心有余悸。

“科学真的是双刃剑。爱因斯坦研究出了 $E=MC^2$，却间接地发明了原子弹，这世界从此有了毁灭性的武器。可人类总要进步，在善与恶的较量中我们必须坚持自己的原则，坚守自己的立场。上帝总是公平的，他在造人之时将两种思想植入了人的脑子里，于是人类生产的任何东西都不可避免地有了两面性。关键在于技术由谁来掌握。也许科技在农民手中可以变成万亩良田，而在恶魔手中却成为主宰世界的权杖。”这次的经历让约翰有了诸多感悟，他一时间陷入沉思。

“道理谁都明白。庆幸的是，我们做到了。”独狼笑着说，他完全能够明白约翰的感受。

“事情终要有结果，可惜我不能陪你们看到最后了。”上校坐在驾驶座上，话语间有些哽咽。

“上校，感谢你一直以来的帮助，真的谢谢你。”独狼的声音里也包含着诸多不舍。

“独狼。”上校坐起来，有些感性地从腰间取出一个酒壶：“这个送给你。”

“什么？”独狼接过去，探寻地看着博罗诺夫。

“我妻子做的烈性酒，味道很不错。它跟了我二十年，现在我就要退休了。希望它能跟一个新主人，一个称职的指挥官。”说着，博罗诺夫伸出手，紧紧地与独狼相握，眼里有着说不出的兄弟情义。

“嗨，上校，要走了，你总不能只给我们队长礼物吧？我们呢？”火枪受不了如此沉闷的气氛，立刻打趣道。

听了这话，上校立即上前给了火枪一个拥抱：“好战友，我舍不得离开！”

四个人再一次拥在一起，男人们不想哭，可眼泪依然雨点一般划落，这段日子相处的片段在众人脑海里回放着，没有人说话，只是默默地流着泪。

飞机在凌晨时分轰然降下，机上全副武装的军人上前向军刀行了个军礼，语气里带着些许恭敬说道：“我们奉命来接约翰教授和博罗诺夫上校。”

“我走了。”上校压抑住心中的不舍，起身向直升机门口走去。“等等。”独狼立即扶着身子站了起来，深呼一口气，从兜里掏出匕首，“中国人讲究来而不往非礼也。上校，这个送给你。”

上校欣然接在手中，脸上写满了感动：“独狼的匕首，一定是杀敌无数的利器，谢谢！”

“也不尽然，它也陪了我快十年了。对它，我一直宠爱有加，现在把它送给你。不管往后我们还能不能见面，这都是我们之间友谊的见证。”朝博罗诺夫笑了笑，离别的伤痛让独狼的喉头有些发紧。

“再见，朋友！”

“再见，兄弟！”互相珍重道别。

独狼他们目送约翰教授和博罗诺夫上校登上飞机，不久便消失在黎明的空中。而独狼特遣队的任务依然在继续。

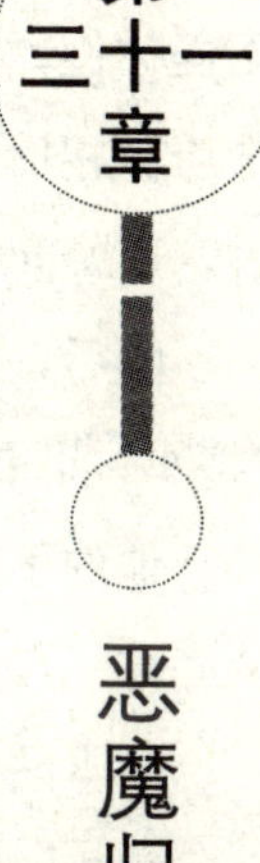

第三十一章 恶魔归来

小野被突如其来的直升机打得落荒而逃，匆忙跑回B岛，却遇见一个特别的人。

“曾先生，好久不见！”来人客气地问候着。

一看到对方的面目，小野顿时惊得双目圆睁，脖颈间的喉结不住地滚动着，眼睛里充满了震惊：“你……你怎么？”

“想不到吧？我似乎应该感谢你给我留了一条命啊！”

小野立即慌了手脚，四下寻找着，希望能有个什么东西作为自己临时的武器。可那人越走越近，强壮的身体犹如黑山一样压了过来：“曾先生，不对，我应该叫你小野，对吗？J博士。”

一旁的J博士点了点头：“我早该猜到他是J国人。”

那人嘴角哼了一声：“你够阴险的，我差点被你害死。不过古语讲大难不死，必有后福，至于你……”

那人把嘴贴到小野面前：“给我下地狱去吧！”

说着，他掏出枪塞进小野张开的嘴巴里，“砰”

的一声之后，鲜血四溅。

“皋本大人还是那么残忍，嘿嘿。”J博士拍着马屁。

没错，这个正在擦拭枪口的人就是刚刚被J博士放出来的皋本。

“博士，没想到还是你忠心于我。只可惜娜丽亚那只可怜的小母狗，竟然这么不听话!”皋本赞叹地看着J博士。

说着，他走到指挥台前，重新集结队伍：“战士们，你们走错了道路。我不怪你们，圣战的道路上到处都是考验！但是我们要相信，我们绝对不会被击垮。相反的是，我们会更加强大!”皋本在指挥台上又开始了激励人心的演讲，B岛重新回到他的掌握之中。

随后，J博士将皋本带到自己的实验室，欣喜地介绍自己的新研究成果：“将军，请看!”

他的手指向实验室里一座高高的玻璃器皿上，里面装满了绿色液体，正从底部一点点地冒着泡泡，就像一锅马上烧开的毒药。

皋本贴过脸去看，忍不住有些好奇地问道：“这是什么?”

J博士顶了顶鼻子上的眼镜：“呵呵，不瞒您说，我对小野的研究很崇拜！这是他的研究成果。真是巧了，而且是非常的巧。将军，您知道吗？小野研究水母，原本与CRII这种毁灭性武器毫不相干。但一次偶然的机会，水母存活的水体被我放入CRII燃料当中。你猜发生了什么?”J博士说到这儿停顿了一下，讨好地看着皋本。

皋本放下手臂，好奇地问：“你发现了什么?”

“这种水体与CRII的主动力源竟然可以进行再次反应。我们常常说，所有的化学反应都不可能百分百地进行，也就是说释放的能量不可能将物质完全毁灭。但它们俩在一起的时候，奇迹发生了！真正的完全反应，非常的复杂，至今我还没有搞清楚反应的分子结构。但我想要说的是，现在的CRII不可以称作CRII，它应该有一个更加具有威慑力的名字，那样才能与它真实的能量相媲美!”J博士有些激动地说着，对于这项突破很是欣喜。

皋本哈哈大笑起来：“世界即将掌握在我手里。J博士，你做得很好，我一定会奖励你的。”

J博士连连点头，掩饰不住话语中的惊喜，一再说道：“谢谢将军，谢谢将军。”

皋本突然收回了先前的笑容，变了口气：“通知下属各部门，连夜安装弹头，我希望在最快的时间内让 CRII 进入备战状态。”

“将军，可它现在不稳定。”J 博士有点急促地提醒着。

皋本却止住了 J 博士的话：“不要说了，你的研究继续进行。CRII 由我来主导!”

说完，他离开 J 博士的实验室，直接坐车开往发射基地。

“欢迎将军!”娜丽亚满脸微笑地打开升降梯，迎接皋本的到来。

皋本似乎一点儿也不在乎她的存在，只是轻轻哼了一声，闪过她递来的小手走了进去。娜丽亚注意到皋本与以往有些不同，不只是态度上的冷淡，更重要的在于他身后竟然多了许多穿着庄重的研究员。

“将军，他们来干什么?”娜丽亚有些意外地看着这些研究员。

“这不关你的事。做好你自己的工作，别天天老想着自己那点小算盘。”皋本说这话的时候，连头都没有，只顾看着下降的电梯。

随着电梯轰然落下，皋本将双脚迈入熟悉的基地当中，舒爽地吸了一口气：“呼！我能听见权力在向我召唤。呵呵，这感觉太妙了!”

皋本的开心似乎与娜丽亚没有一点关系，这让她多少有些失望。“将军，有些事你该跟我说说。”她的话里充满了埋怨，“动用 CRII 这件事情，按照事先的约定……”

“好了，不要说了。我不管什么约定，我是这里的老大，明白吗?”

皋本的声音里有些不满，挥挥手打断了娜丽亚的话，带着一群研究员远远地走开，只留下她一个人在电梯里发呆。

随后，皋本绕着基地走了一圈，像欣赏一副作品一样，时而摸摸这里，时而看看那里，最后转过身向后面的人吩咐道：“给你们 10 个小时的时间，把 CRII 弹头装进火箭发射器!”

一群人接到指令后，不敢耽搁，立刻开始行动。皋本这才走回娜丽亚身边：“你跟我来，我有事要你做。”

说着，他径自向前走了几步，却发现娜丽亚仍然呆在原地纹丝未动。“我不想说第二遍。”他的声音明显冰冷起来，对于娜丽亚的反应有些不满。

娜丽亚这才动身跟上去：“你想做什么我管不了，但至少应该告诉我你要做什么。”

“够了！你以为你是谁？别把自己看得太重了，你也只不过是一个解决男人需要的女人，别太高看自己！”皋本愤怒的表情吓到了娜丽亚，她顿时呆愣在那里。

“铁窗里的生活让我学会了很多。想知道吗？”突然，皋本把脸贴到她嘴边，眼神里只有冰冷，“你不会明白的！”

“我会明白，只要你告诉我，你心里的所想我一定会明白！”娜丽亚拉住皋本的手，试图套出他的话。

皋本却冷冷地看着她，丝毫没有一点软化地喝道：“放手，在我面前玩这套你还不够格。”

就在这时，皋本身边突然多了一个人，是野狗。娜丽亚惊讶地看着他，却又不敢贸然靠近，只能远远地看着皋本和他低声说着什么。不一会儿，皋本与野狗结束对话，径直朝娜丽亚走来：“你现在心里一定有很多疑问吧？”

娜丽亚凭直觉嗅到了一丝危机，野狗向来是皋本最得力的保镖，当初他坠崖而死，应该算不得传言，因为是军刀亲眼看到他跳下去的，可现在他又突然出现了，这让她有点摸不清头绪：“这究竟是怎么回事？”

“娜丽亚，带上你的人跟我来！”野狗朝她挥了挥手，打断了她的思路。

娜丽亚没有时间多想，只得带上一队人马跟在野狗身后。走到出口处，野狗突然停了下来：“就在这里吧。”说着四处看了看：“娜丽亚，将军要我问你是否是忠诚的。他不在的时候，你在做什么？”野狗的语气如皋本一样冰冷，不带丝毫的人气。

“我是忠诚的！我承认我没有去救他。但那……”娜丽亚无力地为自己辩解道。

野狗示意她不要辩解：“不用多说了。将军的意思是……”说着从腰间掏出枪，“咔嚓”一声拉响了枪栓。

“要你死！”野狗随后的声音就像来自地狱，冰冷得让人窒息。

“不要！”娜丽亚摇着头连连后退：“不要！他没有权力这么做，快帮我拦住他！”说着试图拉住身旁的士兵，可他们似乎并不听她的领导。

娜丽亚突然间明白了：“原来皋本早就想要我的命，是吗？”

想到这，她冷冷一笑，松开士兵，又走了回来，抓起野狗手中的枪，把枪口对准自己的眉心："来吧，如果他坚持那么做，就成全他吧！"

野狗哼了一声，嘴角露出诡异的笑容："永别了，战友！"说着扣动了扳机。

"啪！"没想到竟然是一声空响。

"对不起，小姐。我想我的任务完成了。"随后，野狗把空枪扔到士兵怀里，摆了摆手。

"你这是什么意思？"娜丽亚有些不解，可转瞬就想到了皋本。

于是，她从士兵怀里抓起那把空枪，愤怒地走到皋本面前，把枪扔到他脚下："说吧！你想怎么样？就这么对一个值得你信赖的人吗？难道非要这种方法，你才能确定所有人对你的忠诚吗？"娜丽亚十分愤怒，泪珠不受控制地扑落而下。

皋本却冷冷地看着她："发完牢骚了吗？"

娜丽亚满脸泪痕，伤心地看了他一眼："好，我什么都不说了。"

说完，她转身就要走，却被皋本一把搂在怀里："别跟我置气！听着，在铁窗里我最想的人是你。我必须确认你是不是值得我为你受那些苦，否则我即使回来了，又能怎么样呢？忘掉那个人吧，这个世界将由我们一起来统治！"皋本的声音褪去了方才的冰冷，柔声地安慰着娜丽亚。

娜丽亚狠狠地把拳头砸在皋本胸前的厚肉上，心里的气愤逐渐消散："你这杂种！"

"来！"皋本却推开娜丽亚："让你看看我的成果。"随后带她走到弹头装备区，欣赏着改装后的CRII弹头："这将是世界上最危险的武器，也是我称霸世界的权杖。"

娜丽亚看得十分开心，脱口说道："不，是我们的。"

皋本一愣："哈哈，对，是我们的。"

"为什么不怀疑他，而是我？"娜丽亚说话的时候，看着远处的野狗。

皋本没注意她的眼神，一下被问住了："什么？"

"你为什么不怀疑野狗？"娜丽亚重复了一遍。

皋本把手搭在她肩上，好笑地说道："你觉得除了他，还会有谁能够在众多看守眼皮底下将我救出来吗？"

娜丽亚一时没了话，可心里总是隐隐地觉得有些不对劲："我们该防着他。"

"谁？野狗？呵呵，不，我一直把他当我的好兄弟。"皋本拍了拍手，"走，我们还有更重要的事情去做。"

第三十二章 两个女人

等待指令的独狼特遣队驻扎在了距离临时机场不远的山坳里。片刻的宁静，所有人都安逸地享受着。山涧的泉水清澈无比，卓瑞亚将它打来送到独狼手中，有点感叹地说：“战争让这个小岛失去了往日的宁静，但庆幸的是它没有被玷污。”

独狼将那一汪清水捧在手心，突然闻到了大自然的气息，这是战火硝烟中不曾拥有的。轻嗅着自然的味道，他们心灵也跟着平静下来。

“我从死人堆里爬出来，战争一次又一次地在我身上烙下烙印。我仿佛一个幽灵，行走在混乱癫狂的战场上，枪炮的爆炸轰鸣、士兵们的嘶哑吼叫，都无法盖过小鸟清脆的鸣叫和林间斑驳的光影。恐怖和杀戮非但不会让人们暂时遗忘那些永恒的问题，反而会加深我们的疑惑。面对这美丽的雨林，我们无心欣赏，却选择紧握手中的武器，把枪口对准一个又一个鲜活的灵魂，瞄准，击发，卧倒，然后在一片静默中祈求自己是那个活着回家的人。战争把我们每个人推向崩溃的边缘，每一刻我们都绷紧自己的神经。我常常从噩梦中惊醒，里面血流成河，硝烟中无辜的生命泣不成声。”独狼发自内心的感慨显得有些诗情画意。

“我很高兴能听到你说这样的话。”远处传来酋长的声音。

卓瑞亚微笑着过去搀扶他：“酋长，您怎么在这里？”

“哈哈哈！”老人开朗的笑声犹如大森林的呼吸一般舒畅，“我对外来人第一次有了不一样的感觉。外国人，我喜欢你，是真心的。”他的眼神是温暖的，正静静地看着独狼。

说着，老人从头上摘下一根鸟类的羽毛递了过去：“这是送给你的。”

独狼接过那根羽毛，是红色的，犹如一朵盛开的红花：“谢谢酋长。”

老人在卓瑞亚的搀扶下，坐在独狼身旁的大石头上：“外国人，我们这个岛国很美，不是吗？曾几何时，外滩会有孩子嬉戏，浅滩会有渔夫出港捕鱼，这里就如同天堂般美丽。地中海的海神对我们不薄，从来都没有给我们灾难，这里一片宁静祥和。可自从皋本来到这里后，战争不断，一切美好都在战争中丢掉。我们在痛苦中挣扎，在战争中为自己的利益一直努力着。唉！只可惜一切都是徒劳。我们搞不清楚，为什么与我们不相干的两股力量要在我们的国度中发起战争，一切的毁灭都附加在我们身上！战争是什么？是邪恶之间的拼搏，是为了满足极少数人的私欲。对战争我向来表示痛恨，对政治我向来表示反感。每个人的生命在历史的长河中也许是那么的微不足道，算不了什么。但对每一个个体来说，生命是他存在的全部意义，别人有什么权力去剥夺。”战争的残酷让老人的心里一阵伤感。

“战争夺走了太多，一切在我们没有觉察的时候已经发生，在一瞬间消亡。关于正义，我们没有权利去评说。这个世界中，正义应该属于所有生灵。存在即是道理。酋长，为了生存，我和我的战友们会竭尽全力。让这片土地回归宁静，这是我们所能做的，也是我们必须做到的！”独狼紧紧地抓住老人的手。

听了这话，酋长无比欣慰地做着祈祷的手势：“预祝你们早日取得成功，我先告辞。”

说完，他起身离开。

一旁的火枪刚刚用泉水洗完脚，打了一个寒颤：“真搞不懂，这么热的地方竟然还有这么冷的泉水！”

说完这话，火枪突然跳了起来，大声嚷嚷道："队长，我想到一件事情！"

"嗯，说来听听。"独狼询问的眼神看向火枪，示意他继续说下去。

"刚才老酋长一直在说，为什么要在这里挑起战争。我也在想这个问题，现在有了答案。战争并不是因为这里的资源，说实话这里除了正经的渔民生意和那一点点粮食，真的没什么值得人们去争的。但这泉水却太特别了，我想这也是皋本来这里的原因。CRII 在实验阶段一定会释放出大量的热，由于设备简陋，皋本肯定曾向各国寻求过技术支持，但这个战争狂一定不会有人帮他。即使有人，也会出很高的价格进行讹诈。于是，在所有条件都不具备的情况下，有天然冰泉的 R 国就成了首选。可以这么说，如果我们破坏了冰泉，那么无异于对皋本釜底抽薪！"火枪冷静地说出了他的想法，并越说越认定自己的分析。

独狼却摇了摇头，断然否定了火枪的话："不行，绝对不行！不管是谁，都不会允许这种事情发生。冰泉是这个岛国天然的财富，我们没有权利破坏它。我不会允许你这样做！"

"这或许是个办法。火枪说得有道理，而且我觉得可行。"听了这话，卓瑞亚走到泉边，"你们有所不知，冰泉其实并非只有一个。你们脚下的这个冰泉并非皋本所用的那个。"

"所以，如果我们攻击另一个冰泉。那么皋本一定会调动兵力来保护，对吗？"明白了卓瑞亚话里的含义，独狼侧过身子看向她。

卓瑞亚"嗯"了一声："可以这么说，但是我想直接攻打冰泉营地，那么皋本一定会阵脚大乱。"

"没错。CRII 的冷藏需要很严密的措施。如果冷冻技术不够，在摄氏零下十度以上，三个小时之内就会有不稳定的反应。"火枪也在一旁说道。

两人的话让独狼陷入沉思，对于下一步的作战计划应该如何进行，他需要仔细斟酌。

这时通讯器响了起来："独狼，听到了吗？"

"是我。"

"新的任务，在两小时内赶到以下坐标，摧毁敌军雷达阵地！"神秘人的话简短而急促。

"收到。"

独狼关掉通讯器后看着大家："现在时刻，下午三点十分，我们时间不多，准备战斗！"

"是！"所有人立即开始收拾行装。军刀一把抓起自己的狙击枪："宝贝，我们该上场了。"

卓瑞亚则挡住正在擦拭枪支的独狼，要求道："带上我。"

独狼愣住了，想了想还是把她的手挪了下去："对不起，你要呆在这里。"

"为什么？我也是一个战士！"卓瑞亚不解地看着他。

"没有为什么。这是军人的职责，战争就该让女人走开。"独狼把枪扛在身后，招呼着火枪和军刀集合。

卓瑞亚又站到军刀身旁，不依不饶地嚷嚷："你们必须带着我去！"

"别闹，快走开。"独狼劝着。

卓瑞亚却一步跳到独狼面前："这是我们民族的战争，你没有权利将我赶走！我所做的一切都是为了我的部族、我的父母、我的兄弟姐妹。为了这场无休止的战争我们付出了太多太多，我不要再看到有人牺牲，为此我必须站出来，为自由、为生命、为和平而战斗！"卓瑞亚的眼里燃起一股热火，这是独狼从未见过的，这让他感觉胆怯而又陌生。

"军刀，给她一支枪，我们走。"独狼不再坚持，"卓瑞亚的安全由你全权负责。"

军刀只顾低下头从腰间取出枪扔给卓瑞亚，并不看她："跟上。"

就在独狼特遣队准备妥当之际，火枪身后突然传来一声"轰"的巨响。他一惊，立即转身看着身后熊熊燃起的大火，只见里面走出一个人影，在火焰的缭绕下炙热地晃着，越来越近。

"大家好啊！"说话的不是别人，正是娜丽亚。

军刀一见到娜丽亚，立刻抑制不住心里的怒火，想要冲上去，却被身旁的卓瑞亚挡住了去路："不要去，你们还有更多的任务。这里交给我！"

她的反应让军刀大吃一惊："你！"

"快走！任务要紧！"卓瑞亚使劲推了他一把。

娜丽亚却越走越近："你们谁也走不了。"

说完，树林中突然多了许多军人，将独狼他们团团围住。独狼一把将卓瑞亚推到身后，交到军刀手中，嘱咐道："照顾好她。"

然后，他一个人走到娜丽亚面前："你是怎么找到这里的?"

娜丽亚双肩一耸："太简单了，这座岛上原本就不大，热感装置可以很快找到这个释放热能很厉害的大家伙，于是我们就跟来了。"

手中拿着枪，娜丽亚一副胜利者得意的神情："这也许是我们第一次主动出击吧？看来收获还不小。"

"收获？何来收获？你似乎还没有得到真正意义上的胜利?"听到娜丽亚的话，独狼有些蔑视地笑着。

"这种力量悬殊的对比，你以为自己还有胜算吗?"娜丽亚则自信满满。

独狼回身看了卓瑞亚："我想知道，你们俩之间究竟有什么事情。"

"这不关你的事，这是我们俩的私事。"娜丽亚的语气中充满了不屑。

卓瑞亚这时却挣脱军刀的手，走了过来："对，她说得没错，这是我们之间的事。那你可以让他们先走吗?"说着看向娜丽亚。

"这怎么可能。放虎归山，我没有那么傻。"娜丽亚扭着腰身转向卓瑞亚，眼神有些狠毒地盯着她，"不过，我倒是要先考虑把你除掉。"

"娜丽亚，我真搞不懂。这么多年来，为了父辈们欠下的债，我一直觉得有愧于你，试着尽量偿还你所有的东西。我听你的，去了皋本身边；听你的，去偷 CRII 控制器，还有很多。可我搞不明白，你曾经说过的那些为什么总不兑现呢?"卓瑞亚终于忍不住说出心底的沉痛，看向娜丽亚的眼神夹杂着说不清的东西。

娜丽亚不看她的眼神，显得孤傲实则心虚地说："我没有说我不去做那些。我要做的时候，自然会做。我现在要把这些外国人杀了，请你不要拦在我面前!"

卓瑞亚的眼神依然坚定，注视着她："不！我不允许你这么做。他们是来帮我们的，要想恢复和平，我们需要他们的帮助!"

"不，我不想听!"娜丽亚愤怒了，疯狂地晃动着身躯，拒绝听卓瑞亚的话。

与此同时，独狼紧紧地抓住这个机会，速度极快地扑到娜丽亚身旁，一下子反手扣住她的喉咙，厉声喝道："叫你的人退到三里之外!"

"好阴险的人!"娜丽亚怎么也没想到独狼会这么做。

等敌人撤到三里以外，独狼才稍稍放松，手却依然抠着她的喉咙："带我们去雷达站！”

“这不可能，皋本会杀了我的。如果我带你们去，他会让我生不如死。”娜丽亚没有丝毫犹豫，一口回绝了独狼。

见状，卓瑞亚上前推开了独狼：“娜丽亚，你想要靠皋本拯救部族，这条路行不通。”

“这不关你们的事，是我自己选的。”她摸着被掐得生疼的脖子，远远地望去，“我们都是想要部族回到原来的状态，但走的路却不同。”

然后，她一个人向远处走去：“我要走了，如果你们想拦住我尽管开枪！”

就这样，娜丽亚走了，脚下的草发出沙沙的响声。这时，军刀的枪慢慢地端在了手上。

“砰”的一声枪声响彻整个山谷，惊起一群鸟兽。

娜丽亚愣愣地呆在原地，一动也不动。

几秒钟后，正当所有人都以为她即将倒下之际，娜丽亚却转过身子，满脸泪水地低喊：“真的是你？为什么？我以为你能理解我。哈哈！”说着由哭变笑，脸上的笑容越发疯狂，似乎彰显着心底那撕心裂肺的疼痛。

那一枪虽然没有打中她，却远比让她死了更痛苦，军刀的绝情已通过那一颗子弹准确地传递给娜丽亚。她只能接受这种决绝，接受这种无法接受的结局。于是，她擦干眼泪，狠狠地看着端枪的军刀：“我恨你！”说完狂奔着跑出那一片森林。

随后，娜丽亚回到B岛，难看的脸色毫不掩饰地摆在皋本的面前。

“怎么了？”皋本问道。

娜丽亚只是摇头：“没什么，只想快点把独狼特遣队除掉！”

“呵呵，卧榻之侧，岂容他人酣睡！我皋本也并非吃素的。应对之策，我早已安排好了。”皋本说着话，手掌在空中拍了两下，大厅内间立即走出来两个壮汉。

“这是？”看着眼前的壮汉，娜丽亚眼里闪着不解。

“隆重向你介绍，索伦和马克。不要小看他们，这可是J博士精心改装过的！马克死后，尸体被运了回来。J博士发现他并没有死，但心脏却失去了动力，于是研制了新型的机械动力心脏装入他体内，就这样，马克复活了！而索伦就更不用说了，虽然一只胳膊被我废了，现在装上J博士的机械手后，我想杀伤力是以前的几十倍。”皋本兴奋地向娜丽亚介绍着。

她却有些厌倦了：“别跟我说这些，我想看到真正的结果。”

皋本的笑容立刻凝固在脸上，有些不相信娜丽亚的反应：“娜丽亚，到底发生了什么？你不该这样。如果是独狼特遣队，过了今晚他们只能是一层埋在树叶下的炮灰而已。”

“寻找独狼特遣队，消灭他们！”随后，皋本向两个金属疙瘩发出了指令。

两个壮汉居然没有一丝表情，只是闷闷地甩开大步朝门外走去。

“你真的认为这两个钢筋头能搞定独狼特遣队吗？”娜丽亚指着两个金属巨人，有些难以置信地说道。

皋本自信地笑了笑，对这两个壮汉的实力没有一点怀疑：“J博士的杰作，加上他们俩的功底，对付独狼绰绰有余！”

“为什么不让野狗带着他们？”娜丽亚突然问道。

“他要呆在我身边，没了他我心里不踏实。”

“你真就那么相信他？如果他是叛徒呢？”娜丽亚有些激动。

皋本紧缩了眉头，有些不解地看着娜丽亚：“他？为什么你总是针对他？”

“我觉得他不可靠。”

“凭什么？”

“女人的直觉。”

“我只知道是他从地牢里把我救出来的，那时候你在哪里？”皋本的话有些尖锐，顿时让娜丽亚没了话语。

“那个人答应给你的，我会加倍给你！不过我需要你绝对的忠诚！”皋本又红着眼睛补充了一句。

第三十三章 对战蛮人

两个金属疙瘩行动并不迟缓，按照GPS定位很快就追上了正朝雷达站进发的特遣队。索伦立即从身后抽出一根长箭，拉满弓后射向独狼身前的半棵树。箭到树倒，枝干不偏不倚地挡住了独狼的去路。这一突发事件，让所有人始料不及。索伦却乘胜追击，在奔跑中卸下自己的假手，一只冷冷的枪管露了出来，一梭子弹呼啸而出。

军刀眼疾手快，一个前扑将火枪和卓瑞亚扑在地上，独狼也一跃而起躲在石头后面。众人的反应非常迅速，机敏地躲过了这次攻击。

随后，军刀抱住卓瑞亚朝身边一个大坑跳下去，里面树叶很多，软软的，刚好能把两人装下。而火枪却慢悠悠地爬到独狼身边。

索伦和马克很快冲了过来，两个壮汉随即站定位置，射击也停了下来。

独狼等了很久，枪声却一直没有响起，正欲探头看去，子弹又飞了过来。

“独狼，我们向你索命来了！”这时，马克朝躲在石头后的独狼吼道，“你不是很厉害吗？为什么变得畏畏缩缩？出来啊，跟我们决一死战！”

独狼可不会受他们的影响，这种粗劣的激将法对他一点用也没有。他只是细心地观察他们的位置，而后与火枪耳语半天。

林荫小道上，马克和索伦透过红外探测仪可以观察到方圆五百米左右所有生物的动向，火枪的移动自然没有逃过他们的眼睛。可就在火枪离开独狼的一瞬间，信号却突然消失。马克重新检测自己的仪器，没有任何问题。索伦也一样没了信号，顿时心升疑窦：“这是怎么回事？”

两个人恐怕怎么也想不到，火枪此时已经潜入路边的小溪，正慢慢地向他们身后靠拢。

军刀也架好了枪位，子弹猛地飞出去，将索伦狠狠地打倒在地上。可不到半秒，他又站了起来！这一幕让军刀感到很费解：“难道他们是钢铁做的不成？竟然能够接住狙击枪的子弹而不受任何毁损？”

就在这时，索伦撕掉自己被打烂的衣服，露出银光闪闪的臂膀。军刀这才明白过来，原来他们半个身子还真是金属制成的！

“队长，要小心了，他们不是人！”见状，军刀小声提醒独狼。

独狼此时正用反光镜看着这一切，不禁惊叹起来：“好家伙，铁疙瘩都用上了！”

对于这种技术，独狼并不觉得陌生。

在很多次执行特别任务中，他都曾见过这种半人半机器的怪物，对于这种人形武器的弱点，早已摸得一清二楚，一旦知道了对方的实力，下手反而更容易一些。

想到这，独狼赶紧呼叫火枪：“火枪，注意敌人的装甲，想办法把他们的电路破坏！”

“是！”火枪从水里钻出来，猛地吐了口水，“好家伙，动真格的了！哥们最不怕的就是这号钢铁垃圾。”

说完，火枪一个猛子扎进岸边的湿地里，拔出来时整个身上已经变得黑黝黝的，直发亮。这种伪装可以对付敌人的红外探测仪，火枪有了这层“臭东西”的保护，就可以在敌人面前“隐形”了。

然而索伦也非善茬，看到探测仪里丢掉了一个目标，便警觉地朝自己身后探查过去，却一无所获。一旁的马克则对他不屑一顾：“你用得着这么大惊小怪吗？我就不信，还有什么人能击败我们。”

“砰!”就在这时，火枪突然从身后打了一枪，把索伦引了过来。索伦急追而去，却见火枪纵身向下一跳就没了踪影，情急之下想都没想也跟着跳了下去。“哗”的一阵响声传来，索伦掉进水里，这才看到挂在岸上的火枪正调皮地抓着地上的树根冲他笑。

这边，独狼和军刀也趁机换了位置靠近马克。

“来追我啊!”火枪也朝马克做了个鬼脸，惹得对方一阵气闷。

不一会儿，马克就被火枪绕得晕头转向，恼怒地拍着胸脯朝他扑了过来。火枪一弯腰，从马克身下闪过，让他扑了个空，一头栽倒在地。火枪跳到一边后，恰巧看到马克身后出现一根贯穿身体的管子，仔细地看了几眼，有些疑惑：“难道这是?”

火枪不敢怠慢，冲上去一把抓住那根金属管子就往外拉。这一拉不要紧，马克疼得扭歪了鼻子，用力把手反过来朝火枪抓去。一旁的索伦见状，赶紧冲上去一脚把火枪踹开，扶着马克站了起来。

火枪挨了这一脚，痛得一时不能动弹，眼看两个金属脑袋就要扑过来了，惊得大喊：“队长!”

独狼听到呼声，看准马克头上的树枝，举枪打出一梭子弹，碗口粗细的树枝立即折断，轰然坠下，将两个金属脑壳压在下面。火枪这才有机会脱身。

然而好景不长，索伦的手臂突然伸出来变成一把电锯飞快地转动，嗡嗡直响，不一会儿就将压在身上的树枝切了个精光。马克随即站起来，使劲揉了揉自己的大脑袋：“我要教训他们!”

索伦立即打开红外探测仪，寻找到独狼的方位就开起火来。独狼在掩体之后，没有料到对方会如此凶猛，眼睁睁地看着身前的石头在强大的火力下被打得稀烂，迫不得已跳了出去。

见状，索伦趁机举枪对准了他：“嘿嘿，独狼，受死吧!”

另一侧的军刀见目标暴露，救人心切，扣动扳机就射向索伦。这一次他换上了火力更强劲的子弹，一下子将索伦打了个趔趄，差点倒下去。

马克见状，恼怒地大吼一声，朝军刀的方向跑了过去。

卓瑞亚对于如何对付这种铁皮人没有任何办法，慌忙中拉着军刀就朝远处跑。

但军刀不想放弃，他甩开卓瑞亚的手，拉开枪栓，装上子弹就朝冲过来的马克射击。马克并不躲闪，硬生生地接住迎面飞来的子弹，竟然只是一震一震的，并没有停住向前的脚步。马克身体的强度让军刀猛地一愣，一时间不知该如何是好。

“快跑！对付他们只能破坏掉动力系统，盲目出击没有任何作用!”独狼在身后提醒着军刀。

然而，索伦却没有给独狼缓冲的时间，直挺挺地朝他扑来：“独狼，拿命来!”

独狼没了退路，操起匕首与索伦扭打在一起，可每一次刺过去，都被索伦那只金属手给挡了回来。独狼被逼得一步步后退，索伦挥下来的手臂立即狠狠地砸了过来，逼得独狼只得硬着头皮用胳膊挡住。可他的手臂力道越来越大，眼看就要将独狼压趴在地。

“让我看看你是怎么死的!”眼见独狼开始无法招架，索伦用尽身上的力气压了上去。

独狼双手顶住他的胳膊，感觉自己竟没有喘息的机会。突然，索伦的动作僵在那里。

“怎么回事?”独狼有些纳闷地抬头看去。

这时，火枪从索伦身后闪了出来，举着两根指头兴奋地叫道：“搞定!”

独狼看了看僵在那里的索伦，又看看火枪，仍然没明白过来：“你怎么搞的?”

“你看!”火枪招呼独狼来到索伦身后。

原来，索伦那只金属胳膊与身体接缝的地方插了一把匕首，上面正闪烁着蓝色的火花。不知是匕首别住了索伦的发力，还是将里面的电路破坏了，总之暂时让他没了动作。

就在独狼正想去支援军刀的时候，索伦突然又动了起来。

独狼在猝不及防下，被索伦的另一只手锁住了喉咙，耳边响起他阴狠的声音：“这次看你往哪跑!”

见状，火枪举起枪不停地向他开火，枪管都打热了也不起什么作用，不由得十分焦急。

看着独狼在索伦掌中慢慢涨红的脸，火枪却无计可施，急得不断地踱着步子。

就在这个时候，火枪看到了索伦身后与马克同样的金属管子，又结合刚刚的猜测，顿时有了主意。虽然他还不能确定，但眼前也没有别的办法了，只能试试了。

事不宜迟，火枪立即拔掉索伦身上的匕首，狠狠地刺向金属管子。没想到这一招还真管用，索伦几乎立刻就放了手，接着浑身冒出蓝色的电弧。

他痛苦地喊着，努力地想挣扎着，却丝毫不起作用，不一会儿便没了气，随即被电流烧成了灰。

独狼和火枪看着痛苦的索伦这么快就变成了灰烬，一时间竟有些傻了。

独狼上前踢了踢那只机械手臂，显然没想到如此轻易就解决掉一个怪物，心里仍有些难以置信。

“虽然是最强的，但也是缺点最明显的！不知道皋本到底制造了多少这种怪物。”这种铁疙瘩实力很强，如果批量制造那也是一股很恐怖的力量，独狼心里想着。

没有多余的时间让他过多思考了，独狼和火枪又用同样的办法解决掉了马克。

之后，独狼看了看手表：“还有不到一个小时。我们的任务已经拖延了很长时间，必须争取时间了，跟我走！”时间不等人，距离任务要求的时间越来越有限，他有些急迫。

几个人简单地整理了一下，重新踏上了征程。

走过的路慢慢在独狼脑海里变得熟悉起来：“奇怪，雷达站到底在哪里？为什么这路越走越熟悉？”

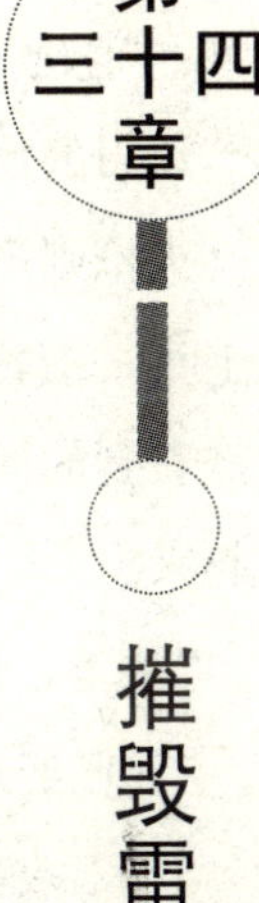

第三十四章 摧毁雷达

想到这，独狼索性将 GPS 放回兜里，按照自己的记忆走下去。走到林荫小道的尽头，他停了下来，那是一棵枸杞树，大概长了两三年，枸杞早已过季，树枝上留下的只有叶子和一些枯枝。树下的枯草似乎被什么东西压过，有规则地倒了下去。

“队长，你在干吗？”火枪对独狼突如其来的举动十分好奇，忍不住问道。

独狼嘘了一声，表情依然凝重地四处搜寻着什么，终于在距离枸杞树不远的荆棘上找到一小块被撕碎的布。他小心地拾起那块布，放在手中：“呵呵，终于知道了，就是它。皋本啊皋本，你太精明了，竟然把雷达站设在我们最初接触的地方！”独狼有些感叹。

“什么？你说雷达站在哪里？”火枪被独狼的话给彻底搞糊涂了，“这是怎么回事？”

“这块布很少见，而这个岛上只有一个人身上有，博罗诺夫。呵呵，我刚才说过，这里我很熟悉，你看……”独狼把手指向路左边，“不远处有一座伪装成仓库的教堂，那里就是我们曾经去过的地方。”他缓缓地解答着火枪的疑问。

军刀连连点头：“可为什么你们当时没有查到雷达站呢?”

“也许还不够仔细。当时有一个狙击手，我们也是好不容易才退出来的。当时就很奇怪防卫的火力与重要性明显不成比例，我还以为是皋本的私人卫队呢，现在才想明白。”独狼回忆起当时的情景，释怀地笑起来。

就在军刀在一旁思考之际，独狼已经丢掉手中的布头，趴倒在枸杞树旁大喊：“隐蔽!”

军刀的反应最快，拉着卓瑞亚立即卧倒。

火枪则迅速低下头，却一眼看见旁边的教堂开来几辆军车。车上下来几名士兵，抬着大大小小的许多架子。独狼慢慢地回忆起教堂里发生的一切，曾经看到的横尸遍野，开始在他脑海里闪现。突然，通讯器却不合时宜地响了起来。

“独狼，你在哪里?”大熊猫的声音从通讯器里传出来。

“我已经进入预定目标，正要进行攻击。”

“马上攻击，给你十分钟摧毁雷达站。舰队即将到达海岸线，战事一触即发!”大熊猫的语气很严厉。

独狼意识到自己的迟疑将会带来多么严重的后果，立即关掉通讯器：“火枪，准备进攻！军刀带着卓瑞亚在外面配合!”

下达完命令，独狼慢慢绕回教堂大门一侧，偷偷抬头看了一眼门前的士兵，沉了一口气，突然站了起来，端着枪一阵扫射。几秒钟之内，楼下的士兵连反应的机会都没有，就颤抖着变成了马蜂窝。而枪声一响立即引起了敌人的注意，火枪索性砸烂了面前的玻璃，把枪伸到教堂里对准入口处一阵扫射，敌人瞬间倒下一大片。

独狼看了看表：“下午四点十五分！我们还有一节课时间，火枪，你想给他们上什么课?”这时独狼难得幽默了一把。

“哈哈！肯定是思想政治课，教他们下辈子做好人!”火枪开着玩笑。

独狼伸出大拇指表示赞同，叮嘱道：“万事小心!”

火枪点了点头。

真正的突袭战就在眼前，独狼心中突然想起曾经的一次次战斗。

随即，火枪做好掩护，侧身让独狼进去。可让人意想不到的是，这里竟是一条死胡同!

“奇怪，难道那些士兵是从壁画里变出来的不成?”独狼疑惑不解。

火枪跟了过来，看到这一面厚重的墙，也不禁感叹起来：“这也太有创意了，还整了一道大门!”

“快想办法打开它!”独狼有些焦急地催促着，他下意识地看了看表，还有三十分钟。时间一点点地耗尽，他们越来越危险了。

突然，一个念头从独狼脑海里闪过，他退回壁画前静静地观察着。壁画里圣母怀里的孩子正在她怀抱里吮吸着奶嘴。独狼想了一下，伸手去碰了一下那个奶嘴，只听见嗡嗡的机器声传来，壁画后的石门徐徐打开。

“嘿!队长，我对你的崇拜犹如滔滔江水，连绵不绝啊!”看到独狼的举动，火枪呲着大牙，笑嘻嘻地拍着他的马屁。

独狼没有笑，反而更加镇定，看了火枪一眼吩咐道：“准备好，咱们冲进去!”

石门开到一半时，独狼迅即扔进一个闪光弹。一道白光闪过，密道里没有传出任何声响，看来通道里没有敌人。火枪正要冲进去，却被独狼一把拦住：“小心，如果入口处没有人，那里面一定有埋伏。”

火枪不再妄动，可是过了很久里面还是没有任何动静。独狼有些着急，火枪也忍不住了：“队长，我还是进去看看，你给我断后。”

“再等……”独狼再次拦住他。

“不能再等了!”可他的话还没说完，火枪就冲了进去。

“火枪!”独狼大喊一声，也跟着冲了进去。

“砰!”里面的枪声响了。

火枪倒了下去，随后又是一个炮弹，再也看不到火枪的人了。

“火枪!”独狼的眼睛立即红了。

这时候他已看清对方所在的位置，熊熊的复仇之火随之涌上来。此刻的独狼不再是一个人，更像一个杀人机器。“来啊!”他怒吼着，赤红的眼睛犹如地狱的魔神一般射出愤怒的目光，子弹更是犹如仇恨之箭，沾满了巨毒。

一时间，独狼面前一片惨叫，子弹四处乱飞，将好好的一个秘密基地打得落花流水。此时他已失去理智，手中的枪不停地射出子弹，一切都在枪声中被撕得粉碎。突然，独狼眼前出现一个士兵，他躲闪不及，腿部几乎被打中，立即有些踉跄地躲到墙后，喘了一口气，也顾不得查看腿上是否有伤，又站了出来，猛地一阵扫射将敌人打退。

这时，独狼又注意到时间，距离任务完成还有十分钟了！事不宜迟，他必须尽快找到雷达并摧毁它，因为他很清楚自己负责的这个环节十分重要，如果不能完成，将会造成不可预计的损失。

想到这，他已顾不得安危，端起枪又冲了出去，连腿上的皮肉伤也被忽略掉了。

通道里的冲杀极其困难，独狼左躲右闪，避开敌人的枪林弹雨，终于到达了通道的尽头。他这时才有机会看清通道外的环境——离通道不远处有一处营地，正中间耸立着高大的雷达塔架。独狼不禁暗自庆幸自己的目标终于出现了。

“不许动!”就在这时，雷达站里跑出一个小兵，独狼心里一惊。

“砰!”一声枪响。

只见小兵带着惊恐的眼神，徐徐倒下，他身后站着一个破衣烂衫的女人，正举着一支还在徐徐冒烟的枪。

见状，独狼慢慢挪动脚步，强忍着痛把油桶里的汽油撒到雷达站附近，随即牵着女人走到一边，点了一根烟，将火机扔了进去，火苗开始迅速蹿升。女人呆呆地看着，想走过去，被独狼拉了回来；可她又走了过去，独狼又拉了回来。如此几次之后，独狼不再拉了，傻女人也站在那里不再动了。

这时，独狼猛地吸了一口烟，试图缓解自己的疼痛。傻女人则面对着雷达站，面庞被火光照得通红。

“你是亚洲人?”独狼问道。

女人摇摇头。

“会说话吗?”独狼继续问。

女人还是摇摇头。

他放弃了询问，想要起身却又一屁股坐了回去。疼痛此时正像夏日干烈的太阳一般刺痛着他身体的每一寸皮肤，让他忍不住倒吸了一口冷气。一旁的傻女人这时却蹲了下来，撕下身上的破布细心地绑在独狼腿上。这一切都在独狼面前是那么的真实，让他有些不愿相信救自己的人竟然是个傻女人。

外面的军刀和卓瑞亚也与赶来的援军打了个轰轰烈烈，这会也被对方的火力压了进来。

聚首几分钟后，独狼拿起通讯器："独狼报告，任务完成!"

另一面的大熊猫却许久没有说话。

"我是独狼，报告任务完成!"独狼有些不解，再一次汇报。

"独狼，我们的任务并没有完成！就在一分钟前，皋本的驱逐舰寻找到了正要登陆的第七舰队。双方正在公海上战斗。"突然传来的大熊猫的声音显得十分急躁，看来事情似乎发展到了十分艰难的地步。

"什么!"独狼有些不敢相信，再一次看了看手表，时间并没有错误，这中间到底是哪里出了差错，"不可能，这怎么会?"

"没什么不可能。独狼，下一步你们需要做的只有一点，那就是彻底摧毁B岛，将皋本杀死，这样才能避免世界可怕的毁灭。"神秘人说完，挂掉了通讯器。

独狼此时能够想象得到海上正在进行的激战，这原本是可以避免的，可任务却失败了。他慢慢地收拾着自己的物品，唯有手中那只小盒子是新的。这是他收到的第二件遗物了。战友们的牺牲每每在他心里烙下深深的疤痕，火枪的离去更是让身负重伤的他丢了唯一的希冀。

他毫无目的地走着，神情有些恍惚。傻女人一直跟着他，他曾试图赶她走，却没用。傻女人走路很奇怪，只是走却不甩胳膊，脏兮兮的脸上有一双深藏着的眼睛。

独狼向前走了两步，傻女人就跟了两步；独狼回头看她，傻女人也回头往后看。他摇了摇头，不准备再做任何动作，只是一味地走，按照原路返回。

卓瑞亚回头看到独狼身后一直跟着一个女人，举起了枪，却被军刀拉了下来："别开枪，她应该不是坏人。"

傻女人见有人举枪，向后退了两步，躲在了旁边的树后，却又偷偷地探出脑袋往外看。

独狼脚步蹒跚，脚踝的痛让他只能颠簸着走路。军刀看在眼里，心里已经明白了个大概，加上没有见到火枪，心里顿时升起一种不好的预感："火枪呢?"声音有些慌张。

独狼用黯淡的眼神看了看军刀，很快躲开了。

军刀突然站起来抓住独狼的衣领，激动地质问着："火枪呢？火枪呢?"

见状，卓瑞亚走上前一来，一把拉住军刀："你放手！"

军刀放下手，却狠狠地推了独狼一把，一个人溜进树丛里呜呜地哭起来。独狼何尝不想上前劝阻，可他知道那没用，倒不如让军刀哭个痛快。失去战友的伤痛，比实战中的任何一种伤都要重，而这种痛他现在也正在体会着。

傻女人躲在树林里偷偷地看着这边傻笑着，而这一切都看在卓瑞亚眼里，她禁不住疑惑地询问："这个女人是？"

"在雷达阵地上，我发现了她。当时她还救了我，是个傻子。"独狼简单地说明了女人的来路，仿佛没有什么解释的心情。

卓瑞亚这才明白，又问道："你打算怎么安排她？"

独狼被问住了："不知道。她或许并不属于这里。"

"她确实不属于这里！"一个老者的声音从远处传来。

大家都知道，是老酋长来了。

"为什么？"卓瑞亚转身看着他十分不解地问道。

"你的朋友们不也一样吗？他们来自异乡，属于异族。原本这个自然的系统中就不该有他们，闯入者必将受到惩罚。"老酋长定定地说道。

"可真正的闯入者是皋本，不是吗？"卓瑞亚仍然不解。

"皋本早晚会有报应。这个女人，不属于这里。"

"酋长，难道你要杀了她吗？"

老者摇了摇头："存在即是道理。无论生死，都不该由我来决定。我是想带走她，也许她需要一个好的住所。"

听了这话，卓瑞亚上前一把抱住老酋长，真挚地说："谢谢你。"

老酋长拍拍她，又走到独狼面前："年轻人，我有几句话要跟你说。"

"请讲，前辈。"独狼的语气有些低沉，但仍然带着尊敬。

老酋长长地叹了一口气："我们族人信奉的神是雷神，蛇是我们的图腾。我们是一个古老的民族，长期过着岛屿聚居的生活，崇拜大自然，也敬畏大自然。我们很少去关注外界的变化，先进的现代社会带给这个世界很多改变。很多部族的年轻人出于对现代科技的好奇，走了出去。我曾试图告诉他们，那是好事但却对部族没有任何好处。我不是一个顽固的守旧派，但我知道现代科技无论何时都是双刃剑。事实摆在眼前，皋本将我们的生活搞得一团糟。他拥有了强大的能量，但这终将是他送命的坟墓。对于你战友的牺牲，我感到惋惜，你和你的战友一直在努力。记住我的话，你们一定会胜利，牺牲或许在所难免，但勇士们将永垂不朽。”

说完，老酋长高举双手，状似祈祷地呼喊着：“雷神，保佑勇士们不再受到伤害，给他们力量！”

见状，独狼向酋长敬了军礼：“这是我们的职责！”声音中透着苦涩。

老酋长笑了，满脸的皱纹下充满了温暖：“勇士们，你们一定会胜利。我要带走她，希望你不要介意。”

独狼点点头，答应了老酋长的请求。

夕阳下，老酋长长长的影子和傻女人的影子重叠在一起。

“这是火枪最后留下的。”突然独狼打破了沉寂，从兜里掏出一个小盒子。

军刀接过去，打开盒子小心翼翼地将那个飞机模型拿出来，指腹轻轻地摩挲着，眼眶再度红了起来：“这小子。”

随后，他目光闪烁地把东西还到独狼手中：“看来我也该留下些什么了。”

“别这样！”卓瑞亚听了，一把拉住他的手，阻止他继续说下去，“别说丧气话，都要活着。”

“战争就会有死亡，更何况我们的任务如此艰险。可我真没什么可留的了。”军刀周身摸了个遍，手停在了自己心爱的狙击枪上，“队长，我只能留它了。如果我死了，就把它带回国吧！”声音里溢满了数不尽的落寞。

“如果再给你一次生命，你会如何选择？还会当兵吗？”独狼突然问道。

军刀点了点头，沉声说道：“很小的时候，妈妈曾经说，男人就该顶天立地。在我眼里，军人永远是神圣的，我愿意永远是个兵！”

独狼听了，很感动，与军刀互相击掌：“只要还记得这一点，相信我们会胜利的！”

第三十五章 炸毁基地

教堂雷达基地被毁的事，士兵立即通报给了皋本。

就在皋本闷闷不乐之际，野狗来到：“将军，我们之间的约定到期了。”

“什么？什么约定？”皋本被野狗的问题一时间问蒙了。

“小蝶，我的女人。你说过，两年之后你就会把她还给我。现在刚好是两年，我希望你能兑现你的诺言。”野狗的声音有些冷。

皋本这才在想起来：“哎呀，抱歉抱歉，我把这事忘了。来来来，坐下来听我说。野狗，世上的女人很多，你想要多少，我……”

“我只要小蝶。”野狗不理会皋本的说辞，语气坚定地说。

“那么痴情？”说话的人是娜丽亚，她慢慢地走过来，“都两年了，我们都以为你把她忘了呢。”

“我们的约定，你该履行。”野狗的眼光依然很冷，让皋本觉得很不舒服。

“听着，野狗，现在正是我最关键的时候，能不能先不考虑这件事，等我做完了这些，一定给你一个满意的答复，OK?”皋本打算采用拖延战术。

野狗却十分坚定地摇了摇头：“不，就现在。”他丝毫不为所动，眼睛定定地看着皋本。

皋本转过头，想了半分钟：“好，我叫人带你去。”说着向娜丽亚使了个眼色，娜丽亚赶忙说道：“跟我走吧。”

野狗随即却被娜丽亚一路带出了B岛，路越走越远，越走越陌生。半个小时后，一行人走到一个山洞前：“你的女人就在这里面。”

野狗看了看娜丽亚，将信将疑地走了进去。山洞里漆黑一片，野狗看不到任何东西，突然感觉到身后探过来的枪口。

“对不起了，这是皋本的意思，我只是照办。”娜丽亚冷冷地说。

野狗举起了双手：“我早该想到。不过我想知道，小蝶究竟在哪里?”他声音里没有任何起伏，执意问道。

“呵呵，真是痴心的男人啊。你这辈子估计都见不到她了。杀了他!”娜丽亚命令道。

“等等，告诉我，她在哪里，也好让我瞑目?”野狗不依不饶地问着，似乎得不到答案死也不会瞑目。

娜丽亚一笑：“那好，我告诉你，其实我们也不知道她在哪里。”

“不可能！小蝶究竟在哪里?”野狗难以置信地吼道。

“就在今天下午，独狼损了一员大将，毁坏了我们设在教堂的雷达站。而你的小蝶也在其中。”娜丽亚笑着说道。

“什么?”野狗听到独狼的名字，又是一惊。

“好了，去黄泉见你的小蝶吧，做一对鬼夫妻也不错。”

此时的野狗虽然愤怒，但久经江湖的他早有防备，加上功夫也是一流的，所以就在士兵即将开枪之际，他一个回身将士兵踹倒在地，随即借着山洞里的一片漆黑，把腰一猫，瞬间便没了踪影。

之后，野狗逃过娜丽亚的追踪，一路跑到教堂里寻找有关小蝶的线索。在一片残骸中，他寻找了半天，依然一无所获。终于，他在雷达站外的一棵树上发现了一片布条。那是小蝶衣服上才会有的布料，他非常熟悉。

“小蝶，你在哪里?”野狗仰天大叫着。

夜越发阴沉，特遣队偷偷摸进了发射基地。见四下无人，独狼顺着通道慢慢爬进去，拿出事先准备好的炸药，放在火箭发射器的点火引擎上。

“这点够吗?”军刀有些怀疑地看着他。

“够了，火箭本身就是固体燃料，一旦爆炸，它带来的破坏力会远远超过任何类型的炸药。”独狼平静地回答。

军刀点了点头：“看来该我出场了。”

说着，他举起手中的机械弩，搭上毒箭，在找到靠火箭发射区最近的一个空油桶后，瞄准了岗哨上的士兵。“嗖”的一声，毒箭蹿了出去，哨兵没有任何反应就倒了下去。就在军刀射出毒箭的同时，独狼已悄无声息地来到指挥台前，并在守军要拉响警报的一瞬间跳了出来，一把将士兵的脖子拧断。可还是迟了一步，士兵的手已经放在了警报器上，倒下的同时警报也响了。警报一响，基地的守军立即匆匆忙忙地朝外跑。卓瑞亚则守在门口，把子弹一梭子一梭子地送给还没睡醒的敌人。

三个人配合得天衣无缝，不消几分钟，战斗结束。独狼三人转身撤出发射基地。

“今晚月亮很圆!”卓瑞亚看着天空，扯出一抹诡异的笑容。

“你是想看烟火，对吗?”独狼会意地问道。

卓瑞亚笑笑，没有说话。独狼随即摁下了手中的引爆装置，“轰”的一声传来，一团蘑菇云吐了出来，黑色的硝烟如巨龙一般升起来。小岛不一会儿便在烟雾中被火光照得雪亮。消息很快传到皋本那里，他气红了脸，不知该如何是好，高声咆哮着：“全体集合，返回基地!”

三人炸了导弹基地，如释重负，开始往回走。

“出来吧，跟了那么久?”独狼却突然站住了，低喊道。

“你怎么知道?”树林里走出一个人影。

“你身上的气息很独特，我怎么会不知道是你呢?”独狼大方地解答了对方的疑问。

“我……”

“什么都别说了。过去的事情我都不想知道。这是你临走前放在我兜里的东西，我现在把它还给你。”

“独狼，难道你不想知道我为什么有敌意吗?”看到独狼的平静，那人反而有些不理解。

“不想，那跟我没有关系。路是你自己选的，我希望你能把握好自己的方向，作为中国人的方向！我走了。”独狼果断地回答，有些事现在知道与否似乎不那么重要了。

“你等等，我只想问你一件事。”

独狼停住脚步，却没有回头：“什么事?”

“在教堂里，你见过一个女人吗?”

独狼脑海中立刻出现那天救了自己的傻女人：“你是说那个女人?”

“对，你见过吗？你一定见过的，告诉我，她在哪里?”那人的声音十分急迫，看来这个消息对他来说很重要。

“她是谁？你认识她?”独狼问道，对于那个傻女人，心里也有些好奇。

没错，那人就是野狗，此时他神情有些落寞：“是，她就是小蝶。你应该知道的，如果我哥不死，他们已经有孩子了。”

“什么?”独狼睁大眼睛，难以置信地看着他，“你说那女人是小蝶！那你们?”

“我一直在照顾她，自从我哥哥死了之后。”野狗的声音似乎有些感怀。

“你哥哥的事情，我很抱歉……”独狼低声说道。

“不要说了！上了战场，都是相互能顶子弹的。这一点，我最近才明白。我哥救过你一次，你也救过他不只一次。那些事情，就让它过去吧。”野狗释然地说道，这个道理他明白得有些晚，但不代表他不明白。

“谢谢!”独狼重重地点了点头。

“你知道她去哪里了吗?”野狗依然执着地等待着他的回答。

独狼摇了摇头：“不知道!”

“天呐!”野狗失望地跪在地上。

见状，独狼走过来，蹲在他面前：“小虎，你哥哥提起过你。我想你也是一名战士，也是特种兵，不该这样。你应该拿起武器，去做男人该做的事情，去把她救出来，而不是在这里为自己的女人哭哭啼啼。”

“你不明白。小蝶都是为了我，是我对不起她。”小虎，也就是野狗的声音装满了悲伤。

接着，小虎讲述了这三年来经历的一切。在一次剿匪过程中，他拼命救了战友，自己却身负重伤，完全丧失了反抗能力，被随后赶来的匪徒活捉。但他们没有杀他，而是偷偷地将他带入R国，交到皋本手中。为了让小虎给自己卖命，皋本从大陆骗来他最在乎的小蝶加以控制。小虎被迫成了皋本的走狗，也就是现在别人眼中的野狗。

小虎的故事还没讲完，人已泪流满面。独狼听在耳里，痛在心上："小虎，这场战斗结束后，跟我回国吧？"

小虎却摇了摇头："回不去了。我失去了哥哥，又失去了小蝶，再回去也没有任何意义了！"

"小虎，你冷静点，听我说。"独狼摇着他，"听我说小虎，忘掉过去，好好地开始一段新的生活。"

"不！"小虎断然拒绝了独狼的劝阻，现在他什么都听不进去。

独狼心里已经明白自己见到的女孩就是小蝶，却不敢告诉他有关小蝶的下落。于是，他狠下心，甩了他一巴掌："是男人就给我振作点，哭哭啼啼成什么样子！现在的一切都是皋本造成的，你要是男人就站起来跟他拼了。"

独狼的一巴掌还真把小虎给扇醒了。"皋本，我要报仇，我要报仇！"他双目赤红地大叫着。

"好，我们现在赶去，向B岛进发！"

小虎抹干脸上的泪水："教官，你对小虎的恩德，我这一辈子都忘不掉，但是恕小虎难以从命。这是我与皋本之间的事情，我只想亲手杀了他。"

"小虎，你不能这样！"独狼试图拦住他，可小虎一溜烟消失在黑色丛林当中，只留下一句："教官，后会无期！"

"小虎，小虎……"独狼大声喊叫着，却怎么也拉不回他远去的身影。

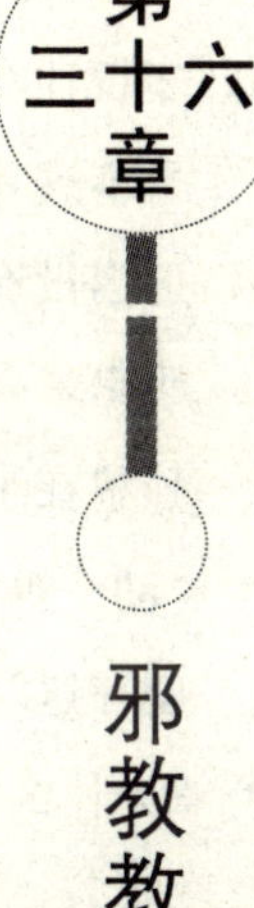

第三十六章 邪教教主

皋本的军车停在J博士的秘密实验室门口。此时的他早已没了往日的沉着，声音里透着急躁的情绪：“博士，新武器的研制情况怎么样了?”

“将军，CRII真的是世间奇迹，如果爱因斯坦在世，一定也会拍手叫好的。”J博士的长篇大论又要开始了。

皋本此时早已没有心情听他说这些无聊的话题，摔下手中的雪茄，一把抓住他的衣领提到面前嘶吼着：“我不想听这些，你只要告诉我，完成还是没有完成!”

“快了。”皋本的举动吓坏了J博士，他连忙解释着，“我在进行箱型水母毒液与CRII物质之间的调配，周期是18个小时。将军，你……”他指了指皋本的手，示意他放开自己。

皋本放下瘦弱的J博士，威胁道：“我只能给你12个小时。12个小时后，我看不到结果，你就等着上天堂吧!”

听了这话，J博士的脸部剧烈地抽动了一阵，明显十分惧怕：“将军，这……”

“怎么？不行吗？”皋本火气十足地斜睨了他一眼。

“行是行，可如果那样的话，我不敢保证母液的稳定性啊！”J博士的声音颤抖着，急于向皋本解释。

皋本却再一次抓住他的衣领：“我不喜欢说废话的人，我要的只是结果、结果！”

“是、是……”在皋本几乎要吃人的目光下，J博士身子一阵哆嗦，再也不敢多说什么。

皋本这才放过博士，一个人走出实验室，呆在门口竟然没有回驻地的想法，迟迟没有上车，不断沉思着：“看来我不得不打出最后一张牌了。”

于是，皋本回到B岛。与此同时，连夜追击的独狼特遣队也赶了过来。

独狼在半山腰的灌木丛透过望远镜一眼就看到车上皋本肥胖的身躯。

“动手吗？”军刀问。

就在这时，通讯器响了起来：“独狼，停止一切行动！”

“为什么？我们很快就可以结束这场战斗！”独狼不解。

“听着，回到预定位置，我宣布任务结束，重复一遍，任务结束，这是命令，命令！你明白吗？”听到独狼的拒绝，通讯器里的声音不满地吼道。

“我拒绝！”独狼深深地叹了口气，端起枪走向要去的路。

上级命令的突然改变，这实在出乎独狼的意料，他也清楚这改变并非没有理由。但刚才火枪的牺牲，已深深地刺激了他，他不可能放弃即将到手的胜利。

尽管上级的命令有他们的难处，但他却不能勉强自己服从。

原来，国际安全组织刚刚接到新情报，正有一位神秘客人赶向B岛。而这位神秘来客不是别人，正是国际上臭名昭著的邪教头目德尼罗。

说起此人，国际刑警和海牙国际法庭都存满了他的罪证。他策划的教徒自焚事件和所谓的传教行动，早已成为国际社会安全的最大隐患之一。此人做事狡猾、善于蛊惑人心，甚至传说他有一套迷惑人心的古怪法力，教徒们都将他视为神一般的教主，身边的人也都尊称他为教主。

教主此时正稳稳地坐在皋本的座位上，只等着他回来。

“教主，大驾光临，荣幸之至啊！”皋本刚走进来就哈哈大笑地迎上去。

“皋本先生，教主大人知道您有难，特来为您排解，你应该感谢他。”德尼罗并没有自己说话，代为发言的是身边一位穿着皮裙的女子。兴许是看到了皋本眼里的疑惑，那女子主动解释道："我是教主的护法，安妮。"

"感谢教主，您知道，我现在遇到了很棘手的问题……"皋本欲言又止，似乎不知道该怎么开口。

"教主都知道了，你不必说了。只是作为回报，我们能够得到什么呢？"安妮并没有让皋本继续说下去，而是抛出了自己想问的问题。

"教主要什么？我什么都可以给。"皋本慷慨地承诺道。

"灵魂，我们只要这些。"安妮满意地点了点头，说道。

"什么？"皋本不明白。

"我们需要灵魂，作为教义的宣扬，我们需要更多的灵魂唤醒自己的大神，来改造整个世界。将军，你也不能有任何言语对神灵不敬！"安妮的话很严肃。

皋本迅速挤出笑脸："是，一定，一定。那请问教主，需要我为您做些什么呢？"

就在此时，娜丽亚走了进来，看到这情势只是一愣："将军，这是怎么回事？"

安妮的眼神立即投向娜丽亚："我们需要的就是她。"

"什么？"皋本和娜丽亚异口同声地喊了出来。

"教主，您要她做什么？"皋本陪着笑脸问道。

德尼罗什么都没说，只见安妮手中高高举起一个圆盘，盘中射出一道刺眼的光芒，直射向娜丽亚。只是一秒，稍纵即逝的时间，光芒消散，娜丽亚便呆呆地站在那里。安妮随即将圆盘收回自己腰间，很自然地说道："感谢皋本，您为教主献上了第一份礼物。"

皋本一时间没明白是怎么回事，跑到娜丽亚面前把手放在她鼻尖下探了探，她竟然没了呼吸！这是什么魔法？难道真的有那么神奇？

此时，皋本心里非常难受，但没有及时阻止安妮，虽然他和娜丽亚有了一定的感情，但为了自己称霸世界的野心，他还是让娜丽亚成了自己欲望的牺牲品。

"皋本，难道你怀疑教主的能力吗？"安妮的声音瞬间变得冰冷。

"啊！不敢不敢。有教主在，皋本愿意听命。"此时的他再也不敢多说，万一被猜到心里想着什么，肯定会落得跟娜丽亚同样的下场。

“只是独狼他们……”虽然见识到了教主的不俗，皋本仍有些不确定，忍不住问道。

“不过是几个凡人，自会灰飞烟灭。教主自有安排，请将军放心。”安妮解释着。

这时，德尼罗慢慢地站起来，走到皋本身边。他身材高大，足足高出皋本一个头半：“将军，既然是您请我来的，我就会遵守我们之间的承诺。CRII我希望你能尽快交到我的手上。”德尼罗的声音很低沉，仿佛从地狱中传来的一般，恐怖得令人不寒而栗。

皋本颤抖着身体，连连点头，可一想到安全竟是用CRII交换来的，还是有些不甘。目送德尼罗走出大厅后，他有些忿忿地坐回自己的位置，心里盘算着如何才能掌握主动权。

“独狼特遣队的事情，就交给泰坦兄弟吧，请将军放心!”安妮说着指了指身边的两位壮汉，“将军肯定在想，这两名壮汉怎么去对付全副武装的特种兵，对吗?”

“是啊，我是这么想的。”皋本坦承了自己的想法。

“这不用你担心，泰坦兄弟是教主身边最得力的战士。就凭子弹、枪炮这些，敌不过他们。”

安妮说这话时底气十足，让皋本不得不相信。说完，她走到两名壮汉身边，不知说了些什么。两个人点了点头，离开了大厅。皋本目送他们离去，却依然心存疑虑。

“将军对独狼束手无策，是因为你们都是凡人。而他们不同，待会你就会知道了。”安妮扔下这句话后也消失了。

第三十七章 争夺圆盘

皋本的部队接到上级的指令后，开始对整个岛屿进行全面搜索，极力找出独狼特遣队的藏身之处，为首的竟是安妮推荐的那两个穿着奇怪的壮汉。说他们奇怪，主要是因为泰坦兄弟原本就是双胞胎，长相极为相似，浑身的肌肉块裸露在几根藤条之外，高高扎起的辫子很像亚热带生长的菠萝，皮裤之下则是一双大象腿。这样的身材如果做伐木工人一定是最棒的，一般人都不会把这样两个人与杀手什么的联系在一起。

不久，士兵就前来报告，说不远处发现脚印，印迹看起来应该属于中国特种兵专用的军靴，独狼特遣队有可能就在前面。泰坦兄弟满意地点点头："通知部队，原地待命。"

随后，泰坦兄弟从卡车上跳下来，沿着小路走去。他们虽然走路的频率不快，迈出的步子却出奇的大，没多久就追上了独狼等人。

发现他们的踪迹后，泰坦兄弟立即加紧几步，大喊一声："站住！"

"你们是什么人？"独狼也大喝一声，泰坦兄弟的突然出现让他有些吃惊，却依然底气十足地问道。

“要你命的人！”泰坦兄弟异口同声地应道。

说着，两人双脚跺地，震得树上的树叶都落了下来。独狼没有迟疑，抄起匕首就朝其中一个壮汉刺去。

壮汉轻哼一声迎了上去。就在匕首刺到壮汉的身体之际，独狼却惊讶地发现匕首竟然没有伤到他一丝毛发。与此同时，壮汉的大巴掌却从空中落了下来。独狼眼疾手快，一步跳出去，却被壮汉的指甲刮到了脸，面部左侧瞬间出现三道伤痕，血慢慢地流了下来。

“我与你无冤无仇，何故来杀我?”独狼问道。

“教主之令，你必须死。”泰坦兄弟大方地回答。

“什么教主？我并不认识。”独狼更加疑惑。

“我现在告诉你，皋本请大主教来帮他。我们的教主就是德尼罗，他的命令就是天的旨意。而你们有幸作为教主的又一批灵魂摄取者，接受洗礼吧！”泰坦兄弟的话说得理所当然，却让独狼觉得不可理喻。

“荒谬！”独狼一个转身与军刀靠在一起，“军刀，做好准备，这一战也许很难。如果我走不了，一定要把卓瑞亚带走。”

说完，他和军刀摆开阵势，一左一右，一下子攻到壮汉面前。壮汉回头去抓，却无法攻击近在眼前的军刀。正在壮汉犹豫之际，军刀已将匕首朝他裆下一捅，却觉得硌到了什么硬物，“咔”的一声断在里面。再看壮汉，却见他表情痛苦，面部已被涌上的血液憋得通红。

这时，独狼看了看手表：“我们时间不多了，飞机马上就到，必须尽快赶到预定位置！这样，我拖住他们，你带着卓瑞亚先走。”

“不，我们是兄弟。多少坎都一起走过了，这点小困难怎么能分开?”想都没想，军刀断然拒绝了独狼的提议。

“听着，军刀，你必须尽快到达预定地点。我答应你，一定会去找你们的！”独狼的话让军刀没有反驳的余地。

“那你保重！”说着，军刀扶起卓瑞亚向丛林深处跑去。

壮汉刚想追上去，却被独狼拦住了，顿时气愤不已，上前一把将他推到一边。不想，刚要走出去，却又被独狼狠狠地砸到了脑袋。

壮汉气急败坏，回头将独狼举过头顶，狠狠地摔在地上。独狼顿时感觉五脏六腑都被摔得粉碎，痛苦从每一个毛孔透出来，连喊的力气都丧失了。

随即，壮汉看着地上痛苦不堪的独狼，轻哼一声："不自量力。"说着就要离开，可一转眼独狼又站到了他面前。

"你还能站起来?"壮汉有些惊讶地看着独狼，实在没想到受了自己的一记猛摔之后，这个强硬的汉子竟然还能站起来。

壮汉索性再一次将独狼举起来，又一次摔了下去。这一次力道更大了，独狼觉得浑身的骨头都要碎了，痛得不断地吸着冷气，却依然让头脑保持着清醒。

壮汉眼见独狼似乎站不起来了，这才放心地离开。

可没走几步，独狼又赶了上来："只要我还有一口气，就别想从我身边走开!"

"好，我就成全你!"壮汉在大惊之下，狠狠地点了点头，一把举起独狼朝路边的大树撞去……

就在这时，军刀赶了过来，立即上前扶起他："队长，振作点，我们回家。"

然而已经来不及了，皋本的军队赶来将两人团团围住，随即带到了教主面前。教主坐在高座之上，一言不发地看着两人。皋本则站在教主身边阴毒地介绍着："教主，这就是独狼特遣队，杀了他们，我们就不再有后顾之忧了!"

听了这话，德尼罗慢慢地站起来，走到独狼面前，掩饰不住语气中的赞许："真是铮铮铁骨，在泰坦兄弟的攻击下，居然还能如此坚持。"

教主的话让皋本有些疑惑。

"安妮，给他治疗。我需要他和他的同伴做我的帮手。"

"什么?"皋本连忙拦住他，"这怎么行? 他们是我们的敌人，怎么能?"

教主根本不理会皋本，慢条斯理地说："这是我的决定。"

皋本也不敢再说什么，眼睁睁地看着安妮拿出秘制的药膏不由分说地涂抹在独狼的伤口上。

很明显，这药很有效，尽管受了那么重的伤，独狼还是很快就恢复了基本的活动能力。

"这就是神灵的力量!"德尼罗很神气地说道。

在场所有的人都被神奇的药效惊呆了，只有一个人偷偷溜了出去，那个人就是皋本。

“我救了你的命，作为报答，做我的随从吧。”德尼罗对独狼说。

独狼也惊讶于自己伤情的变化，可最基本的道德底线还是有的。“那绝不可能，我们属于不同的世界。”独狼摇了摇头，拒绝了德尼罗的提议。

“没有要你现在就答应，不过我相信总有一天你会为我所用的。”德尼罗把手背在身后，慢慢地走回座位，“带他们下去，好好看管。”

就这样，独狼和军刀被带到一间小黑屋里。军刀凑到独狼跟前轻声说：“队长，他们真的有这种能力？太可怕了吧，你不觉得哪里不对吗？”德尼罗的表现显然给他留下了深刻的印象，他的语气中充满了不确定。

独狼摇了摇头：“她用那药的时候，我只觉得身体的皮肤被什么激发着迅速增长，但我敢肯定绝对不是什么神明的力量，只是一种秘制的药罢了。”

趁众人不注意之际，皋本偷偷溜回了J博士的实验室，这里没有多少人知道。

“没错，你说的确实不是神明的力量。”J博士听了皋本的话后，顶了顶鼻尖的眼镜，分析道，“很早以前，有一个叫做本的生物科学家，曾经致力于对生命和组织的研究。你看到的异象，就应该是这种成果的应用。”

“你是说，娜丽亚和独狼身体的改变，并非什么神明的力量，而是一种可以实现的事情？”

J博士点点头：“当然，她既然可以做到，就说明没有什么神明。”

“可是，她能猜到我心里想的是什么，这又是……？”皋本仍有些不安。

“古代欧洲有一种幻术，叫做读心术。其可以在特定的情况下，对某个人的思维进行判断。这种读心术并不少见。但它关键还在于可以设定好情节，那样的话，处在这个环境的人就会随着说话人设定好的去思考问题。她能猜透你心里所想，一点都不难。通俗一些说，你面对的是一个高明的催眠师。”

皋本恍然大悟：“说白了，那不过就是一帮神棍，对吗？”

J博士嘿嘿一笑：“棍不棍的，我不知道，只知道夺了她手中的圆盘，所有的问题就不成问题了。”

听到这里，皋本开心地笑了：“哈哈，看来最后的胜利依然是我的！”

就在这时，一个黑影闪过实验室的门口。

“谁?”皋本慌忙转身追了出去，却没了影子。

他站在实验室门口向外望，除了远山和绿色的树木，什么都没有。然而，就在他转身之际，脖子却被一把冷冷的匕首顶住了。

“将军，好久不见!”

“怎么？你还没死?”皋本惊呼道。

“你死我都死不了！快告诉我，小蝶在哪里?”野狗的匕首死死地顶住皋本，锋利的刀刃随时都可能割断他的喉咙。

而这时的皋本并不着急，野狗的突然出现反而给了他不错的主意：“好，我告诉你，你先放开我。”

野狗却逼得更紧了：“别想耍花招，先告诉我小蝶在哪里，快说!”

皋本没有理他，晃悠着肥胖的身体：“好，我告诉你。小蝶几年前就被教主德尼罗控制住了，完全听命于他。虽然她还在B岛，但不会跟你走的。你要想救出小蝶，就要去找一个叫安妮的女人，从她那里抢来一个圆盘，那样才能救出小蝶，你明白吗?”

“你说的是真的?”野狗放开皋本，在心里默默地琢磨着他的话，“如果我得到了那个盘子，就能救回小蝶吗？你认为这么无稽的事情，我也会相信。”

话虽这么说，但野狗心里的天平显然已经倾向了相信这一边。

皋本点点头：“千真万确，我用生命向你担保。”

听到这，野狗不再怀疑，把匕首一甩，插进石缝里：“好，既然如此，我这就去把它夺过来!”

其实，安妮手中的圆盘并非信手得来的。它的来历非常诡异，正如前面J博士所说的，本在进行研究的过程中其实已经制造出了它，只是没有公开，并不为人们所知。德尼罗在一次信徒会上听到有关本的圆盘后，就命令手下将其夺过来。本自然也因此死于非命，被灭了口。

从此，安妮手中的圆盘就成了德尼罗蛊惑整个世界的一大法宝，很少被人识破。

B岛的大厅里，德尼罗默默地坐着，手中掐算着什么。

安妮走了过来，看到教主严肃的表情，预感到似乎有什么事要发生：“有事吗?”

教主托起长袍，走到台下：“是，但我想不出会是什么结果。”

"教主，圆盘还是交给你吧！"安妮轻声说。

德尼罗转过身看着她："怎么了？"

"这种情况下，教主比我更需要它。"

"安妮，我信任你，并不需要你做任何事来证明。如果真的有什么不妥，但愿信仰可以拯救我们。"教主抬起头望着高高的天花板，闭上眼睛，十足一副职业神棍的模样。

这时，门外传来一阵骚动，野狗冲了进来，径直来到德尼罗面前，定神看了看眼前那个穿长袍的老人："你就是教主？"

德尼罗点了点头，镇定地说："是我。"

"把圆盘交给我。"野狗不由分说地上前伸出了手。

安妮一听这话，立刻想冲上去，却被德尼罗挡住了："年轻人，你要它做什么？"

"救我的心上人。"野狗镇定地说。

"这跟我没有任何关系。再说了，只是为了一个女人，你就敢独闯此地，很钦佩你的勇气。只可惜，你似乎忘了自己在跟谁说话。"教主的语气十分森冷，显然对于野狗的冲动十分气恼。

野狗哪里听得进教主的话，上前就要开打。

见状，安妮立即从腰间解下圆盘，朝野狗照去。

他连忙一个前跃，逃过光柱，钻到安妮的脚下。

安妮虽然久经阵仗，但毕竟不擅长搏斗，躲闪不及，竟被野狗一把将圆盘抢去。

德尼罗见状，大惊失色："好小子，竟敢对我不敬，给我抓起来！"说话间，士兵们已将野狗团团围住。

看着眼前黑压压的人群，野狗把笑藏在刀疤之下："你们是我的对手吗？"

这些士兵都曾在野狗的手下干过，自然知道他的厉害，不禁向后退了两步。

德尼罗看出了端倪，悄悄向一边退去，却被野狗叫住："小蝶在哪里？"

"什么小蝶？"

"我问你，小蝶在哪里？"野狗的眼神不容质疑，"告诉我，不然你们所有人都得死。"

“年轻人，对于爱情能有如此执着，我为你感动，但我并不知道你所说的小蝶在哪里。”

听了这话，野狗脑海里突然闪过一个念头：“难道皋本在骗我?”

“我也敢用性命担保!”安妮也上前一步做着保证。

野狗犀利的眼神扫过去，里面明显地充满了不信任：“你们都会受到惩罚的!”说着高高举起了圆盘。

刚才野狗已经看明白了安妮是如何使用这个圆盘的，此时就要按下隐藏的按钮。

就在这时，一个肥胖的人跳了出来，趁野狗没有防备之际一把从他手中夺过圆盘，此人正是皋本。

“哈哈哈！你们都错了，最后的赢家依然是我!”皋本把圆盘紧紧地抱在怀里，“野狗，你不愧是一条狗啊，除了听真话，你还知道听假话!”他戏谑地看着野狗，嘴上也不饶人。

野狗气愤至极，攥紧了拳头：“你这杂种!”

见状，教主摇了摇头：“真是一个哀伤的结局。安妮，我们走，离开这里。”

“慢着!”皋本却一步跨到德尼罗面前，“想走？没那么容易。”

教主却不为所动：“将军，我知道你是个小人。虽然我也是个伪君子，但我依然不屑与你为伍。”

“哼!”皋本一点也不在乎教主的讽刺，手一挥，士兵们围了上来，“你们想走，好像要我这个主人同意才行？把他们都带下去!”

就这样，教主和安妮被士兵带了下去，野狗则被关进了独狼和军刀隔壁的黑屋里。铁锁落下之际，独狼试图透过墙与野狗有所沟通，却不见他有所反应。

此时的皋本又坐回自己的高座上，那种失而复得的感觉，让他自信满满的。

这时，J博士从实验室跑出来，欣喜地汇报道：“将军，研究已经完成!”

“好，太好了!”皋本拍着椅子站了起来，“哈哈，我注定要将成为比拿破仑还要强的世界霸主!”

“将军，”J博士的眼睛也在镜片后面眯成一道缝，“你该给我些奖励了吧?"

听了这话，皋本挺着大肚子走了下来，拍了拍对方的肩膀，毫不犹豫地说:"博士，你想要什么我都满足你。金钱?美女?"

博士被拍了几个趔趄，却依然眯缝着眼睛:"再好不过，再好不过。"

突然，大厅的灯灭了，黑暗中传来一阵阵骚乱。

皋本立即抱紧手中的圆盘，大叫着:"快检查电力系统!"

"是!"士兵匆忙跑向配电室，刚一进门却被守候在那里的人一拳打倒在地。

第三十八章 最后战斗

暗室里，独狼和军刀同时看了看手表，异口同声地说：“时间到了，行动！”

说着，军刀从腰间掏出一根铁丝，没几秒钟就将门锁打开了，两人随即悄无声息地摸到暗室门口。

之后，军刀绕过一堵墙，一把捞过守卫，将刀架在他的脖子上轻轻一抹，士兵就悄无声息地躺了下去。

放下士兵，军刀示意一切“OK”，两人同时冲了出去。可刚跑到一半，独狼又转了回去，跑到关野狗的暗室，却发现他早已没了踪影。

军刀也跟了过来：“他去哪里了？”

独狼摇摇头：“不知道。任务要紧，我们走！”

随即，独狼和军刀一路杀到大厅。

看着从天而降的两人，皋本下意识地向后退了几步：“独狼，你我无怨无仇。如果你放我一马，你要什么我都给你！”

“我要你的命！”独狼恶狠狠地说着，和军刀一起死死地向他逼近。

情急之下，皋本突然想起手中的圆盘，高高地举了起来："谁再靠近，我就把他变成石头!"

"你多大了，还相信这么无稽的事情？即使你能把一个人变成石头，可你能同时威胁我们两个吗?"独狼轻蔑地笑道。

皋本这才意识到自己的荒谬，赶紧丢掉圆盘，匆忙朝出口跑去。

独狼和军刀立即追了上去，却见皋本被士兵死死地护了起来，在保护圈中狂妄地大笑着："这回，你们该死得清楚了吧？给我杀!"

皋本一声令下，士兵一齐向独狼和军刀开火，两人被逼着向两边急速躲闪。

就在这时，山洞外突然传来飞机的嗡嗡声，随之一阵机枪狂扫而来，皋本和他的部队瞬间被直升机上的机炮打得四散逃开。

飞机上的驾驶员，一颗光亮的脑袋显得特别醒目。

随后，直升机在B岛上空盘旋着，一次次冲击下来，将皋本的军队冲得溃不成军。

见状，独狼和军刀立即跃出大厅检查倒下的尸体，却不见皋本："他会去哪里?"

突然，独狼在成堆尸体晕染的血迹中发现一排脚印远远地钻进了丛林："老东西，一定去了实验室，走!"

说着，独狼和军刀赶紧朝J博士的实验室跑去。

就在两人抵达实验室时，皋本正把钥匙插到锁眼里，一见两人赶来，仓皇不已地向另一边跑去。

军刀追了上去，独狼则扭动皋本留在锁眼里的钥匙来到实验室中心。在中央能量屏蔽下，他发现了一个金色的盒子，赶紧奔过去关掉屏蔽，慢慢地打开盒子："糟了，CRII不见了，难道有人捷足先登?"

独狼没有时间多想，冲出实验室朝军刀追赶的方向跑去。

军刀此时正跟着皋本一通猛追，却意外地发现，皋本的身形虽然胖但行动却不迟缓。就在绕过一棵大树后，军刀竟然把人给跟丢了。

"这是怎么回事?"军刀纳闷极了，"皋本怎么会突然消失?"

就在他四下张望之际，一只飞镖"嗖"地飞了过来，不偏不倚地插在他的肩胛骨上。军刀猝不及防，"啊"的一声抱住胳膊藏到树后，枪却掉在了地上。

见状，皋本从树上跳下来，得意地看着他："中国军人真了不起，居然能逼我动手，算你们有能耐！不过，最终你们还是要死在我手上。现在是你，接着就是独狼。"

说着，他从地上捡起军刀的枪，对准了他的眉心。

"哈哈哈！"面对枪口，军刀突然笑了。

"你笑什么？"皋本很是不解。

"笑你的结局会很惨。"

"你一个快死的人，有什么权利来诅咒我！"皋本把枪口顶在了军刀额头上。

"CRII在哪里？"军刀丝毫不理会额前的枪口，问道。

"告诉你这个快死的人也无妨，CRII我们早已转移，在一个安全的地方。"

"你们？指的是谁？"军刀的问话实际是在拖延时间，为自己的反击赢得机会，却不曾想会引得皋本把真相讲出来。

"我和我的合伙人。一个深藏不露的人，一个你们想也想不到的人。"皋本大笑起来，"好了，你可以上路了？"说着拉开了枪栓。

其实，军刀在和皋本说话的时候，手已经在身后摸索到一块石子。就在这千钧一发之际，只听见他大吼一声："队长！"

听到喊声，皋本惊慌地回头张望，军刀趁机将手中的小石子甩了出去，不偏不倚地打在他手上。

只听见"啊"的一声，皋本的左手一震，枪掉在地上。军刀立即站起来，飞镖跟着掉在地上，他人却毫发无伤。

就这样，两个人对视着，谁也不敢先出手。

突然，皋本开始发力。丛林之中，军刀瘦长的身体与皋本肥胖的身体厮打起来。两个人互有攻守，可占便宜的却是皋本。

确实，任谁也没想到，皋本竟然有如此好的身手。

他出拳速度奇快，并非招招致命，却都非常有针对性。而且，他看出了军刀身上的弱点，每一招都让他招架得有些吃力。

就在军刀撤步想要躲过再一次攻击之时，皋本的拳头突然展开，变成掌形，晃过他伸来抵挡的手，重重地打在他左肩上。军刀顿觉左臂失了力气，一个趔趄连连后退三步。

皋本乘胜追击，一个跨步朝他踢了过去。军刀没了还手之力，无奈地闭上了眼睛。然而，过了好一会儿也没有任何动静。

军刀睁眼一看，卓瑞亚竟然来到，而且狠狠地抱住了皋本的腿，大喊着："快杀了他！"

军刀见此情景，赶紧站起来预备出手，没想到皋本下手更快、更狠，一把匕首已在卓瑞亚身上连捅数下，她顿时血流不止。

皋本随即一脚踢开卓瑞亚，转身扑向军刀，两人再次战在一起。无奈军刀有伤，还是敌不过他，好在紧要关头独狼出现，狠狠地给了皋本一脚。

"独狼，你真不愧是特种兵的佼佼者。不过你遇见我，也未必会那么幸运。"皋本对独狼同样不屑。

"呵呵，就你的能耐，我根本不放在眼里！要不是被你麻痹，你能接住军刀的几招？"

皋本一笑："兵法当中，赢才是最重要的。至于手段，我不想考虑太多。"

"也包括小蝶的死，是吗？"突然，一个声音从很远的高处传来。

两人同时抬头看去，树上跳下来一个人，正是野狗，也就是小虎。

只见他几步靠到独狼身前："皋本应该交给我，我说过要亲手杀了他。"

"小蝶？那根本与我无关！"皋本摇了摇头。

"错！一切都跟你有关，如果不是你，我就不会来这里；如果不是你，小蝶也不会来这里；如果不是你，这一切的一切都不会发生。是你将这个原本平静的世界变得一团糟！"

一听这话，皋本爆发出一阵大笑："你们这些人真是可笑。我问你们，你们苦苦追寻我，为的是什么？如独狼一般，为了所谓的勋章荣誉？如野狗一般，为了所谓的天长地久？你们都是伪君子，真正的伪君子！什么是该追求的？利益、权力！这些才是真正实惠的东西。"

"可你杀了多少人，为了你所谓的权力，葬送了多少人的性命，你想过没有？"独狼质问着。

"死？死有什么可怕？回头看看这世上的人，多少人一辈子辛辛苦苦地工作，死后连一件像样的衣裳都没有；又有多少人一辈子为了自己的理想苦苦追求，最终一无所获、抱憾终生！这难道就是你们想要的生活吗？生或死，不过是一个辨证体。自然的规律告诉我们，没有永恒。所以，我不会把自己看作是凡人，我要的是统治世界的权力，一切都属于我，还有那种高高在上的感觉。”

“够了，为了你的野心，多少人妻离子散，多少人无家可归！我现在就要替死去的人们报仇!”说着，独狼攥紧拳头向皋本冲过去。

与此同时，军刀抱起了卓瑞亚，轻轻呼唤着：“蒙娜!”他就这样轻轻地叫着，因为他已隐约感觉到卓瑞亚就是蒙娜。

卓瑞亚已经奄奄一息，只见她嘴唇翕动着，断断续续地说：“你们不是一直想知道我和娜丽亚的关系吗？告诉你，我们的父辈关系很好，因为一次战乱，娜丽亚的父亲当了我父亲的替死鬼，所以我一直觉得愧对娜丽亚，就一次次地帮她。我听她的话潜伏到皋本身边，为她做了很多事，可没想到她恩将仇报，一次次地想置我于死地，也许她对我还是怀恨在心吧。后来，你们来了，我还见到了你，军刀。我知道皋本实力强大，更知道你们是来帮我们的，所以我决定违背和娜丽亚的约定，帮助你们。我也曾暗示娜丽亚回头，可是她不听，估计这会应该死在皋本手里了……”

说话间，卓瑞亚的呼吸越发困难起来：“军刀，我，我就是，我就是蒙娜。军刀，我还想，说，说最后一句话，我，我爱，我爱……”迟迟没有吐出最后一个字，卓瑞亚就断了气，头一歪倒在军刀怀里。

“你!”军刀大喊着说出了卓瑞亚来不及说完的最后一个字。

两个女人，卓瑞亚和娜丽亚，同在皋本手下，同样被皋本利用。卓瑞亚及时回头，但为时已晚；娜丽亚更是不明不白地间接死在皋本手上，真是令人痛心。

悲痛之余，军刀大喊着，猛地站起来，怒目圆睁地就要冲向皋本。

“不许动。”就在这时，一支枪冷冷地顶住了军刀的背。

说话的人躲在军刀身后，令独狼无法看到他的面部，只觉得声音非常熟悉，有一种似曾相识的感觉。

“你是?”皋本也停了下来，朝军刀身后看去。

“独狼!”那人慢慢地露出一个头来，“没想到吧?”

“刘朝阳！怎么是你?”

只见这个一直伪装成小店老板的人露出了诡异的笑容：“故事总要有个结

局。而且，我这个人喜欢美好的结局。虽然皋本一直以来都做得很棒，可到了最后，我还是对他不放心。”

皋本听了这话，恍然大悟：“难道你就是我的合伙人?”

“不，不，不。”刘朝阳的手在空中摇了摇，“我不是你的合伙人，而是你的主人。你充其量算作是我的一条狗，一条用了我的名字的狗!”

皋本顿时被刘朝阳的话气得两眼喷火：“你!”

“难道不是吗? 从你被我扶植上台，到你在我的安排下接近CRII，哪里没有我的运作?”刘朝阳继续讥笑道。

“胡说! 我现在所有的一切，都是拿命换来的。如果没有你，我只会做得更好!”皋本被刘朝阳的话彻底激怒了。

“不要激动!”刘朝阳把枪对准了皋本，“我只不过是给故事一个结尾，该到了揭开真相的时候了。你还对娜丽亚那个婊子心存幻想吧? 你知道不知道，她一直都是我的一条母狗! 如果不是有她配合那个老神棍的动作，我还真不能这么容易就拿回本属于我的CRII呢。”

“你这混蛋!”听了这话，皋本立刻变得疯狂起来，也不顾自己正被刘朝阳拿枪指着，直接上前与他厮打起来。

刘朝阳在猝不及防之下几乎被皋本得手，但依然连续开了数枪，让皋本受了重创。

然而，皋本的垂死挣扎，同样让他始料不及——硬是用嘴狠狠地咬掉了他身上的一块肉!

“砰!”随着一声枪响，刘朝阳终于有机会打在皋本的致命处。

皋本捂住胸口倒在地上，嘴角吐着血沫说：“你……好……狠!”随即死不瞑目地归了西。

这时，刘朝阳从军刀身后走了出来，手里拎着一个密码箱：“我很钦佩你，独狼。从一开始到现在，我一直都很钦佩。从你踏上这座岛屿之际，我就从你的眉目间看到了与众不同的刚毅。这个假货只是我放在外面的摆设，我则在暗地里监视着你和你们小组的一举一动。说实话，我差一点点就成功了，一旦这个傀儡将CRII发向空中，我才不管它稳定或者不稳定，我只需要它上天，即使那是个没有弹头的核弹。但只要它一上天，事情就会变得不同。你想过会怎么样吗?”

独狼摇了摇头。

“大国之间明地里都签署了和平条约，互不侵犯。然而拥有核武器对于大国来说，是多么重要的事情啊，他们又怎么会放着核武器不用呢？其实在他们之间，核武器早已设定好了位置，一旦某个国家发动战争，各国都会出于自保，积极主动地采取战略进攻。到那时，核弹危机就不再是动画片里的场景了。”

“我真不明白，难道你也是为了权力吗?”独狼问道。

刘朝阳摇了摇头：“这只是开始，我跟所有人都不同。作为即将死去的人，你们已没有资格知道未来世界的样子了。我该向你们说再见了!”说着慢慢地抬起了手中的枪。

就在这时，小虎突然扑了上去，把刘朝阳压在身下。与此同时，枪也在小虎的肚子上响了，顿时鲜血四溅，小虎身子一歪，微笑着死了。

“小虎!”独狼大叫一声，举起了手中的枪，可他的身后却同时出现了几十把枪：“不许动!”

难怪这个刘朝阳一直不担心独狼突施杀手，原来他还有帮手。

此时，独狼心里真是异常愤怒，可最终理智战胜了冲动，因为他知道任务还没完成，所以慢慢地把枪放在地上，对刘朝阳说：“你们已经被包围，跑不出去，与其拼死一搏，不如投降，也许还有一条生路。”

此时，丧心病狂的刘朝阳哪里还听得进独狼的话，哈哈大笑起来：“哈哈哈！你都死到临头了，还说这样的话，我手里有致命的武器，谁敢拦我，我就要毁灭整个世界!”

“行了吧，雷达、导弹，还有你们研究的东西，我们特遣队已经全部摧毁，你其实就是一个空壳了，嚣张不了多久了。”独狼镇静地说道。

刘朝阳不为所动，依然哈哈大笑着，独狼趁机蹲下身子拿起了自己的枪。“砰!”就在这时，枪声响起。

后面的士兵竟然离奇倒地，独狼见此情景，手里的枪也响了，子弹全部发泄在刘朝阳身上。他要为小虎报仇，因为小虎已经永远地闭上了眼睛。

而刚才的那一枪不是别人开的，正是火枪。原来，他在山洞里没有死，而是掉进一个洞窟里晕了过去。

醒来后，他也不知道自己在哪里，就顺着洞壁往外走，却幸运地看见了一架直升机，于是赶紧借助 GPS 找到独狼的位置并及时地进行了一次火力支援。

之后，他又了解到独狼他们以为自己已经死了，就一直跟随在他们左右，作为一支奇兵随时给予帮助，所以就在刘朝阳和独狼对峙之际，他从背后开枪解决了那些士兵。

“火枪!”独狼见到火枪，仿若见到生死战友，眼泪禁不住奔涌而出，异常兴奋地扑了过去。

“队长，别哭，我不是好好的吗?”火枪安慰着独狼，自己的眼泪也开始泛滥。

“火枪!”受伤的军刀也喊了起来。

“军刀!”

三个人同时奔到一起，紧紧地相拥着。

随后，独狼、军刀、火枪三人将小虎埋在一个山坡上，然后朝那个简单的土包深深地敬了一个军礼：“安息吧，战友。”

秋风瑟瑟，荒草浮动，一切都已过去，而土地上一抹新绿却像希望一般，永恒不息……

图书在版编目（CIP）数据

独狼特遣队/谭国瑞（独狼）著．—北京：时事出版社，2010.1
ISBN 978-7-80232-307-0

Ⅰ．独… Ⅱ．谭… Ⅲ．长篇小说—中国—当代 Ⅳ．I247.5

中国版本图书馆 CIP 数据核字（2009）第 204208 号

出版发行：时事出版社
地　　址：北京市海淀区万寿寺甲 2 号
邮　　编：100081
发行热线：(010) 88547590　88547591
读者服务部：(010) 88547595
传　　真：(010) 68418647
电子邮箱：shishichubanshe@sina.com
网　　址：www.shishishe.com
印　　刷：北京百善印刷厂

开本：787×1092　1/16　印张：18.5　字数：300 千字
2010 年 1 月第 1 版　2010 年 5 月第 2 次印刷
定价：28.80 元
（如有印装质量问题，请与本社发行部联系调换）